高等职业教育公共基础课系列教材
新形态一体化教材

心理健康十二讲

主编　戚心洁　孙　立

北京邮电大学出版社
www. buptpress. com

内 容 简 介

本书共分十二讲，内容分别是认识心理健康、构建心灵防火墙、展现我的精彩、描绘人格发展曲线、荡起学海双桨、驾驭我的情绪、体验压力与挫折、畅游人际海洋、绽放爱情之花、乐享健康生活、追寻生命的意义、走进心理咨询与心理治疗。

本书既可作为高等职业院校公共基础课教材，也可作为相关人员促进心理健康的参考资料。

图书在版编目(CIP)数据

心理健康十二讲 / 戚心洁，孙立主编．-- 北京：北京邮电大学出版社，2021.1(2024.12 重印)

ISBN 978-7-5635-6294-7

Ⅰ.①心… Ⅱ.①戚… ②孙… Ⅲ.①大学生—心理健康—健康教育—高等职业教育—教材 Ⅳ.①G444

中国版本图书馆 CIP 数据核字(2021)第 010536 号

策划编辑：刘海涛 **责任编辑：**边丽新 **封面设计：**黄燕美

出版发行：北京邮电大学出版社

社　　址：北京市海淀区西土城路 10 号

邮政编码：100876

发 行 部：电话：010-62282185 传真：010-62283578

E-mail：publish@bupt.edu.cn

经　　销：各地新华书店

印　　刷：三河市龙大印装有限公司

开　　本：787 mm×1 092 mm 1/16

印　　张：14 插页 1

字　　数：290 千字

版　　次：2021 年 1 月第 1 版

印　　次：2024 年 12 月第 4 次印刷

ISBN 978-7-5635-6294-7 定 价：45.00 元

·如有印装质量问题，请与北京邮电大学出版社发行部联系·

服务电话：400-615-1233

前言

Preface

在这个快速变化的时代，很多青年人要不可避免地面对充满矛盾的人生，会产生不同程度的心理困扰。消极的人等待风向改变，积极的人调整风帆勇往直前；自卑的人害怕失败厄运，自信的人面对挑战斗志昂扬；被动的人接受现状，主动的人积极寻求自我创新。因此，认清客观形势，确立人生目标，认真刻苦学习，脚踏实地实践，培养良好人格，增进心理健康，使自己的生命充满希望和活力，成为每个大学生必须面对的人生挑战。

《高等学校学生心理健康教育指导纲要》明确指出："心理健康教育是提高大学生心理素质、促进其身心健康和谐发展的教育，是高校人才培养体系的重要组成部分，也是高校思想政治工作的重要内容。"加强和改进大学生心理健康教育是促进大学生健康成长、培养和造就专门人才的重要途径，是全面贯彻党的教育方针、建设人力资源强国的重要举措，是全面提高高等教育质量、加强和改进大学生思想政治教育的重要任务。

有鉴于此，编者在总结多年大学生心理健康教育与心理咨询工作经验的基础上，通过借鉴吸纳当前心理健康教育研究的新成果，同时结合高等学校学生的心理与行为特点，编写了本书。

本书在每一讲的开头设置"案例导入"，提出与本讲内容相关的小问题，使学生带着问题去学习，增加学生学习的兴趣。正文中设置了"案例放映厅""心理加油站"和"心理诊疗室"三个栏目。"案例放映厅"栏目选取的是生动的故事和与大学生生活实际相关的内容，有助于增进学生对各种心理问题的了解。"心理加油站"栏目拓展了知识的范围，增强了本书的实用性，可以让学生拓宽视野，增长知识。"心理诊疗室"栏目选取的都是与学生相关的测试项目，有助于学生准确地了解自己各方面的状态，从而积极主动地去调适，做到心中有数。

本书由福建船政交通职业学院戚心洁、孙立任主编，罗奕楠、何维康、游镜莹、沈晨晞任副主编。

在编写本书过程中，编者参考了一些研究资料，在此对相关作考表示衷心的感谢。由于编者水平有限，书中难免存在不足之处，敬请广大读者批评指正。

编　者

Contents

目录

第一讲

认识心理健康

案例导入

身体健康就代表心理健康吗

小王是一名即将毕业的大学生，前一段时间她的男朋友提出分手，小王因此一直闷闷不乐，情绪低落，不参加集体活动，经常一个人在宿舍待着、哭泣，早上起床很晚，总是和同学说活着没意思之类的话。同学们将她的这些情况反映给了辅导员和心理咨询老师，经过辅导员与心理咨询老师的初步判断，小王可能有抑郁倾向，有一定的危险性。于是辅导员将情况如实告诉了小王的父母，希望小王的父母能带小王就医，但是小王的父母却认为她没病——“我女儿身体好好的，怎么可能得抑郁症？失恋没什么大不了，她就是太娇气了，从小太顺利，没经受过挫折和打击，过段时间自然就会好了，不用去看医生。”

小王的父母认为小王情绪低落的原因是太娇气，过段时间自然就会好，并且他们认为只要身体健康就没有问题了。在生活中，我们是不是也像小王父母那样只关注身体的健康而忽视了心理的健康呢？

第一课 心理健康概述

当今时代，经济、科技迅速发展，社会全面进步，这不仅为大学生自我能力的彰显提供了更广阔的舞台，也使他们面临着激烈的竞争和严峻的挑战。如何把握机会、迎接挑战，是每一位大学生必须面对的问题。可以说，时代的发展不仅要求大学生掌握一定的知识和技能，而且需要他们拥有健康的心理。

一、心理健康的含义

心理健康又称精神健康，是一种持续的心理正常状态。不同学者从不同的角度有不同的论述。所谓心理健康，是指有利于个体身心发展，使工作、学习有效率，能够维持良好生活质量的适宜的心理状态。其具体标准有四点：身体、智力、情绪十分调和；适应环境，在人际关系中能彼此谦让；有幸福感；在工作中能充分发挥自己的能力，过有效率的生活。

人的心理健康是一个连续变化的、动态的过程。连续变化是指健康与不健康为一个连续体，由健康者变成心理疾病患者的过程符合量变到质变的规律。这里的动态是指由于健康是相对的，健康的人随时可能陷入不健康的状态。若及时予以调整，则可以恢复到健康状态；若矛盾被激化，亦可走上极端，成为难以治愈的心理疾病甚至精神病患者。因此，从心理正常到出现心理疾病乃至精神疾病，是一个不断变化的连续过程。有人说，“没进精神病医院，就表示没有心理健康问题”，这是对量变与质变没有充分认识和把握的结果。精神病是心理不健康发展至极端的表现，没有精神病的人并不意味着心理就完全健康。事实上，每个人都有可能处在这一发展变化过程中的某一点上。或者说，大学生中的绝大多数人没有精神病，有心理疾病的也是少数人，但在某些时间内，很多人都有可能处于某种程度的心理不健康状态。因此，不能绝对地认为某个人是健康的或是不健康的。每个人都有进行心理保健、维护心理健康的必要。

微课
什么是心理健康

心理加油站　心理亚健康

1. 心理亚健康的含义

健康心理学根据心理测验统计结果、症状分析、个人内心体验等方面评价人的心理健康水平，用健康与不健康来表达人的心理健康状态。事实上，在健康与不健康之间有一个很大的区间，既非健康又非疾病，“没有心理障碍与疾病，但又感觉心理不健康”，这就是心理亚健康，也称第三心理状态。

2. 心理亚健康的特点

处于心理亚健康状态的人虽然各项体检指标均正常，也无法证明患有某种器质性疾病，但与健康人相比又显得生活质量差、工作效率低、极易疲劳，大多数人常有食欲不振、睡眠不佳、腰酸腿痛、疲劳乏力等不适症状。从心理健康的角度来看，心理亚健康者虽然没有明显的精神疾病和心理障碍，但会表现出情绪低落、反应迟缓、失眠多梦、白天困倦、注意力不集中、记忆力减退、烦躁、焦虑等。

3. 心理亚健康的七大信号

(1)焦虑感——烦恼不堪，焦躁不安，充满生机的外表下掩盖着无助。

(2)罪恶感——自我冲突，有一种无能感。

(3)疲倦感——精疲力竭，颓废不振，厌倦，无聊。

(4)烦乱感——感觉失序，一团糟。

(5)无聊感——空虚，不知该做什么，不满足但不思动。

(6)无助感——孤立无援，人际关系紧张。

(7)无用感——缺乏自信，觉得自己毫无价值，自卑内疚。

4. 帮助走出心理亚健康状态的十二个良方

(1)重视快乐的价值。

(2)诚实待己，怡然自处。

(3)不庸人自扰，拒绝杞人忧天。

(4)抒发压抑感受，清理消极问题。

(5)发展积极乐观的思考模式。

(6)享受此时此刻的生活。

(7)确定生活目标，有组织，有计划。

(8)降低期望水平，放慢冲刺脚步。

(9)追求人生理想，建立亲密关系。

(10)追求有意义的工作，在工作中发挥创意。

(11)尊重自己，亲近他人。

(12)积极主动，分秒必争。

二、心理状态的划分

心理健康是一个相对的概念，它不像人的躯体健康与不健康有明显的生理指标做参考，如脉搏、体温等，因此，要区分心理是否健康也不那么容易。心理状态大体上可分为心理正常和心理异常，如图 1-1 所示。心理正常是有阶段性的，因为个体随时可能产生不良心境，所以，个体的心理健康也不是一条直线。要区分心理正常与否尚无一个适用于所有人和任何情境的通用标准，因为人的心理世界是复杂多变的，即使一个健康的人也可能有突发性、暂时性的心理异常。

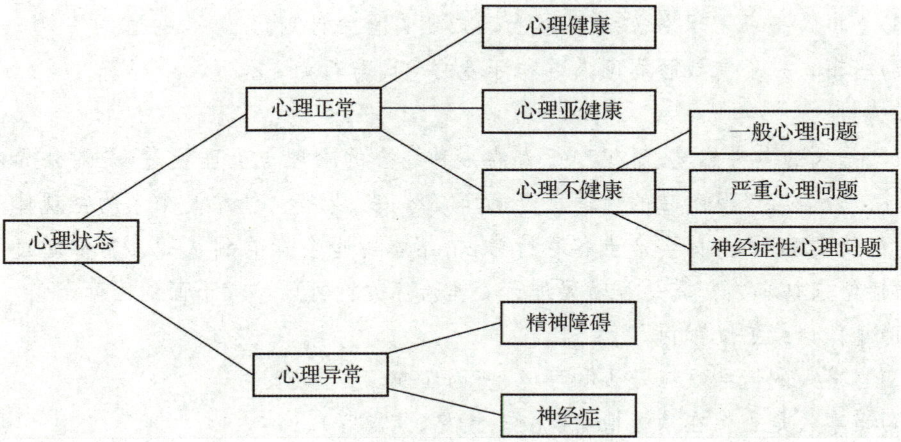

图 1-1　心理状态的划分

案例放映厅

小雪是某大学一年级女生，刚入学时性格活泼开朗，与同学相处融洽，经常和同学们在一起玩耍嬉戏。但进入大一第二学期后，她开始很少与同学们一起聊天，变得非常沉闷，同学们跟她开玩笑她也莫名发火，甚至走在校园里一遇见人就非常紧张，经常一个人呆坐在寝室不出门。辅导员发现了她的异样，找她谈心时，她说有些问题没有搞清楚，即她在返校途中的火车上为什么会被人用手机偷拍录像，到学校后经常感觉到被人偷窥，还感到有人偷看了她锁在家里的日记。经调查，小雪所反映的问题在现实中根本不存在，加上她在两个学期中所表现出的个性差异，可以断定小雪出现了心理不健康。

心理诊疗室

心理健康快速判断

心理问题通常都伴随着一些异常情况，如果某人在以下几个方面出现明显的异常，就需要考虑他是不是有某方面的心理问题或者心理疾病了。

1. 行为

行为是人们表现出的各种举止、反应，是判断是否有心理疾病最为直观和有效的评估指标。可以通过对以下行为的观察来初步判断当事人是不是需要进行心理治疗。

(1)当事人能否保持正常的学习、生活功能。

(2)当事人的行为活动是否与其身份相符。

(3)当事人是否表现出他人难以理解的言行举止。

(4)当事人的行为活动是否有明显的减少或增多。

(5)当事人是否保持与周围人群的正常沟通。

(6)当事人是否表现出自杀意向、行为或制订自杀计划。

(7)当事人是否有威胁周围人群和环境的意向与行为。

2. 情绪

情绪是人的各种感觉、思想和行为的一种综合的心理与生理状态，是对外界刺激所产生的心理反应，以及附带的生理反应，如喜、怒、哀、乐等。情绪是个人的主观体验和感受。在情绪支配下，个体会产生各种行为，情绪本身也会影响到认知。怎样通过了解当事人的情绪来初步判断其是否需要进行心理治疗呢？可以参考下面的因素。

(1)总体情绪感受如何。

(2)当事人的情绪反应是否和环境、诱因匹配。

(3)当事人是否存在消极情绪(忧伤、愤怒、焦虑等)。

(4)当事人的情绪是否稳定，是否存在波动、波动程度如何。

(5)当事人的情绪是否受其本人的控制，是否有失控的倾向。

(6)当事人是否存在情感解体或混乱的表现。

3.认知

认知是指人认识外界事物的过程，即对作用于人的感觉器官的外界事物进行信息加工的过程。潜在危机评估过程中的认知指的是人的总体思维能力(分析能力、记忆力、注意力等)和个体对问题及个人的看法。可以通过对以下行为的观察来初步判断当事人是否需要进行心理治疗。

(1)当事人对面临问题的解释是否符合实际。

(2)当事人是否能够有效地解决所面临的问题。

(3)当事人的注意力水平如何，是否能够保持必要的注意力。

(4)当事人的记忆力水平如何，是否存在长期、短期记忆的损害。

(5)当事人的逻辑思维能力如何，是否存在思维混乱的现象。

(6)当事人的认知范围是否发生变化，是否过于狭窄。

(7)当事人的自我认知如何，是否存在自我怀疑、自我否定等现象。

(8)当事人是否存在强迫性思维等异常思维表现。

4.生理表现

生理表现是指一些和心理问题相关联的、可以观察到的生理层面的表现。生理层面的评估包括以下内容。

(1)当事人的睡眠状况如何，是否有入睡困难、睡眠质量不高、早醒(与抑郁症相关)等情况。

(2)当事人的饮食状况如何，是否存在厌食、拒食、过度饮食、暴饮暴食等情况。

(3)当事人是否存在物质依赖表现，如吸烟、酗酒，或者借助其他物品来消磨意志等。

(4)当事人是否有身体不适等感受，如是否感觉自己身体不好或有其他症状等。

(5)当事人的总体生活节奏是否有明显改变。

注：这只是给大家提供一个初步判断的依据，不可因此而下定论，如果你或者他人存在异常情况，应该考虑求助心理医生进行治疗。通常情况下，如果这些异常情况持续时间比较短，如持续几天或一周的时间就恢复正常了，一般不用太在意；若持续两周以上，则需要引起关注并寻求心理医生的帮助。

三、大学生心理健康的重要性

美国心理学家阿奈特(Jeffrey Jensen Arnett)提出了“始成年期”这一概念。始成年期具体指青少年晚期到二十几岁这个时期。这是一个独立存在的时期，在此期间，年轻人已经脱离了青少年阶段，然而多数人却没有担负起作为一个成年人所应承担的持久的责任，即“长大未成年”的状态。这个时期个人的未来还不确定，在恋爱、职业和世界观三个方面探索各种各样的人生可能性。与人生的任何时期相比，这个时期独立探索生命可能性的范围最大。

我国在校大学生正处在这个阶段。

(一)心理健康可以促进大学生全面发展

心理健康是大学生全面发展的基本要求。大学生德、智、体各方面素质的发展，是以心理的健康发展为基础的，心理健康的水平直接影响着大学生全面素质的提高。大学生只有保持健康的心理状态，才能充分调动自身的潜能，发挥自身的创造性，从而促进自身各方面素质的提高，担当起实现中华民族伟大复兴的中国梦的历史责任。

(二)心理健康可以促使大学生独立和成熟

大学生处于人生发展的断乳期，一方面，他们在心理上要求逐步摆脱对家长和老师的依赖；另一方面，由于缺乏社会经验，他们在行动中遇到挫折和失败时又极易感到烦恼与困惑。如果能保持健康的心态，大学生就能逐步克服自我成长中的矛盾与冲突，顺利地摆脱焦虑、烦恼、抑郁的心理状态，最终走向独立与成熟。

(三)心理健康有利于大学生健全人格的培养

当代大学生健全人格的特点主要表现为：具有正确的自我意识、良好的情绪调控能力、积极适应社会的能力、和谐的人际关系及乐观的生活态度。健全的人格是在心理健康的基础上培养出来的，是通过心理健康教育的途径实现的。

大学生要面对学业成绩、两性交往、人际关系、情绪调控等诸多人生课题，有的大学生不能适应大学里的生活环境，有的不能妥善处理人际关系问题，有的不能掌握有效的学习方法，有的无法解决情感与恋爱方面的困惑，更有甚者对人生和未来的前途感到迷茫……于是，这些大学生出现了焦虑、压抑和紧张等多种心理问题，甚至出现了严重的心理障碍。

四、心理健康与大学生成才的关系

心理健康对大学生成才有着重要的影响，健康的心理是大学生接受思想政治教育及学习科学文化知识的前提，是在大学期间正常学习、交往、生活、发展的基本保证。如果个体经常处于焦虑、抑郁、孤僻、自卑、暴躁、怨恨等不良心理状态下，是不可能在工作和生活中充分发挥个人潜能、取得成就、得到发展的。在大学生中，有人因自我否定、自我拒绝而几乎失去从事一切活动的愿望和信心，有人因考试失败或恋爱受挫而产生轻生的念头或行为，有人因现实的不理想而玩世不恭或万念俱灰，有人因人际关系不良而逃避群体、自我封闭。尽管这些现象出现得较少，却可以让我们明白一个道理：一个人在心理健康上多一分弱点，他的成长和发展就多一分限制与损失，他的生活和事业就少一分成就和贡献。例如，有人通过对某大学获得奖学金的学生的心理特征进行研究发现，他们具有一些共同的心理特征，如心理健康水平高，表现为情绪稳定、自律性强、有较高的社会理想、兴趣广泛、性格偏外向、人际关系和谐等。可见，心理健康对大学生成才影响很大。

心理健康教育与大学生的成长密切相关，高校心理健康教育的目标是提高大学生的心理素质，优化大学生的人格，帮助大学生解决成长发展中的各种困惑及问题，增强其适应现代社会生活的能力，开发个体心理潜能，使大学生都能得到全面而健康的发展。

总之，大学生要做到心理健康，因为身心健康是关系到成才的头等大事。将健康的心理素质和健康的生理素质相结合，加之其他积极因素的相互作用，大学生成才就有了可靠的内在条件。大学生要以良好的心理素质迎接未来的挑战，为国家的富强奉献自己的青春。

第二课 大学生心理发展的特点

一、不同阶段的心理发展特点

大学生正处于个体生理发育趋于完善和成熟的时期及心理发展迅速走向成熟的重要阶段，出现了明显的身心矛盾。大学生心理发展具有阶段性特征。

大学生在校期间的学习生活可以划分为三个阶段，即入学适应阶段、稳定发展阶段和准备就业阶段。在不同的阶段中，其心理状况是不同的。

微课
大学生的心理发展特点

（一）入学适应阶段

新生进入大学，面对的是从中学生活到大学生活的一系列急剧转变。生活环境变了，生活条件变了，人际关系变了，学习的方式、方法也变了。这些变化使一些大学生感到很困惑，无法快速适应。原有的心理结构被打乱，心理定式被破坏。在这一陌生的环境中，大学生只有努力去适应新的环境，建立新的心理结构，才能实现新的心理平衡。

入学适应阶段是整个大学时期最困难的时期。适应不顺利会影响整个大学时期的学习生活。适应期的长短因人而异，适应能力强的人所需的时间就会少一些。一般来讲，适应期大约需要一个学期。如果一个学期还无法适应大学的学习生活，说明心理健康可能有了问题。

（二）稳定发展阶段

稳定发展阶段是大学生活全面深化和发展的阶段。大学生基本适应了大学的生活，新的心理平衡已初步建立起来。这一阶段是大学生活最主要、最长久的阶段，基本持续到大学毕业前夕。

在这一阶段中，大学生会遇到许多新问题、新情况，这就要求其做出回答和抉择。大学生极强的可塑性在这一阶段得到充分的展示，每个人都以独特的方式塑造着自己。他们可能会遇到许多锻炼的机会，可能会有克服困难获得成功的喜悦，也可能会遇到困惑、苦恼，甚至难以自拔。然而，多数大学生正是经历了种种磨炼才成长起来的。

（三）准备就业阶段

准备就业阶段是大学生从学生生活向职业生活过渡的阶段。面对又一次环境变迁、角色变化，大学生的心理将又一次掀起波澜。不过，此时的大学生已接受了专业训练和独特的校园生活的陶冶，自主感较强，自我意识也有了很大的提高，对未来的生活道路产生种种设想，但这些设想多数可能与现实有一定距离。因此，大学生在此阶段必须为走向社会做好心理准备，进一步深入地了解社会，把握好自己在生活中的位置。在此阶段，大学生要做毕业设计以证明自己大学时代的专业收获，有的还要处理与恋人的关系，等等。因此，这个阶段既是对大学生各方面素质进行综合考验的阶段，又是进一步促进大学生心理成熟的阶段。

二、不同方面的心理发展特点

大学生正处在人生的黄金时期，风华正茂。他们的心理发展处在迅速走向成熟而又未真正完全成熟的阶段。心理发展的不平衡性和各种各样的心理矛盾，使得大学生的心理呈现出明显的两面性特点，主要表现在以下四个方面。

(一)认知思维的发展特点

大学生学习的知识不断增加，受到的思维训练越来越复杂，抽象思维能力获得迅速发展，精力充沛，思维活跃，但是思维品质发展不平衡，在思维的广阔性、深刻性和敏感性等方面并未达到真正成熟的程度。大学生往往积极参与对身边或者社会问题的思考和讨论，但容易把问题看得过于简单，陷入主观、片面和“想当然”的境地，进而不能恰当地解决问题，感到挫败。

(二)情感和意志的发展特点

大学生的情感和意志已达到较高的水平且接近成熟。

大学生情绪丰富但不稳定。个体需要的增加使得大学生情绪体验丰富多彩，但由于心理不够成熟，情绪的波动性较大。

处于意志形成时期的大学生，意志的自觉性、自制性和果断性都有很大发展，多数能自觉地逐步确定自己的发展目标，并根据目标制订实施计划，排除内外障碍和困难，去努力实现目标。大学生的意志水平发展又是不稳定的。在不同活动中，大学生的意志水平表现也不一样。即使在同一活动中，心境好时意志水平较高，心境差时则显得较低，情绪波动对意志水平的影响比较明显。

(三)自我意识的发展特点

大学生自我意识增强，表现在能够主动积极地探索自我，自我评价能力和自我教育能力有所提高，自主性和自尊心增强。这个时期的理想大都比较明确且富有社会意义，能自觉地把自我的命运和集体、国家的命运结合起来。性格的发展也已进入塑造成型的关键阶段。

但是由于社会生活知识、经验不足，在遇到自己无力解决的困难或某种挫折时，往往不能客观评估和看待自我，怀疑自己的能力，陷入强烈的自卑感中。

(四)性意识的发展特点

大学生的性心理已经发育成熟，性意识开始觉醒。性的生物性与社会性的冲突，主要表现为性兴趣与性苦恼、性渴望与性压抑的内心冲突。他们开始关注异性并产生新的情感和体验。由于大学生正处于性欲旺盛的时期，对各种性刺激极为敏感，在生理上对性有较强烈的渴求。同时，他们也意识到性欲的满足受到社会道德、法律和文化等规范的制约，心理上难免产生种种关于性的苦闷。

大多数学生可以通过学习、娱乐、社交等途径使生理能量得到正当释放、升华或补偿。但有的大学生由于缺乏科学的性知识，对自身的性问题感到困惑，还有一部分大学生不能正确处理、调节因为性压抑而出现的焦虑不安感。

大学阶段是大学生探索自己人生发展的重要时期。大学生的未来还有很多不确定性，他们需要在恋爱、职业、世界观三个方面探索各种各样的人生可能性。在探索的过程中，大学生不可避免地会经历各种各样的心理矛盾和冲突，在解决这些矛盾、冲突的过程中他们会逐步走向真正的成熟。

第三课 大学生心理健康标准

一、大众适用的心理健康标准

人本主义心理学家马斯洛(A. H. Maslow)提出了心理健康的十条标准，分别是：有充分的自我安全感；能充分了解自己，并能恰当地评价自己的能力；能与周围环境保持良好的接触；生活的理想切合实际；能保持自身人格的完整与和谐；善于从经验中学习；能保持适当和良好的人际关系；能适度地表达和控制自己的情绪；能在不违背团体要求的前提下有限度地发挥个性；能在不违背社会规范的前提下适度满足个人的基本需求。

我国学者马建青主编的《心理卫生学》一书提出了心理健康的七条标准，分别是：智力正常；善于调节和控制情绪，心境很好；具有较强的意志品质；个人关系和谐；能主动地适应和改造环境；保持人格的完整和健康；心理行为符合年龄特征。

以上关于心理健康的概念与标准的理解，角度有所不同，但基本理念是一致的。其实，心理健康是一个相对的概念，从不健康到健康只是程度不同而已，正常与异常是相对的，不像生理健康那样具有精确的、易于度量的指标。人的心理健康可以从相对不健康变得健康，也可以从相对健康变得不健康，因此心理健康与否是一个动态的过程，不是固定不变的。我们认为，心理健康的标准包括以下六个方面。

(1)智力正常。智力是人的一切心理活动最基本的前提，心理健康的人能在工作中保持好奇心、求知欲，并能充分运用自己的智慧学习知识，掌握技能，解决问题，获得成就。

(2)了解自我、接纳自我。能对自己的优缺点做恰当的评价，不苛求自己，生活的目标和理想切合实际，对自己基本感到满意，很少自责、自怨、自卑、自我否定，心理相对平衡。

(3)能调节、控制情绪，心境良好。心理健康的人，其愉快、乐观、开朗、满意等情绪状态总是占优势的，虽然免不了因挫折和不幸而产生悲、忧、愁、怒等消极的情绪体验，但不会长期处于消极情绪状态中，善于适度地表达、调节和控制自己的情绪。在社会交往中，既不妄自尊大也不退缩畏惧，争取在社会规范允许的范围内满足自己的各种需求，心境积极乐观。

(4)能与他人建立和谐的人际关系。乐意与人交往、与人为善，对他人充满理解、同情、尊重、关心，有良好而稳定的人际关系，并能在其中分享快乐、分担痛苦，社会支持系统强而有力。

(5)独立自主，有责任心。对周围的人与事均有独立自主的见解，不盲从，热爱并专注于自己的工作、学习、事业，有强烈的责任心，并能在所负责的工作中体验生活的充实和自己存在的价值。

(6)有良好的环境适应能力。能正确地认识环境和处理个人与环境的关系，能保持与环境的良好接触，善于将自己融入不同的环境中，使自己的心理需要与社会协调统一，从而最大限度地满足自我需要，实现人生理想。

上述心理健康的标准仅仅反映了个体良好地适应社会生活所应有的心理状态的一般要求，而不是最高境界。要想把握心理健康的标准，应该把握三个方面：相对性、整体协调性和发展性。人的一生会遇到各种各样的问题，心理危机与心理困难也都是在发展的大背景下产生的。

案例放映厅

有一天，某个农夫的一头驴子不小心掉进一口枯井里，农夫绞尽脑汁想办法救驴子。几个小时过去了，驴子还在井里痛苦地哀号。最后，这个农夫决定放弃。他想，这头驴子年纪大了，不值得大费周章把它救出来。不过，这口井还是得填起来。于是农夫请来左邻右舍帮忙将井中的驴子埋了，以免除它的痛苦。农夫的邻居们人手一把铁锹，开始将泥土铲进枯井中。

这头驴子了解到自己的处境时，刚开始哭得很凄惨。但过了一会儿，这头驴子就安静下来了。农夫好奇地探头往井底一看，眼前的景象令他大吃一惊：当铲进井里的泥土落在驴子的背部时，驴子将泥土抖落在一旁，然后站到铲进的泥土堆上面。很快，这头驴子便得意地上升到井口，在众人惊讶的表情中快步跑开了。

二、针对大学生的心理健康标准

大学生的年龄一般为18～23岁，从心理学的观点来看，他们正处于青年中期。大学生的心理具有青年中期的许多特点，但作为一个特殊群体，大学生不能完全等同于社会上的青年。根据处于青年中期的大学生具有的心理特征、大学生特定的社会角色的要求及心理健康学的基本理论，大学生心理健康的标准可以概括为以下七条。

(一)具有浓厚的学习兴趣

智力正常是人一切活动的最基本的心理条件，而大学生一般智力比较优秀。学习是大学生活的主要内容，心理健康的大学生懂得珍惜学习机会，求知欲望强烈，能克服学习中的困难，学习成绩稳定，能保持一定的学习效率，并从学习中体验到满足与快乐。

（二）具有健全的自我意识

自我意识是人格的核心，指人对自己及自己与周围世界关系的认识和体验。人贵有自知之明。心理健康的大学生能正确地认识自己，包括自己的机体状态、认知水平、行为表现，了解自己的气质、性格和能力；能实事求是地看待自己的学业和成就，有切合自己实际的志向水平；能悦纳自己、关心自己、尊重自己，大胆地、恰当地表现自己；能恰如其分地评价自己，正确对待自己的长处和不足，对自己的优点感到欣慰，但又不至于狂妄自大、自满自足，对自己的缺点不回避，泰然处之，不过于自责、自暴自弃。

案例放映厅

一天早上，山羊走到菜园边，想吃栅栏里的白菜。这时候因为太阳刚刚升起，山羊准备进入栅栏吃白菜时，发现自己的影子很长，就对自己说：“原来我这么高啊，那我为什么不去山那边的果园吃果子呢?”于是，山羊就向山的另一边走去。当山羊走到果园的围墙旁边时，已是晌午，它突然发现自己的影子很短，就对自己说：“原来我还是这么矮啊，我怎么可能吃到围墙里的果子呢？我只能吃到栅栏里的白菜。”说着，它返回菜园。等它到菜园时，已是傍晚，当它走进栅栏时又发现自己的影子变得很长了。山羊懊恼地对自己说：“唉，原来我还是很高的。我完全可以吃到果园里的果子啊。”山羊就这样来回奔波，寻找自己要吃的食物，最后饿死在路上。

（三）具有较强的自我调控能力

情绪影响人的健康，影响人的工作效率，影响人际关系。对于周围的客观事物，人们会根据自己的认知水平及是否符合自己的需要抱有一定的态度，产生一定的情感体验，表现出一定的情绪反应。无论是在一生中还是在一天中，每个人都可能表现出多种多样的情绪，如喜、怒、哀、乐、悲、恐、惊等。心理健康的人对客体有正确的认知和合理的态度，在绝大多数情况下能产生正常、适度的情感体验和积极的情绪反应，愉快、乐观等积极的情绪状态总是占优势，虽然也会有悲、愁、怒等消极的情绪体验，但一般不会长久；能适度地表达和控制自己的情绪，即喜不狂，忧不绝，胜不骄，败不馁，谦而不卑，自尊自重，在社会交往中既不妄自尊大又不退缩畏惧；对无法得到的东西不贪求，争取在社会允许的范围内满足自己的各种需要；对自己能得到的一切感到满意，情绪相对稳定，不会动辄失去平衡，反复无常。如果有过强（小刺激大反应）、过弱（大刺激小反应）或歪曲的情感反应，就是心理不健康的表现。若达到一定的程度和持续一定的时间，就成为心理疾病的症状，如无原因的焦虑、情绪与境遇不相称的忽高忽低等。

（四）具有和谐的人际关系

和谐的人际关系是心理健康不可缺少的条件，也是事业成功的必要条件。一份关于大学生教育问题的调查报告指出，人际交往能力和专业成绩相比，即使前者不是更加重要，至少是同等重要。日本一些大型企业在录用大学毕业生时注重独立人格甚于学习成绩。良好的人际关系包括沟通能力、合作能力和主动关心他人的意识。关心集体、关心他人从某种意义上讲是更好地关心自己。良好的人际关系主要表现在：乐于与人交往，既有稳定而广泛的人际关系，又有知心朋友；在交往中保持独立而完整的人格，有自知之明，不卑不亢；能客观评价他人和自己，取他人之长补自己之短。一个孤芳自赏的人不可能成为生活中的成功者。大学生应着力培养班级内、寝室内良好的人际关系。与人相处时态度要积极（热情、坦诚、尊重、信任、宽容、融洽等），能很快适应新环境，与他人关系融洽。

（五）具有完整统一的人格特征

人格是指人的整体精神面貌。人格完整是指人格构成要素中的气质、能力、性格和理想、信念、人生观等各方面平衡发展。心理健康的大学生要所思、所做、所言协调一致，具有积极进取的人生观，并以此为中心把自己的需要、愿望、目标和行为统一起来。具体表现为：理智而不冷漠；多情而不滥情；活泼而不轻浮；豪放而不粗鲁；坚定而不固执；勇敢而不鲁莽；稳重而不寡断；谨慎而不胆怯；忠厚而不愚蠢；老练而不世故；自信而不自负；自谦而不自卑；自尊而不自骄；自爱而不自恋；在行动的自觉性、果断性、顽强性和自制性等方面都表现出较高的水平；在困难和挫折面前能采取合理的应对方法，具备面对失败的不屈性、面对厄运的刚毅性和面对困难的勇敢性。

（六）具有良好的环境适应能力

环境适应能力包括正确认识环境及正确处理个人和环境的关系。现实生活是复杂多变的，不能看到社会中的消极层面，其心理是幼稚的；只能看到消极层面，其心理必然是灰暗和痛苦的。心理健康的大学生能够勇敢地面对和接受现实，积极地适应和改造现实，对周围事物和环境有客观的认识与评价；能够珍惜和热爱生活，积极投身于生活，善于在生活中感受到乐趣；既有高于现实的理想，又不会沉湎于不切实际的幻想与奢望中；能较好地适应外部环境的变化，不论变化给自己带来直接或间接的某种影响，不论环境和个人遭遇优劣，都能面对现实，较好地调节自己的心态，以积极的态度适应环境。心理不健康的人往往以幻想代替现实，总是没有勇气面对现实、接受挑战；总是抱怨自己生不逢时或责备社会环境对自己不公，因而无法适应现实环境。

案例放映厅

小李，一名大学新生，是家里的独生女，现在远离家人独自在外求学。刚来学校，小李对远离父母、一个人在外面的生活格外不适应。在家时，生活上的事都是家人帮助打理，到了学校什么都得亲力亲为，尤其每天都要自己洗衣服。小李因此感到十分烦恼，很难适应没有亲人在身边的生活，有时候因为一些事自己不会做而很懊恼，内心特别无助，特别想家，可也只能向家人打电话哭诉。

(七)心理行为符合年龄特征

在人的生命发展的不同年龄阶段都有相对应的心理行为表现,从而形成不同年龄阶段的心理行为模式。心理健康的人的行为习惯是与其年龄、地位、社会角色相适应的,是与社会环境相和谐的。如果一个人的心理行为经常严重偏离自己的年龄和社会角色的要求,大多是心理不健康的表现。心理健康的大学生应该精力充沛、勤奋好学、反应敏捷、喜欢探索。过于老成、过于幼稚、过于依赖都是心理不健康的表现。

心理加油站

大学生心理健康标准解读

1. 心理健康的标准是相对的

事实上,心理健康与不健康并没有泾渭分明的分界线,从良好的心理状态到严重的心理疾病是一种连续的状态,它们之间有一个广阔的过渡带。对于大多数大学生而言,在人生的发展过程中面临心理问题是正常的,不必大惊小怪,只要积极加以矫治,就能使心理状态趋于正常。

2. 心理健康状态是发展变化的

大学生正处在人生的发展变化阶段,出现某些心理问题是人在发展中不可避免的发展性问题,随着个体心理成熟度的不断提高,可逐渐调整而趋于正常。一个人的心理健康状态受遗传、环境、个体认知水平等因素的影响,如果某一方面因素发生变化而自身不随着变化加以调整,心理健康状态就有可能偏离正常轨道。大学生应积极适应各种变化,努力调整自身状态,使心理保持健康状态。

3. 正确看待心理健康的标准

一个人偶尔出现心理问题,并不等于患有心理疾病,因此不能仅凭一时一事就简单地给自己或他人下心理不健康的结论。心理健康的标准是一种理想尺度,不仅为大学生提供了衡量是否健康的标准,而且为大学生指明了提高心理健康水平的努力方向。每个人在自己现有的基础上做不同程度的努力,都可以追求心理发展的更高层次,不断发挥自身的潜能。大学生心理健康的基本标准是能够有效地进行工作、学习和生活。若正常的工作、学习、生活难以维持,则应及时调整。

第四课 大学生常见的心理问题及应对

情绪问题、焦虑问题、人际关系问题、学业问题、情感问题、性教育问题、特殊群体学生的心理问题和大学生活适应问题是目前大学生最可能遇到的心理问题。

一、情绪问题

稳定的情绪、积极良好的情绪反应,是大学生成才很重要的因素,也是大学生心理健康中值得重视的问题。

(一)抑郁

抑郁表现为以个体心中持久的情绪低落为主，常伴有身体不适、睡眠不足等，心情压抑、沮丧、无精打采，任何事情、活动都不愿参加，提不起精神来，逃避参与。一项连续三年对新生进行的心理健康测试的结果表明：列在第一位的心理不适是抑郁，家庭经济状况差、家庭亲和感差、连续的考试失败、失去亲人、失恋、同学感情失和等都是抑郁的直接诱因。

(二)情绪失衡

大学生的情感丰富而强烈，具有一定的不稳定性与内隐性，表现为情绪波动大，喜怒无常，有时会因一点小小的胜利而沾沾自喜，也容易因一次考试失败、情感受挫而一蹶不振，甚至无法控制自己的情绪。特别是负向情绪的控制能力相对较弱，个体负向情绪表现为情绪高低不定、易怒，不能保持一种常态的情绪，如一次考试失败，有的学生很难从失利的阴影中走出。群体负性情绪又是校园事端的直接制造者，如某大学某年共处分违纪 71 例，其中打架的占 45%，且多数是由生活中的小摩擦引起的。学生的群体情绪一旦被激发，很难受到理性与校纪校规的约束，在情绪稳定后又多是追悔莫及。

二、焦虑问题

大学生的焦虑具有一定的代表性，其来源并非现实的威胁，而是内心无明确的客观对象和具体内容。

案例放映厅

小丽是大一女生，近两个月来感到焦虑无助，自述："大学是我梦寐以求的地方，在我的心目中，大学学术氛围浓厚，学习自由，可以学到自己想学的东西，从而不断深造，学业有成。进入大学后，新生入学指导、宣传单、社团招新，还有丰富多彩的活动，能自由支配时间，做自己喜欢的事，这些都让我觉得太棒了。我除了听本专业的课程，还去旁听感兴趣的课程，还加入了三四个社团。宿舍同学说，除了上课，几乎都见不到我，连周末都没有人影，觉得我太充实了。开始时我还挺有激情，全身心地投入，可过了一个月，状态出现了问题。有一天忙碌到凌晨 1 点才回到宿舍，我疲惫地躺在床上，忽然感到无聊极了，发觉这样的生活其实不是自己想要的，忽然不知道自己究竟想要什么。这两个月一直处在混乱的状态，不知道怎么办。"

(一)自我认知焦虑

青年时期比任何年龄段都更关注自己在他人尤其是异性心目中的形象，大学生受很多因素的影响，如长相、胖瘦、高矮、能力、魄力、魅力等，会产生各种各样的焦虑。有的大学生担心自己长得不够漂亮，不能获得异性的好感，甚至部分女生因没有男生追求而苦恼；有的大学生总感到自己的先天条件不够理想，因而非常自卑，不能建立自己的社交形象与公众形象。

（二）考试焦虑

考试焦虑在基础较差、考试失败的学生中表现得特别突出，他们无端地担心考试失败，甚至产生厌倦考试的心理状态。例如，某宿舍7名女大学生虽然学习努力，但成绩都不理想，3个学期下来，共有8门课不及格，考试成为她们沉重的话题。她们坦率地承认，考试前基本无法正常睡眠，一想到考试，心里就非常紧张，总担心会失败，不能自我调节。

三、人际交往问题

良好的人际交往是大学生成长与社会化过程中的重要组成部分，也是保持良好心理状态的必备条件。

（一）人际交往不适

进入大学，远离原来熟悉的生活与学习环境，面对新的人际群体，大学生多少有些不适。部分新生对大学的师生关系、同学关系、异性之间的关系显得很不适应。一名新生感叹说："在大学没有一个可以谈得来的朋友，心里真的感到好孤独。"有的大学生从未离开过家庭，一直在父母的呵护下成长，对于如何关心他人、得到朋友的关心想得较少；而另一方面，大学生又希望得到他人的认可。某机构就"目前，你感到最苦恼的事"进行过调查，结果显示，有80%的大学生选择了人际交往。

案例放映厅

进入大学快一年了，刚进校时宿舍四个人相处得很好。可是，慢慢地，彼此之间反而没有了刚进校时的那种亲切与和睦。

A同学是个很漂亮的女孩，每天总有不少男生围在她身边。B同学的人际关系特别好，活动能力很强，在学校的学生会担任重要职务，经常参加学校的各种大型活动。每天早出晚归，总是见不着人。C同学是一个"两耳不闻窗外事，一心只读圣贤书"的人，每天都匆匆地行走于教室、食堂和宿舍之间，话不多，上学期还拿了一等奖学金。D同学很爱干净，看到其他人的东西摆得不整齐就想说两句，刚拖好的地板被她们踩脏了，不悦的表情就马上表现出来。有时候D同学把自己觉得很有意思的事情讲给大家听，可是大家一点反应也没有，很尴尬。

（二）社会交往不良

大学生活在一定程度上给大学生创造了一个小社会的环境，大学生可以充分地展示自我。部分大学生缺乏在公众场合表达自己思想的能力与勇气，面对各种各样的活动，虽充满了兴趣，却又会担心失败，久而久之，开始回避参与，只能感叹"外面的世界很精彩，外面的世界很无奈”。特别是到周末，一些大学生觉得无处可去，甚至出现了“周末恐惧症”，“盼周末，又怕过周末，那种孤寂的感觉真难受”，直接影响学生潜能的充分发挥。

四、学业问题

困扰大学生的学业问题主要有学习压力大、学习动机功利化、学习成绩不理想、学习目的不明确等。

(一)学习压力大

在大学生生活事件量表中，列在第一位的是学习压力大。调查结果表明：有 69.6％的新生和 54％的老生感到“学习难度加大，非常困难”；在座谈中问到学生为什么学习时，学生淡淡地说：“为学习而学习。”一名大二学生写道：“学习始终不能进入状态，总感到是在巨大的考试压力下被动地学习，静下来想为什么学习时会感到很迷茫。”

案例放映厅

小王是一位刚进校一个多月的新生。从小学到高中，他的学习成绩一直很优秀，老师对他很器重，他和同学相处也很愉快，生活在一片赞扬声中。高考顺利考上了大学，未遭受过挫折的他，自尊心很强，心气很高。

刚入学时，他觉得一切都很新鲜，忙忙碌碌地收拾安顿，外加军训很辛苦，体力消耗较大，有空就休息、睡觉。9 月中旬正式上课后，他总以为在这么好的学习环境里应该有很优异的成绩和突出的表现，样样都要争第一，没想到根本不是这样。他觉得同学都自顾自地学习、生活，宿舍里的气氛也很压抑，相互之间好像都冷冰冰的。自尊心迫使他不愿主动与同学交往，寂寞与孤独使他越发怀念高中生活。学习上的优势也不再显现，现在虽然还没考试，但从回答问题和做作业上就感到自己的成绩在班上只能算中等，比他成绩好、知识面宽的大有人在，以前的自信荡然无存。他最近 10 多天常感到头痛、胸闷、心慌和入睡困难，心里很着急，怕影响学习，但越急越不行，注意力集中不了；虽然还能坚持学习，但效率很差，有时觉得自己都快撑不下去了，总想回家。国庆长假回家休息几天感觉好些，但一想到回学校就紧张，他不甘心就这么认输，为此感到很痛苦。

(二)学习动机功利化

市场经济的利益杠杆直接影响大学生的学习热情。对于学习，一些大学生表现出空前的功利意识。对还没有学的课程，一些人的第一个问题是：“我学习这门课有什么用?”因而出现了专业课、基础课鲜有人问津，而技能类课程如计算机、外语等各种各样的证书班门庭若市的明显对比。“考证热”正是学习功利化的直接表现。因为大学生已充分了解到市场对各种证书的青睐，所以放弃了专业课的学习而追逐各种有用的证书。

(三)学习成绩不理想

学习困难的学生虽然在大学生群体中占的比例并不大，但他们的负向情绪对大学生的成长是不利的，有的大学生上课时注意力不集中，有的大学生不适应大学生活。“小学、中学表现得很优秀，到大学后突然没有了这种优越感，个人自制力弱，大学期间较为放任，因而学习较落后”；“虽然学习上很努力，上大学就是为了求学，但是学习成绩总是不理想，因而感到很自卑，也十分压抑”。

（四）学习目的不明确

自习路上永远有匆匆的身影，仔细考虑学生的学习目的却不能得到令人满意的答案。很多学生为了应付不得不参加的考试、不能不做的事而学习。一名学生这样写道：“在中学时代，我各方面的表现都很出色。进入大学后，沿着中学的惯性学习，尽管成绩还算理想，但常常感到心力交瘁，学而无所获。”更多的学生是“不想精益求精，但求蒙混过关”。面对就业，很多学生也感到了危机感，但真正要努力学习时，却提不起精神。

案例放映厅

小赵读的是哲学专业，刚上大学时，他立下了“自信人生二百年，会当击水三千里”的宏伟志向。但这一志向是模糊的，具体怎样去做，他也没想那么多。渐渐地，他对大学生活熟悉了，和师兄、老乡们的交往也多了。他常听别人说，基础学科不实用，学了也白学，找工作时靠的是技术专长或社会关系。小赵有些灰心，不知不觉就放松了学习，经常看视频、聊天、打牌、睡懒觉、逃课。学校的管理很松散，没人去干涉他闲散的生活，这使他肆无忌惮，结果成绩直线下降。他也曾制订各种各样的计划，但就是不能实施，成绩也越来越差。他想振作起来，好好学习，却总是提不起精神。直到期末考试有两门课不及格时，他才像被泼了盆冷水，清醒过来：“难道就这样度过大学时光？”

小李读的倒是自己喜欢的专业，但是，她仍然很失望，还有点气愤。大一开设的都是基础课，不太合她的胃口。她原来憧憬的大学课堂是充满知识、智慧和艺术的：教材博大精深、新颖独特，老师才华横溢、幽默风趣。而现在，她发现不少教材都陈旧乏味；老师讲课也呆板枯燥、毫无激情，更谈不上睿智深刻；课堂上冷冷清清，不少同学逃课，有的人即使来到课堂，也是在看课外书、玩手机、打瞌睡。她很无奈，不明白为什么自己喜欢的专业是这个样子，不知道该追求什么。后来她就常常在宿舍里睡觉，被同学们戏称为“睡虫”。

五、情感问题

爱情、友情和亲情是学生情感方面的三个重要问题。

（一）爱情困扰

爱情虽然在大学并非一门“必修课”，但大学生应能够正确处理爱情与学业的关系。恋爱已经成为大学生活中常见的现象，“专业恋爱、业余学习”的情况并不是个别现象。面对爱情，一些大学生想到的是“不在乎天长地久，只在乎曾经拥有”，甚至“预约失恋”。

案例放映厅

一位失恋的大二男生自述道："那天我女朋友和我说分手之后，我以为她只是一时不高兴，直到她不接电话、不回信息、不愿见我，才意识到自己被'甩'了。在她最后一次见我之后，我在我们认识的地方待了一整天。从那以后，我的生活照常，只是从彩色变成了黑白；学习照旧，但只是在机械化地操作。心里好像空了一块儿，但我不敢去找原因。因为一旦触碰到那残缺的一块就会想到她的容貌和与她在一起的快乐，而现在这一切就像做了一场梦。是我不够好吗？是我做得不够好吗？想到这些，我的胸口就像被一块大石头压得喘不过气，心里的怨恨、悲愤快要喷涌而出。我不知道要怎样走出失恋……"

（二）友情困扰

友情是人生路上的重要方面，校园里独特的文化氛围与人文氛围滋润着学生各种情感的发展。在涉及学生生活事件的问卷中，50%的大学生承认心里想着一个人而对方并不知道，"想说爱你并不是件很容易的事""想得到但又怕失去"，很多大学生徘徊在情感的边缘。在处理个人情感问题上，他们分不清友谊与爱情，不能很好地把握男女同学交往的尺度，希望珍惜友谊却又不经意地与友谊失之交臂。

（三）亲情问题

近年来，反映大学生与家人沟通越来越少的文章并不鲜见。一些学生的回答是：与家长没有共同话题，与家长联系基本是缘于实质性问题（经济供给、物质补充等）而非情感沟通，尽管自己也认识到不应该这样，但不愿交流是一种普遍心态，而且从心理上也并不感到歉疚，即使联系，也仅仅是"我一切都好，不用牵挂"之类的客套话。而与此相反的是，恋人之间的电话、微信沟通越来越频繁，与之形成了鲜明的对比。

六、性教育问题

性教育既是道德教育、文明教育、健康教育，又是人格教育。

（一）性生理适应不良

大学生青春期性生理的成熟必然带来相应的心理变化，渴望获得异性的好感与承认，产生性幻想、性冲动等。调查显示，18.3%的新生和30%的老生产生过"性幻想"。由于性教育的缺失，一些大学生不能正确认识自我的性反应，产生了堕落感、耻辱感与性罪恶感，把性与不洁联系起来。

（二）性心理问题

青春期性心理与性生理密切相关，对异性的好感使得自己希望在异性心目中确立良好的形象，获得对方的认可。性生理成熟与性心理不够成熟的矛盾使较多的人面临这样的选择：最初的恋人可能不是最终的选择。性关系无论是从道德上还是从心理上都使对方多了一份沉甸甸的责任,"面对恋人的性要求,如何选择才既不伤害双方感情,又保持自身的尊严? 既不破坏社会公德,又不影响他人?"对性的好奇、性无知、性贞洁感的淡化,性与爱的困惑、分离,性行为引起的后果及产生的心理压力,都是值得引起重视的问题。

七、特殊群体学生的心理健康问题

(一)特困生心理健康问题

近年来,特困生的思想教育、生活受到社会各界的广泛关注,学校采取了"奖、贷、勤、免、补"措施,广开渠道,解决困难学生的生活问题。不容忽视的是,困难学生不仅仅是经济困难,他们的心理问题也值得引起高度重视。尤其是"双困生",学习成绩不理想,家庭经济又很困难,因此心理负担很重。经济条件影响与制约着他们的成长,自卑、过多的自责使部分学生不能走出家庭经济条件困难的阴影。

(二)轻度残疾学生心理健康问题

随着残疾人高等教育事业的不断发展,越来越多的残疾青年获得了进入高等学府深造的机会,但一些残疾大学生由于自身存在生理缺陷,或多或少存在着一些负面情绪,进而产生一些心理问题,如自卑、焦虑、孤独等。因此,对残疾大学生进行心理健康教育时,既要考虑他们与普通大学生的共性,又要从实际出发,考虑他们的个性,采取适合其身心发展的心理调适方法。

八、大学生活适应问题

适应大学生活,完成大学生作为"文化人"与"社会人"的培养任务,帮助大学生完成社会化,是大学生活的重要内容。

(一)生活能力弱、自理能力弱的情况普遍存在

尽管高校都在倡导大学生"自我教育、自我管理、自我服务",但作为社会一员,一些大学生不能够很好地处理自己的事务,他们连简单的劳动都不愿从事,衣服、被子找人洗,甚至有的学生宿舍集体请"钟点工"帮助收拾内务,清洗衣物。

(二)大学生对挫折的心理承受力弱

目前,国家经济稳定发展,物质条件相对较好,大学生兄弟姐妹较少,一些大学生可以说"一路高歌到大学",在学校"老师宠着",在家庭"父母捧着";面对学业、生活、感情方面的挫折,他们显得无所适从,感到失去了生活的意义,甚至怀疑人生。

课后实训

人物采访

1. 实训目的

本实训的目的是引发学生思考，并帮助他们了解自己可能会面对的心理困惑；通过采访优秀人士来帮助学生认识他人、认识自己，为面对心理困惑打下基础。

2. 实训内容

2～5人一组，选择一位受大家尊敬的学者、教授、优秀学生、社会上的成功人士或其他大家认为值得学习的人物进行采访。采访的内容可以是该人物在大学这个年龄段的心路历程、奋斗过程中经历的挫折及克服方式，该人物是如何塑造自我并最终实现理想的，实现理想后对未来是如何规划的。最后，大家一起讨论，总结出该人物值得学习的地方。

第二讲

构建心灵防火墙

案例导入

你了解精神疾病吗

小马，大二学生，来自城镇家庭，父母做生意，刚入大学时同学们都评价他是个活泼开朗的人，但现在他变得沉默少语，总是一副心事重重的样子。

小马自述，从大一下学期开始，突然怀疑宿舍同学在“背后说自己坏话”、用“窃听器”监视他的个人隐私，并把自己的信息上传到网上。为了这个想法他还反复去验证，但并没有得到证实，但他却据此认为对方隐藏得很深，自己陷入更强烈的怀疑情绪中，每天都有这个想法。同时，白天时他常感到疲乏无力、困倦不堪，入睡困难，长期服用安眠药但难以见效，对周围的事情没有任何兴趣。心理咨询老师与小马初步交谈，并对他进行了专业的心理测试后，建议他去相关医院的精神科做检查。经过检查，医院诊断小马为中度抑郁症并有精神分裂症倾向。

可以说，每个人都会遭遇心理的困惑与困扰，但根据程度及表现的不同，绝大多数人经过调整都不会影响正常的生活，但也有小部分人的心理情况会发展成为精神疾病。面对精神疾病，是该回避、惧怕还是积极面对呢？

第一课 预防抑郁症

一、抑郁症的定义及症状

抑郁症是心理健康的头号杀手，《健康中国行动（2019—2030 年）》中的数据显示，我国抑郁症患病率达到 2.1%。抑郁症是与自杀联系最紧密的病因，最终会有 10%～15%的患者死于自杀，占自杀人口的50%～60%。

抑郁症又称忧郁症，是一种常见的精神心理疾病，由于比较普遍，因此常被称为心灵“感冒”。它是神经症的一种，是指以情绪显著而持久（抑郁发作持续至少两周）的低落为基本临床表现并伴有相应的思维和行为异常的一种精神障碍。患者情绪低落，自卑忧郁，甚至悲观厌世，有自杀企图和行为。

抑郁症主要表现为以下三个方面。

（一）情绪低落

患者在绝大多数时间里感到悲伤或情绪低落，终日忧心忡忡，唉声叹气，兴趣索然，即使听到令人愉快的消息，亦不能高兴起来，对工作、学习、家庭、生活丧失信心；常有自责、自罪观念，对微不足道的小事加以夸大，罗列种种罪名自我谴责，严重时出现消极观念，甚至有自杀企图。抑郁情绪常在早上加重，下午或晚间减轻。

（二）思维缓慢

患者自认为大脑迟钝、思维联想困难、犹豫不决，有时会注意力不集中、记忆力下降。

（三）活动减少

患者整个精神活动呈现显著的普遍抑制，有明显的疲劳感，即平常所说的精力不足、虚弱或身体不适，疲乏无力，丧失积极性和主动性。虽然患者有活动的欲望，但感到无能为力和力不从心。因此，他们对生活的要求逐渐减少，严重时连最基本的生活要求，如吃、喝都不顾，需有人催促和照料，少数缄默不语，卧床不动，呈木僵状态。

二、大学生抑郁的原因分析

抑郁的原因可从生理、心理和社会三个方面去探究。一些研究表明，抑郁受到遗传方面的一定影响，家族当中有抑郁的人，后代中可能就会出现抑郁的情况；还有一些有关生物学的因素，如神经递质的改变，这些都可能是抑郁产生的原因。

每个人处理各种事件的方式方法、思维方式和应对方式是不一样的，每个人的个性也不一样。例如，有的人积极、乐观地去应对，有的人消极地应对，越是遇到打击越没情绪，越没情绪状态越不好，状态越不好处理各种问题的效率越差，越受打击，越没有信心。因此，不同的心理应对方式也是造成抑郁的原因。

应对和认知重大生活事件的方式，以及应对打击时的社会支持程度也与抑郁症相关，如图2-1所示。一个人如果在社会环境当中遭受重大生活事件的打击或重大天灾人祸的打击也可能造成抑郁，如家庭破产、遭遇重大车祸、失去至亲、被侵犯等。

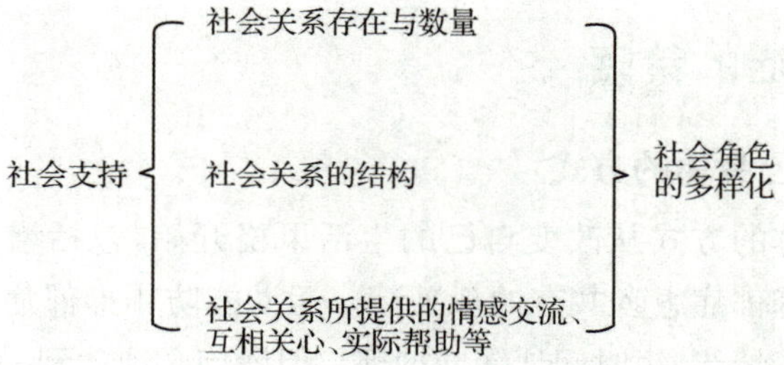

图 2-1　社会支持程度

心理加油站　对精神疾病的认识

根据对来自 18 个国家病人的治疗实践，我们认为精力按下述比例分配的人活得较健康：25％的精力放在身体感觉上（睡眠、饮食、性行为等）；25％的精力用来工作和谋取成就；25％的精力用来与家人、周边的人、同事交往；25％的精力用来设想未来和幻想（退休后的活动、家庭的将来等）。

大多数人对精神疾病存在错误认识：认为精神疾病很可怕；认为得了精神疾病很可耻，会被人笑话；认为是因为脆弱才会得精神疾病；认为只要扛一扛，就会过去；认为治疗精神疾病的药物都有副作用，能不吃尽量不吃；认为只要症状没了，就可以不服药了。

往往是这些错误信念耽误治疗，使症状进一步恶化。对精神疾病要有正确认识。

(1)精神疾病并不可怕。目前，我国精神疾病中严重精神疾病的发病率为 1％～1.5％，只要配合治疗，大部分患者都能被治愈。

(2)患精神疾病并不可耻。在科学技术日新月异的今天，精神卫生知识也正在逐渐地深入人心，随着大众对精神卫生知识的逐步了解，接纳度也在逐步提高。

(3)并非是因为脆弱才得精神疾病。精神疾病的发病原因是比较复杂的，往往是遗传、社会和个体共同作用的结果。

(4)并非扛一扛，就会过去。例如，抑郁症患者脑内有多种神经递质出现了紊乱，这并非硬扛就能济事。

(5)精神类药物虽然有副作用，但可以遵医嘱服用，这样最有利于治疗。现在已有很多副作用很小的药品。

(6)症状虽然有改善，但是大部分精神疾病需要巩固治疗，这样可以降低复发率。因此不要擅自停药，而应遵医嘱。

三、预防抑郁症的策略

(一)改变对待自己身体的方式

改变对待自己身体的方式从改变自己的生活风格开始,包括增加锻炼,提高饮食合理性。锻炼有益于克服抑郁症患者共有的孤独感。运动能防止抑郁症的发作,有助于增强体力。它也能较快地改善情绪,短时间地缓冲抑郁。但锻炼必须达到一定的强度、持续时间和频率,才能达到预期效果。

睡眠不佳,食欲缺乏,听任自己处于不良的生理状态,就很容易出现低落情绪。失眠是低落情绪的一种很普遍的后果,反过来它又能使人更容易陷入抑郁。因此,我们不可忽视那些有可能导致情绪低落的基本生理因素,如睡眠或饮食。在我们情绪较好的时候,就应该养成良好的睡眠习惯,这样在抑郁症发作期间,良好的睡眠会有效地抵御低落情绪,抵抗抑郁。暴饮暴食会对健康带来不利影响,而过度的节食会使人心情烦躁、抑郁、疲倦和虚弱,因此要注意适度饮食。

(二)明确自己的价值和目标

如果自己很容易产生抑郁情绪,应该检查一下自己的人生目标和价值观,检查一下自己是怎样消磨时间的。反复出现低落情绪的一个重要原因是自己实际做的事情同自己真正看重的事情不相称。这种不相称本身并没有明确表现出来,而表现为笼统的抑郁情绪。

如果自己还没有写下价值和目标的个人声明书,建议做一下。它能帮助评价目前的工作和个人生活是否符合自己的价值观。如果不符合,它能帮助选择最有利于摆脱抑郁、苦恼的方案。

(三)将欢乐带入生活

抑郁常常导致自尊心的下降甚至自暴自弃。一般来说,易抑郁的人往往比较善良,体贴他人,却往往过低评价自己,贬低自己,拒绝应得的欢乐,即使在情绪正常的时候,他们也总是觉得自己没有资格享受欢乐,总是把他人的需要放在第一位。有许多父母就是这样:他们把儿女的需要放在大大高于自己的需要之上,而不给自己留下一点点时间和空间。

无论工作多么忙,也必须找时间来让自己轻松一下,做一点能使自己高兴的事情。眼前的欢乐能帮助自己预防未来的抑郁。将欢乐带进生活的确是保持良好心境的基本策略之一。

(四)不要孤注一掷

世上没有一帆风顺的事情。每个人都会遇到学习或工作的某些方面进展不顺的情况,或夫妻关系发生矛盾,或个人爱好得不到满足,或生活中似乎充满各种问题。因此,如果将所有的自尊心都绑在生活的某一件事情上,那么肯定会变得非常脆弱。回顾一下,是不是当学习不顺利的时候就情绪低落?

为了避免发生这种片面的依赖性，自己最好是有生活的多个方面：朋友、家庭、工作、爱好和兴趣，家庭内和家庭外的，社会和个人的。每方面都能增强自己的自尊心。当生活的某一个方面进展不太顺利的时候，自己还可以从其他的方面获得安慰和支持。

(五)建立可靠的人际关系

当发生不利事件时，有一个可以完全信赖的人，无论是亲戚、配偶或朋友，都是防止抑郁的重要保证之一。如果自己还没有这么一个亲密的、可以依靠的人际关系，没人能向自己提供防止抑郁的感情支持，就应该想办法开始建立这样的支持关系。

心理加油站

消除抑郁情绪的方法

一旦发现自己抑郁了，可以考虑以下问题。

(1)如果我的朋友或其他关心我的人陷入同样的境地，我会怎样对待他们？

(2)关心我的人会怎样支持、鼓励我？

(3)我是否重视这样的事实：抑郁的时候，我的“脑状态”使我只看到生活的黑暗面？

(4)如果我没有处于抑郁状态，我会怎样看问题？

(5)我是否考虑了其他的可能性？这些可能性都是什么？

(6)我的观念是否有足够的证据支持？哪些证据与我的观念相悖？

(7)我这样思考的利弊何在？

(8)我是否付出了足够的努力去改变？或一开始我就设想没有好结果？

在思考完这些问题后，看看抑郁情绪是否好转，或者是否拓宽了自己的思维，消除了抑郁情绪。如果有效，可以在平时练习使用。如果仍然不起作用，建议找心理医生就诊。

第二课 拒绝强迫症

一、强迫症的定义及症状

强迫症即强迫性神经症，患者总是被一种强迫思维困扰，在生活中反复出现强迫观念及强迫行为。患者自知力完好，知道这样是没有必要的，甚至很痛苦，却无法摆脱。

强迫症的基本症状一般表现为强迫观念和强迫行为两类。其中，每类又细分为多种，这些症状可以以一种为主，或几种兼而有之。

(一)强迫观念

强迫观念是指反复进入患者意识领域的思想、表象、情绪或意向。这些思想、表象、情绪或意向对患者来说，没有现实意义，是不需要或多余的；患者意识到这些都是他自己的心理活动，很想摆脱，但又无能为力，因而感到十分苦恼。强迫观念主要包括强迫思维、强迫情绪和强迫意向三类。

1. 强迫思维

强迫思维是指以刻板的形式不随意地反复闯入个人脑海的观念、表象或冲动。常令人不快，人经常徒劳地努力加以抵制。强迫思维主要有以下四种表现。

（1）强迫怀疑。患者对自己言行的正确性反复产生怀疑，明知毫无必要，但又不能摆脱。

（2）强迫性穷思竭虑。患者对日常生活中的一些事情或自然现象，刨根问底，反复思索，明知缺乏现实意义，没有必要，但又不能自我控制。

（3）强迫回忆。患者经历过的事件，不由自主地在意识中反复呈现，让患者无法摆脱，感到苦恼。有时这种回忆可达表象程度。

（4）强迫性对立思维。患者脑子里出现一个观念或看到一句话，便不由自主地联想起另一个观念或语句，联想的观念或语句与原来相反。

2. 强迫情绪

强迫情绪表现为对某些事物的担心或厌恶，明知不必要或不合理，自己却无法摆脱。例如，担心说错话，担心被传染，等等。

3. 强迫意向

强迫意向是指患者反复体验到想要做某种违背自己意愿的动作或行为的强烈内心冲动，明知这样做是荒谬的、不可能的，努力控制自己不去做，却无法摆脱这种内心冲动。例如，想要从高处跳下去，想要把动物扔到河里，等等。

（二）强迫行为

强迫行为往往是患者为减轻强迫观念引起的焦虑而不由自主地采取的顺应行为，主要有以下五种表现。

（1）强迫检查。强迫检查是指常对做过的事情反复检查，如反复检查门是否锁好、题目是否做完。

（2）强迫询问。强迫询问是指患者常常不相信自己，为了消除疑虑，常反复要求他人不厌其烦地给予解释或保证。

（3）强迫性洗涤（清洗）。强迫性洗涤（清洗）是指患者为了消除对受到脏物、毒物或细菌污染的担心，常反复洗手、洗澡或洗衣服。

（4）强迫性仪式动作。强迫性仪式动作是指一些重复出现的动作，虽然在他人看来是不合理的或荒谬可笑的，却可能使患者减轻或消除强迫观念引起的紧张不安。

（5）强迫性迟缓。强迫性迟缓主要指因仪式动作而行动缓慢，如有的患者早晨起来后反复梳洗，反复换衣服、穿衣服；有的在看书时目光停留在第一行的第一个字，不能顺利阅读下面的内容。

心理诊疗室

强迫症评估

请根据自己最近一周以内的情况和感觉进行评定，评分标准分为5级："没有"为0分，"很轻"为1分，"中等"为2分，"偏重"为3分，"严重"为4分。评分方法是将各条目的分值相加。总分超过20分的，应考虑有强迫症的可能，建议到精神科或心理咨询门诊做进一步检查。

(1)头脑中有不必要的想法或字句盘旋，忘性大。

(2)担心自己的衣饰不整齐及仪态不端正。

(3)做事必须做得很慢以保证做得正确，必须反复检查。

(4)反复想些无意义的事，注意力不能集中。

(5)必须反复洗手、点数，担心门窗没锁好。

(6)出现不可控制的对立思维、观念。

(7)即使已经把事情做得很好了，仍觉得很不满意。

(8)在成功之后你会感到失落，而不是快乐。

(9)不努力学习或工作会让你很有罪恶感。

(10)休息时仍然想着学习或工作，以及其他还没有解决的事情。

(11)遇到排队或者堵车，你会感到极其沮丧。

(12)当朋友的长相或穿着打扮比你好看时，会感到不自在；与他人意见不一致时，会感到非常不安。

(13)很难和他人合作得亲密无间。

二、大学生患强迫症的原因分析

大学生的强迫心理主要源自以下三个方面。

(一)自卑而不甘心

许多大学生习惯于与他人相比或与自己的期望相比，当感觉有距离时就会产生自卑，在意和放大他人的看法，怕他人瞧不起自己，又不甘心被人瞧不起。于是开始焦虑、急躁，担心、害怕自己不能成功，但又很想做好，结果在这种矛盾中产生了强迫症。

(二)教条而不会变通

强迫症常发生在一些头脑不灵活、生活过于教条的大学生中，因为这类大学生固守着某一教条，结果会因某一事情而使自己感觉到原先认为正确的思想、理念被打倒，感到迷茫无助。一旦又找到一个思想和理念又会执着不舍，不知变通地照搬照抄，结果又是被现实撞得头破血流，于是又迷茫痛苦……如此反反复复，强迫观念和强迫行为得以强化。

(三)追求完美而不接受现实

许多进入大学的学生都很优秀,对自我要求很高,追求完美。因为太认真,追求太高,现实不可能完全满足,就会感觉现实太糟糕,因而痛苦;加上为达到这种目的不断努力,结果却不理想,心里更产生不满意、冲突、对抗等情绪,这样就形成了强迫症。

心理加油站

强迫症的认知行为治疗方法

认知行为治疗被认为是治疗强迫症最有效的心理治疗方法,大约有80%的患者症状得到改善。认知行为治疗主要包括以下两种方法。

(1)思维阻断法。在患者反复出现某一强迫行为或观念时,通过外部控制的手段,人为地抑制并中断其思维,经过多次的重复促使强迫观念症状消失。例如,可根据出现的频率设置闹钟,利用闹钟的铃声来惊动、打断正在进行的强迫观念、意向或行为,如果此时感到焦虑,可进行必要的放松训练。

(2)暴露疗法和反应防止法。暴露疗法的目的在于减轻强迫症状伴随的焦虑,鼓励患者在医生的指导下,主动地暴露在引起焦虑的情景下,直到焦虑接近消退为止。根据实际情况,可采用系统脱敏的逐级暴露,也可采用满灌暴露;可进行实际情景的暴露,也可在医生的指导下想象引起焦虑的情景,进行想象暴露。反应防止法的目的是减少仪式动作和强迫思维出现的频率,即推迟、减少直到放弃减轻焦虑的行为,尽可能控制强迫行为。

第三课 打破焦虑症

一、焦虑症的定义及症状

焦虑症是一种以持久性焦虑情绪为主的神经症,症状呈急性发作或慢性持续状态。急性焦虑的患者可突然感到呼吸困难、紧张恐惧或出现濒死感。检查可见心跳加快,呼吸窘迫、震颤,发作可持续数分钟到数小时,并可反复发作。慢性焦虑患者多有胆小、羞怯、过分敏感、忧心忡忡等人格特点,常处于持续紧张状态,终日惶恐、提心吊胆、坐卧不安,易激惹,注意力不集中,对外界事物缺乏兴趣或对自身躯体不适过分敏感,多伴有失眠多梦、胃肠不适、性欲缺乏等症状。

案例放映厅

小赵,大二女生,曾经学习很优秀,深受老师器重。但从大一开始,小赵的心理就变得与以往不同,每到期末复习考试时,就异常紧张,还伴有较严重的睡眠障碍。一次考试前的晚上,熄灯后舍友仍在高谈阔论,声音很大,吵得她无法入睡,她又急又气,心中烦躁至极,产生了强烈的怨恨。在这种情绪的影响下,一夜无眠,第二天在考场上头昏脑涨,发挥失常。结果她觉得无法接受，无脸见人，并且认为以后的考试都会接二连三地失利。从此，她听见考试就紧张、害怕、全身发抖。过了一个假期，仍然一提考试就紧张，提心吊胆，并且经常失眠、多梦，梦中经常在考试，要不就是梦见考试一道题也不会，交了白卷。小赵常常抓狂地发问："我究竟是怎么了？是不是疯了？"

值得一提的是，正常人的焦虑是人们预期到某种危险或痛苦境遇即将发生时的一种适应反应或生物学的防御现象，是一种复杂的综合情绪。病理性焦虑是一种控制不住、没有明确对象或内容的恐惧。

焦虑症的焦虑和担心一般会持续六个月以上，其具体症状表现为以下三个方面。

(1)身体紧张。焦虑症患者常常觉得自己不能放松下来，全身紧张，面部绷紧，眉头紧皱，表情紧张，唉声叹气。

(2)植物性神经反应过强。患者会表现出口干、嗓子发堵、胸闷气短、呼吸困难、心悸、脸上发红或发白、恶心呕吐、尿急、尿频、头晕、全身尤其是两腿无力等。只有焦虑的情绪体验而没有植物性神经功能的任何表现，不能视为焦虑症。

(3)过分机警和担心。焦虑症患者每时每刻都像一个放哨站岗的士兵，对周围环境的每个细微动静都充满警惕，这就影响了他们的工作，甚至影响了他们的睡眠。焦虑症患者总是为未来担心，感到最坏的事即将发生，整天提心吊胆，缺乏安全感。

二、大学生患焦虑症的原因分析

对焦虑症成因理论的讨论很多，而聚焦于大学生的焦虑，主要有认知因素、情绪隐藏因素和生物因素。

(1)认知因素。具有消极想法的大学生容易引发焦虑，原因在于他们总在心里告诉自己：糟糕的事情要发生了。他们的焦虑不是源于现实，而是来自强加于自己的负性思维。

(2)情绪隐藏因素。想做老好人的大学生害怕与他人对抗，害怕愤怒之类的消极情绪。当他们感到不安时，就会在他人面前将自己不安的情绪隐藏起来，这个过程快而迅速，甚至当事人都不会意识到。因此，这些消极情绪就会以另一种形式重新浮现，导致恐惧、担忧等。

(3)生物因素。广泛性焦虑症与大脑中主管注意力、焦虑、抑郁和攻击的被称为神经递质的化学物质(特别是去甲肾上腺素和5-羟色胺)有关。因此，一部分大学生的焦虑症是大脑中的神经递质不平衡所致的。

心理诊疗室

口袋里的治疗师

要求你的咨询师给你提供四或五条语录，以便你在焦虑症发作的时候，利用这些语录使你安心。把这些语录记下来，然后把它们记在脑海里或者把它们写在卡片上装在口袋里，随身携带。

(1)____________________

(2)____________________

(3)____________________

(4)____________________

我们尊敬和信任的人给我们提供的让人安心和给予鼓励的言论可以帮助我们应对困难或应付让人焦虑的情景。

第四课 克服恐惧症

一、恐惧症的定义及症状

恐惧症即恐怖性神经症，是以过分和不合理地惧怕外界客体或处境为主的精神疾病之一。患者明知没有必要恐惧，但仍不能防止恐惧发作，恐惧发作时往往极力回避所害怕的客体或处境，或是带着畏惧去忍受。

恐惧症的症状表现分为社交恐惧症、幽闭恐惧症、广场恐惧症、考试恐惧症和单一恐惧症五类。

(一)社交恐惧症

社交恐惧症患者总是担心会在他人面前出丑，当他们和他人在一起的时候，会感到很不自然，感到极度的焦虑。因此，症状严重的患者会极力回避这些场合，甚至闭门不出，还会伴有以下躯体症状：口干、出汗、心跳剧烈、想上厕所、脸红、口吃、轻微颤抖、呼吸急促、手脚冰凉等。

案例放映厅

小何，18岁，进入大学以来，从不多与人讲话；与人讲话时，不敢直视对方，像是做了亏心事。平时她不愿与班上同学接触，觉得他们讨厌自己，在他人眼中自己是个“怪人”。她最怕接触男生，只要有男生出现，就会不知所措。她对老师也害怕，只有老师背对学生板书时才不紧张。只要老师面对学生，她就不敢朝黑板方向看。她常常因紧张而对老师所讲的内容一无所知。更糟糕的是，她现在在亲友、邻居面前说话也“不自然”了。由于这些毛病，她极少去社交场所，也很少与人接触。她自己曾力图克服这个怪毛病，也看了不少心理学科普书，按照社交技巧去指导自己，用理智说服自己，用意志控制自己，但作用不大。这种情况严重影响了她各方面的发展，导致其学习成绩下降，交往失败，孤独寂寞，同学们都说她“清高”。

(二)幽闭恐惧症

幽闭恐惧症是一种焦虑症和恐惧症同时存在的双重精神紧张状态。当患者一个人处于一种幽深、黑暗的环境中时，会产生害怕、惊恐的感觉，从而产生心悸、冒汗、发抖、浑身麻木、寒战、潮红、窒息感、呼吸急促、心跳加速、恶心、眩晕、腹部不适等症状，严重的会晕倒休克。

(三)广场恐惧症

广场恐惧症患者最怕去开会或去商场购物，也不敢去空旷的场所。广场恐惧症常以自发性惊恐发作开始，常见的情况是患者害怕使用公共交通工具，如乘坐汽车、火车、地铁、飞机；害怕到人多拥挤的场所，如剧院、餐馆、菜市场、百货公司；害怕排队；害怕出远门；等等。

(四)考试恐惧症

考试恐惧症表现为考生考试前产生害怕心理，出现一系列不良反应。考试过程中表现为紧张焦虑、头晕出汗、思维紊乱、记忆模糊、反应迟钝、精神不集中等。除心理反应外，严重的还可能引起生理上的头痛、胃痛、腹痛。

(五)单一恐惧症

单一恐惧症患者对某种特定环境或特定物体产生恐惧，如畏高、害怕乘电梯、怕蛇、怕虫等。这种恐惧症可能是儿时的一次遭遇引起的。

这些恐惧症症状之间虽然存在差异，但总体来说，都是对一种或几种处境、事物恐惧至极，从而表现出一系列焦虑、紧张、发抖、心悸等症状。

二、大学生患恐惧症的原因分析

对大学生恐惧症产生的原因，可以依据不同的心理学理论加以分析。

(一)行为理论

行为理论假设所有的行为都可以通过学习而获得，恐惧反应可以通过条件反射而建立。因此，从这一角度讲，大学生恐惧症的形成是由于从成长经历中的“恐怖事件”中习得了恐惧行为，如遭遇被朋友伤害之后有可能形成对交朋友的恐惧，甚至泛化为社交恐惧症。

(二)心理分析理论

心理分析理论认为恐惧是对抗焦虑的一种防御反应，而焦虑的根源在于无意识的本能冲动。人们害怕被这种无意识的本能冲动所支配，所以焦虑就被某些外在对象所替代。替代的好处是明显的，因为这可让人们感到能够更好地保护自己。可见，对事物及事件有过高的焦虑情绪反应也会引起恐惧症的形成，如考试恐惧症的形成原因之一是对考试压力的过度焦虑。

(三)认知理论

认知理论认为恐惧症的患者总是高估所害怕的情境和事物的危险性，过分担心某一消极事物将会发生。例如，某些大学生因为害怕开学后要面对没有处理好的人际关系，恢复正常的生活规律及投入紧张的学习生活中，而产生开学恐惧症。

当然，恐惧症的原因可能不仅仅是其中一个因素在起作用，而是几种因素的相互作用。

心理加油站

应对恐惧的十条规则

恐惧的特征是经常有过度的担心，或毫无理由的或没有事实根据的强烈恐惧。你也许体验到各种不同的症状，如心情烦躁不安、身体发抖、心悸、呼吸短促或呼吸困难、恶心、呕吐、睡眠紊乱、注意力不集中和易被激怒等。学习下面的十条规则并把这些规则变成你的应对技能的组成部分。当你开始感到恐惧时，这样做也许很有用。

(1)请记住恐惧的感觉只不过是我们面对应激时的一种正常反应的夸大。

(2)焦虑或惊恐没有任何危害和危险，只不过是让人感到不愉快，不会有更糟糕的事发生。

(3)不要让可怕的想法加剧你的惊恐，不要再想会发生什么事，也不要再想事情的结果会怎么样诸如此类的问题。停止把问题"糟糕化"。

(4)当你感到惊恐时，注意你的身体实际上正在发生什么变化，而不要注意可能会发生什么。

(5)请等一下，让恐惧自然消失，不要与恐惧抗争，也不要逃跑，只是接受它。

(6)一旦你停止了用可怕念头给你的恐惧加码，恐惧就开始逐渐消退。

(7)请记住，练习的主要目的是学会如何应对恐惧，而不是逃避恐惧，这是一个使你进步的机会。

(8)想一想尽管困难重重，但是你还是取得了进步，在成功来临的那一刻，想象你是多么快乐呀。

(9)当你感觉好一些的时候，查看一下自己的经历并为下一步行动做好计划。

(10)当你准备继续下去的时候，你要以一种平和、放松的心态开始，不要过于努力或急于求成。

第五课 远离精神分裂症

一、精神分裂症的定义及症状

精神分裂症是一种严重的精神疾病，《中国精神障碍分类与诊断标准》(第3版)将精神分裂症界定为一组病因未明的精神病，多起病于青壮年，常缓慢起病，具有思维、情感、行为等多方面障碍及精神活动不协调。患者通常意识清晰，智能尚好，有的患者会出现认知功能损害，自然病程多迁延，病情恶化。

精神分裂症有以下四类症状。

(一)缺乏自知、否认有病

据调查,大约97%的精神分裂症患者,特别是在急性发作期,都不承认自己精神失常。一般来说,人们如果出现了不正常的心理状态,如焦虑、烦恼、抑郁、恐惧、失眠等,都有自知之明,都会意识到自己当前的心态、行为和以前不一样,与其他人也不一样,所以要求帮助、要求治疗。而精神分裂症患者却与此相反,往往缺乏自知力,根本不承认自己不正常。

(二)精神病性症状

所谓精神病性症状的特征是脱离现实、无中生有。精神病性症状主要有三种:幻觉、妄想和怪异行为。

幻觉就是无中生有的知觉。患者会出现幻听、幻视、幻嗅和躯体幻觉。

妄想是一种病态的错误信念。它的特点是:根本没有事实根据,与患者的宗教信仰或文化背景不相称,但是患者却坚信不疑。有的患者觉得他本人或亲属正在受到迫害,经常有人在跟踪他、监视他,认为房间里安装了窃听器,认为食物和饮水中都有毒,这些都是被害妄想。

精神分裂症患者还会做出各种各样、与当时环境和场合不相协调的动作及行为,使别人感到荒唐、奇特或难以理解。

(三)思维障碍

精神分裂症患者的思维方式,包括联想过程或推理逻辑都会出现问题。他们讲的话,可能前言不搭后语,甚至支离破碎、语不成句,使别人听不懂,这种症状称为"思维散漫"。另外,有一些患者会混淆具体概念和抽象概念,表现出一种被称为"象征性思维"的情况;还有一些患者整天沉湎于幻想性的思考中,他们自以为是全新的理论或发明,实际上却是无稽之谈。

(四)情感淡漠

患病时间越久,情感淡漠的表现就越严重,会采取漠不关心的"无所谓"态度。他们的脸上缺乏表情,说话声音平淡,对亲人十分冷淡,因而称为"情感淡漠"。

二、精神分裂症的早期识别

如果已经被诊断为精神分裂症,那么需要转入精神科接受药物治疗。当然,对于精神分裂症患者来说重点在于早期发现,早期治疗,要学会发现精神分裂症患者的早期症状,及时就诊。但是,精神分裂症早期症状如同其他疾病一样,症状轻、不典型,往往不被人注意,或被认为不是精神分裂症,以致延误治疗时机,给患者带来不良后果。

下面是精神分裂症患者早期症状的表现。

(1)性格改变。例如,原来有涵养的人变得出口成脏,对人无礼;原来热情的人变得对人冷淡,与人疏远、孤僻。

(2)神经症症状。例如,失眠、头疼、易疲劳、注意力不集中、情绪不稳、工作学习能力下降及癔症样表现等。

(3)情感改变。患者早期的情绪变化常表现为情绪低落,郁郁寡欢,愁眉不展,唉声叹气,悲观厌世,甚至出现自杀行为;或情绪高涨,洋洋自得,趾高气扬,夸夸其谈;或情绪波动,常无客观依据地提心吊胆,担心自己或亲人很快会有疾病或灾祸临头,为此感到精神紧张、忧虑不安、坐卧不宁、无法放松。

(4)行为改变。有的患者动作或行为变得怪异,无意义动作变多,并且呆板重复;有的患者生活懒散,无法工作和料理家务;有的患者反复重复同一个动作,或者表现刻板仪式样动作。

(5)注意力不集中,记忆力下降。注意力分散或迟钝,好遗忘,丢三落四,工作效率下降。

(6)敏感多疑。例如,怀疑有人讲自己坏话,别人的言行举止都在针对自己,甚至认为电视上、广播里、网络上的内容都与自己有关;感觉自己的同事、邻居甚至父母兄弟会害自己,惶恐不安;觉得周围的一切事物都变得对自己不利,有某种特殊的含义等,对自己的观念常坚信不疑,别人的劝说、解释都不能改变自己的观点。

特别需要注意的是,心理问题与精神疾病的诊断是一门非常复杂、深奥的学问,绝非想象的那么容易、简单,请大家千万不要胡乱猜测、乱贴标签、先入为主、对号入座,甚至疑神疑鬼、草木皆兵,乃至落下心病,徒增烦恼。一些人因为自我的不良暗示而出现心因性的心理问题甚至心理疾病,并且该现象有日益增加的趋势。

心理加油站

精神分裂症患者的治疗措施

对精神分裂症患者来说,在严重阶段应住院进行系统的药物治疗,对于住院后期或经临床治愈出院的患者,如果在人际关系方面、就业升学中出现心理困惑,可以采用心理治疗的方法。

1. 药物治疗

精神分裂症药物治疗应系统而规范,强调早期、足量、足疗程的“全病程治疗”。一旦明确诊断应及早开始用药。药物应达到治疗剂量,一般急性期治疗为期两个月。有些患者、家属甚至医生过分担心药物不良反应,往往采取低剂量用药,导致患者症状长期得不到控制,达不到应有的治疗效果。治疗应从低剂量开始,逐渐加量,高剂量时要密切注意不良反应,门诊病人用药剂量通常低于住院病人,一般情况下不能突然停药。

2. 心理治疗

心理治疗必须成为精神分裂症治疗的一部分。心理治疗不但可以改善患者的精神症状、提高自知力、增强治疗的依从性,也可改善家庭成员间的关系,促进患者与社会的接触。

3. 建立社会支持系统

社会支持是指个体与社会各方面包括亲属、朋友、同事、伙伴等及家庭、单位、党团、工会等社团组织在精神上和物质上的联系程度。心理学研究显示：在同样的压力情境下，那些受到家人或朋友较多支持的人比很少获得类似支持的人心理承受能力更强、身心也更健康。

课后实训

焦虑的认识与治疗

1. 实训目的

本实训的目的是帮助学生认识到自身的焦虑，从而有效地控制焦虑，直至最终克服焦虑，保持内心的健康，积极乐观地投身于学习中去。

2. 实训内容

(1)开始认识你的焦虑，然后想象它是多么严重、使人多么惊慌、有多么丑陋，诸如此类。使用尽可能多的负面描述性词汇来形容恐惧可能发生的最坏的方面和最直接的后果。

(2)设计积极的自我对话。运用自我对话的思维技巧可以使正在经受焦虑的你备受鼓舞。例如，“我知道我可以克服它”“我以前做过这件事”“一切都会过去，我很快会好的”“方法总比问题多”。

(3)放松，分散注意力。当你面对或想起让你焦虑的一些情景时，做一个让你喜欢的、能放松自己的活动来分散你的注意力，如深呼吸、平静地唱歌、听一段相声等。

第三讲

展现我的精彩

案例导入

我是什么样子的

晓明是一名大二的学生，据同学反映，刚上大一时有一段时间他还比较积极，追求过女孩子，但被拒绝了，后来就很少参加活动，和同学越来越疏远了。现在他平时很少与人交流，总是坐在角落里，性格很内向，经常逃课。晓明自述："我过去很快乐。在小学时，我是村子里最优秀的学生，大家都喜欢我。初中时我还得过全国数学奥林匹克竞赛二等奖，老师同学都称赞我，我每天都像生活在云彩上一样。但是自从上了大学，我就什么都没有了，我的成绩很差，入学成绩仅在班级的中下游，个子很矮，长相不好，没有别人聪明，没有别人多才多艺，家境更是不能和人比，没有亲近的同学，总觉得大家会看不起我，让我抬不起头来。还有，我也很想有女朋友，但是没有人会喜欢我。我感觉自己的大学生活过得相当失败。"

当你向他人描述自己时，你首先想到的是什么？性格的外向或内向？外在的高、矮、胖、瘦？内在品质特征？

第一课 自我意识的相关概念

一、自我意识的含义和心理功能

自我意识也称自我，是个体意识发展的高级阶段。早在古希腊时期，哲学家苏格拉底就提出了"认识你自己"的口号，这标志着人类自我意识的觉醒，人类开始关注现实人生，开始将目光从神投到人类自身。人类对自我意识的真正研究始于文艺复兴运动，人文主义者针对中世纪神学对人性的扼杀、对个性自我的否定进行了尖锐的批判，并喊出了"我是凡人，我有凡人的要求”的人性解放之声。此后，法国哲学家笛卡儿(Descartes)最先使用了“自我意识”这一概念，提出了“用心灵的眼睛去注意自身”的精辟论断，揭示了发现自我意识的途径。笛卡儿之后，有关自我意识的研究开始得到空前的发展。

(一)自我意识的含义

自我是心理学的重要内容。精神分析学派创始人弗洛伊德(Sigmund Freud)提出了“自我的三结构说”，即本我、自我和超我，从人格的三个维度上研究自我的发展。意识是人脑对客观事物的主观反映，它既是心理学研究的重点，也是心理学研究的难点。与意识相对应的是潜意识，弗洛伊德曾用冰山比喻：意识只是冰山浮出水面的尖峰，而潜意识则是潜藏于水面以下的冰体，不会被看到。在他的理论中强调了潜意识对人发展的重要性。

美国心理学家詹姆斯(W. James)提出凡属于我或与我有关的事物都是自我的内容，如身体、品质、能力、愿望、家庭等，自我从物质自我、精神自我和社会自我三个层次起作用。美国社会心理学家库利(C. H. Cooley)指出：自我是一面镜子，它从他人那里反映自己的行为，自我是经历无数次他人评价而形成的社会产物。而米德(G. H. Mead)则认为：自我分为主体我和客体我，主体我代表每个人的自然特性，而客体我代表自我社会的一面；主体我先于客体我形成，客体我形成需要很长时间，自我意识的发展包含主体我与客体我之间的不断对话。

自我意识是意识的核心部分，就是对“自我的认知”，或者说自己对自己的认知。它包含自我认知、自我评价和自我控制。如果做进一步简化，自我意识可看作对自己及自己与周围环境关系的认识，包括对自己存在的认识，以及对个体身体、心理、社会特征等方面的认识。这种认识是个体通过观察、分析外部活动及情境、社会比较等途径获得的，是一个多维度、多层次的心理系统。

(二)自我意识的心理功能

1. 决定个体行为的持续性

人是社会的动物，人的行为既受诸多社会因素的影响，又在很大程度上与自我意识有着很大的关系。每个人的现实行为，不仅是由其所在的情境决定的，还与其对自我的认知、自我意识有着密切的联系。那些自我意识积极的学生，其成就动机、学习投入和学习成绩也明显优于那些自我意识消极的学生；当学生认为自己名声不佳时，他们会放松对自己行为的约束。可以说，个人怎样理解自己，是决定个体行为及何种行为方式的重要前提。

2. 决定个体对经验的解释

不同的人可能会获得完全相同的经验，但每个人对这种经验的解释却可能有很大的不同。解释经验的方式取决于个人的自我意识。一个自认为能力一般、平时只获得平均成绩的学生，对于比较好的成绩会认为是取得了极大的成功，感到十分满足；而对于同样的成绩，一个自认为能力优秀、应当获得出众成绩的学生会认为遭到了很大的失败，并体会到极大的挫折。事实证明，当个人的自我意识消极时，每种经验都会与消极的自我评价联系在一起；而如果自我意识是积极的，每种经验都可能被赋予积极的含义。

3. 影响个体的期望水平

自我意识不仅影响个体现实的行为方式和个体对过去经验的解释，还影响个体对未来事情的期待。这是因为，个体对自己的期望是在自我意识的基础上发展起来，并与自我意识相一致的，其后继的行为也取决于自我意识的性质。研究发现，大学生的成绩落后并不是单一原因造成的，而是其整个行为动力系统出现了角色偏离的结果。成绩长期落后对于普通学生是不正常的，但由于成绩落后学生的整个行为动力系统都出现了偏离，并在偏离的状况下形成了一个新的自相一致的系统，因而在系统内部一切都没有不正常。换言之，落后的学习成绩正是他们自己“期待”的结果。

二、自我意识的产生与发展

自我意识不是与生俱来的，是随着年龄的增长在社会化过程中逐步形成的。自我意识的发展经历了萌芽、发展、完善的过程。

（一）自我意识的萌芽（0～3岁）

刚出生的新生儿，并没有意识，也没有自我意识，只有一些简单、片段的感觉、动作和本能的反射，因而和一般的小动物没有太大区别。他们认识不到自己的存在，分不清自己的身体与外界有什么区别，吮吸自己的手指头和吮吸母亲的乳头一样。

婴儿一般在8个月时产生“生理自我”，1岁左右产生自我感觉，这是自我意识最原始、最初级的形态。此时，儿童才开始能区分自己的动作与动作的对象，之后把自己这个主体与自己的动作区分开来，有了自我意识萌芽。例如，儿童发现咬自己的手和脚与咬别的东西（玩具、饼干等）感觉不一样；可以将拿着玩具的手同玩具区分开来，不会再认为玩具是手的一部分；等等。儿童开始认识到自身是一个独立实体，是动作的主体，体验到了自我的存在和力量，产生了最初的自豪感和自信心，从而形成了自我感觉。但这个时期的儿童是将自己当客体来认识的，最有代表性的表现就是，用自己的名字来称呼自己。例如，小红要吃饭，小红要玩具，还不会用“我”来称呼自己。

2岁以后，儿童学会了使用人称代词“我”，开始从把自己当作客体转化为把自己当作一个主体的人来认识。

3岁左右的儿童，“我”的使用频率增加，产生了一些较为极端的“自我独立”要求。在成人的意识中，这时的孩子常常与父母“闹别扭”，原来顺从而又可爱的孩子变得很有“主见”，总想按照自己的方式去处理问题，达到自己的目的。事实上，他们根本做不到，开始出现羞耻感、自主性和占有欲。例如，看到母亲喜欢其他的孩子时，他会生气、嫉妒，甚至动手打那个“抢走”母爱的孩子。这一时期的儿童行为是一种以自我为中心的行为，即以自己的想法解释外部世界，并把自己的想法和情感世界投射到外界事物上去。这一时期，又称为生理自我时期或自我中心期，是自我意识的萌芽阶段。

案例放映厅

在加拿大达尔豪西大学的实验室里，研究人员设计了“购物车实验”来研究儿童的自我意识何时产生的问题。15个月大的艾希礼被带到绑有垫子的购物车前，研究人员要她站在垫子上将购物车推到妈妈面前。艾希礼用力地推动购物车，但购物车没有前进一步。14个月大的奥斯卡的实验结果和艾希礼一样。同样的实验过程，18个月大的乔纳森很轻松地将购物车推到妈妈面前。他先使劲推了一下购物车，发现无法移动，就从毯子上走下来，然后拉着购物车到妈妈面前。研究人员认为，儿童只有具备自我意识，才能解决“购物车问题”。艾希礼和奥斯卡不知道是自己的身体阻碍了购物车的移动，这证明15个月大的儿童仍不具有自我意识。而乔纳森可以很轻松地解决“购物车问题”，说明18个月大的儿童已能意识到自己的存在了。研究人员通过对不同阶段儿童的实验证明，随着儿童智力的进一步发展，他们对自己的身体有了更深刻的理解，从只限于生理方面延伸到情感领域。当然，这一发展过程要经历很长一段时间。

(二)自我意识的发展(4岁～青年初期)

这一时期是个体接受社会化影响最深刻的时期，经历了从幼儿园、小学、中学到大学这一人生成长最关键的时期。个体在游戏、学习、劳动、生活中，通过模仿、认同、练习等方式逐步形成各种角色观念，建立角色意识。他们开始能意识到自己在人际关系、社会关系中的地位和作用，意识到自己所承担的社会责任与享有的社会权利。

在幼儿期，自我意识的特点是完全依照成人的影响来认同自己、他人及自己与他人的关系，几乎是从他人那里获得“肤浅”的自我评价与自我认识，没有困惑、烦恼与忧愁，因此单纯而快乐。

在童年期，自我意识的特点是模糊，不自觉、被动的心理活动主要指向外部世界，对自己的内心世界没有多少认识，如果问“你是一个什么样的人”，许多小学生回答不上来，说没有想过。即使回答，也往往是对自己一些外部特点的描述，如“我是一个爱画画的人”“守纪律的人”“爱玩猫的人”等，或者是转达教师、家长或其他成人对他的评价。他们也意识不到自己所面临的各种矛盾，因而内心世界很平静。小学生已经能够对自己的行为及与行为相联系的一些品质进行评价，并能初步有意识地调节控制自己的行动。

在少年期，自我意识的发展有了质的变化，人的独立性、自觉性和自律性都有了迅速发展，并能够深入到自己的内心世界，意识到自己的个性品质，但水平还比较肤浅，不够清晰全面。少年期，他们开始意识到自己与他人、与集体的关系，意识到自己的内心活动，开始想到自己，开始发现自己，开始关心自己的发展，开始根据自己的喜好规划自己的人生发展，出现了有一定现实基础的理想，有了较稳定的兴趣爱好，同时还有了许多内心的“小秘密”；他们开始对周围人们的精神世界、个性品质等感兴趣，开始关注周围人的内心体验、动机、想法、个性特点等。但这时自我意识的水平还不高，对自己的内心世界了解也不深。加之生理发育的加快，压力的增加，心理矛盾也开始变得日益突出。

青年初期是自我意识发展的关键时期，其间个体的自我意识经过分化、整合而接近成熟，从而逐渐清晰地意识到自己的内心活动，全面认识到自己的心理品质，正确地感知自己的社会角色并能主动地根据社会要求去认识和发展自己。自我意识的显著特征是把原来主要朝向外部的认识活动转向自己的内心世界，探索自己的内心活动。比如，这时的青年会提出一系列的问题要自己回答：我是一个什么样的人？我要成为一个什么样的人？我的长相如何？我的脾气、性格怎样？我有什么样的特长和才能？我能成就什么样的事业？我在他人心目中的形象如何？我怎样走人生之路？……这都是由于个体生理和心理日趋成熟、社会角色逐步确定而促进自我意识发展的具体表现。

（三）自我意识的完善（青年中期之后）

如果说前一个阶段是自我意识迅速发展并趋向成熟的阶段，那么，从青年中期开始，个体的自我意识便开始进入完善与提高阶段，这一阶段一直持续到人生的终结。也就是说，自我意识的完善与提高是个体毕生的任务。

大学生处于青年中期，是自我意识完善的关键时期。他们的自我意识发展正经历着一个特别明显的分化—冲突—统一的过程。这时，原本笼统的"我"被打破了，出现了两个"我"：一个是处于观察地位的我，即主体的"我"，另一个是处于被观察地位的我，即客体的"我"。也就是说，出现了"主观我"与"客观我"及"理想我"与"现实我"的分化。这种分化标志着大学生自我意识已开始走向成熟，也是他们自我意识发展的最重要的过程。

心理加油站

埃里克森人格发展八阶段理论

埃里克森(E. H. Erikson)，著名的发展心理学家和精神分析学家。他把自我意识的形成和发展过程划分为八个阶段，这八个阶段的顺序是由遗传决定的，但是每一阶段能否顺利度过却是由环境决定的。

埃里克森人格发展八阶段理论为不同年龄段的教育提供了理论依据和教育内容，任何年龄段的教育失误，都会给一个人的终生发展造成障碍。

(1)婴儿期(0～1.5岁)：基本信任和不信任的心理冲突。这一时期，婴儿开始认识人，当他哭或饿时，父母出现则是建立信任感的重要方面。信任在人格中形成了希望这一品质，它提供增强自我的力量。具有信任感的婴儿敢于希望，富于理想，具有强烈的未来定向。反之则不敢希望，时时担忧自己的需要得不到满足。

(2)儿童期(1.5～3岁)：自主与害羞和怀疑的冲突。这一时期，儿童掌握了大量的技能，更重要的是他们学会了怎样坚持或放弃，也就是说儿童开始有意识地决定做什么或不做什么。这时候父母与孩子的冲突很激烈，儿童第一个反抗期出现。一方面，父母开始培养孩子养成良好的习惯，如让孩子锻炼自己大小便，使他们对肮脏的随地大小便感到羞耻，让他们按时吃饭，节约粮食等；另一方面儿童开始了自主感，他们坚持自己的进食、排泄方式，所以训练良好的习惯不是一件容易的事。这时孩子会反复应用"我不""我们不"来反抗外界控制，这时，父母既不能听之任之，又不能过分严厉。因此，把握住度的问题，才有利于在儿童人格内部形成意志品质。

(3)学龄初期(3～6岁)：主动对内疚的冲突。这一时期，如果儿童表现出的主动探究行为受到鼓励，他就会形成主动性，这为他将来成为一个有责任感、有创造力的人奠定了基础。如果成人讥笑儿童的独创行为和想象力，那么他就会逐渐失去自信心，这使他们更倾向于生活在别人为他们安排好的狭窄圈子里，缺乏自己开创幸福生活的主动性。当儿童的主动感超过内疚感时，他们就有了目的的品质。

(4)学龄期(6～12岁)：勤奋对自卑的冲突。这一阶段的儿童都应在学校接受教育。学校是训练儿童适应社会、掌握今后生活所必需的知识和技能的地方。如果他们能顺利地完成学习课程，他们就会获得勤奋感，这使他们在今后的独立生活和承担工作任务中充满信心。反之，就会产生自卑。另外，如果儿童养成了过分看重自己的工作的态度，而对其他方面木然处之，这种人的生活是可悲的。当儿童的勤奋感大于自卑感时，他们就会获得有能力的品质。

(5)青春期(12～18岁)：自我同一性和角色混乱的冲突。一方面，青少年本能冲动的高涨会带来问题；另一方面，青少年面临新的社会要求和社会的冲突而感到困扰与混乱。所以，青少年期的主要任务是建立一个新的同一感或自己在别人眼中的形象，以及他在社会集体中所占的情感位置。这一阶段的危机是角色混乱。这种统一性的感觉也是一种不断增强的自信心，一种在过去的经历中形成的内在持续性和同一感(一个人心理上的自我)。如果这种自我感觉与一个人在他人心目中的感觉相称，很明显这将为他的生涯增添绚丽的色彩。

(6)成年早期(18～25岁)：亲密对孤独的冲突。只有具有牢固的自我同一性的青年人，才敢于冒与他人发生亲密关系的风险。因为与他人发生爱的关系，就是把自己的同一性与他人的同一性融合为一体。这里有自我牺牲或损失，只有这样才能在恋爱中建立真正亲密无间的关系，从而获得亲密感，否则将产生孤独感。

(7)成年期(25～65岁)：生育与自我专注的冲突。当一个人顺利地度过了自我同一性时期，以后的岁月中将过上幸福充实的生活，将生儿育女，关心后代的生殖和养育。生育感有生和育两层含义，一个人即使没生孩子，只要能关心孩子、教育指导孩子也可以具有生育感。没有生育感的人，其人格贫乏和停滞，是一个自我关注的人，他们只考虑自己的需要和利益，不关心他人(包括儿童)的需要和利益。在这一时期，人们不仅要生育孩子，同时要承担社会工作，这是一个人对下一代的关心和创造力最旺盛的时期，人们将获得关心和创造力的品质。

(8)成熟期(65岁以上)：自我调整与绝望期的冲突。由于衰老，人的体力和健康每况愈下，对此他们必须做出相应的调整和适应，所以被称为自我调整与绝望期的心理冲突。

三、自我意识的分类

心理学家对自我意识进行了多角度的研究和分析，一般将自我意识从以下四个方面进行分类。

(一)根据自我意识的结构要素分类

根据自我意识的结构要素分类，自我意识可分为认知自我、情绪自我和意志自我。

1. 认知自我

认知自我包括自我感觉、自我观察、自我概念、自我分析与评价等。例如，“我是高个子”“我很老实”“我的脾气很温和”等都属于认知自我的内容。

2. 情绪自我

情绪自我包括自尊、自爱、自信、责任感、义务感、优越感等。例如，一个人感到很有自信，因为自己较有能力；很喜欢自己，因为自己潇洒(或漂亮)。

3. 意志自我

意志自我包括自主、自立、自制、自律等，主要表现为个体对自己的行为表现的调节及个体对待他人和自我态度的调节。例如，“我怎样才能成为一个更有自信的人”“我怎样才能克服自己的惰性”。

(二)根据自我意识的内容分类

根据自我意识的内容分类，自我意识可分为物质自我、社会自我和精神自我。

1. 物质自我

物质自我是个体对自己身体、衣着、金钱等所有物质方面的一种意识，其中身体包括躯体、性别、体型、容貌、年龄、健康状况等生理方面的意识，如认识到自己是个高个子或体质较好。

2. 社会自我

社会自我是指自己在社会关系、人际关系中的角色。

3. 精神自我

精神自我是指个体对自己的心理活动包括心理过程和个性心理特征的意识，主要是对自己个性心理特征的意识，包括对自己的性格、能力、态度、道德、理想和信念及行为、习惯等的意识。例如，觉得自己比较温和，智商较高。

(三)根据自我观念分类

根据自我观念分类，自我意识可分为现实自我、投射自我和理想自我。

1. 现实自我

现实自我是指个体从自己的立场和观点出发，对自己目前的实际状况的评价和看法，如认为自己是个大学生或自己的家庭经济比较窘迫。

2. 投射自我

投射自我也称镜像自我，是指个体想象他人对自己的评价和看法，如觉得他人看不起自己或认为自己的能力很强。

心理加油站

镜像自我

我们如何看待自己？如何形成自我意识？库利认为，我们进入社会群体时免不了与他人进行交往。在交往过程中，我们会察觉他人对我们言行的反应，也会不自觉地扮演对方，以想象对方如何看待我们。这些想象就像一面镜子，会影响我们如何看待自己。在社会交往中，人与人之间的互动过程及带来的结果对一个人的自我意识具有重要的影响。例如，小强在一次演讲会上不小心在讲台上被绊倒，连眼镜也碰掉了，台下的观众禁不住笑起来。看见台下观众窃窃私语和偷笑，小强不自觉地猜想他们一定是在嘲笑自己笨拙。这个“镜像自我”影响了小强的自我形象，令他开始觉得自己真的很笨拙，从而逐渐失去信心，以致经常在公众场合跌倒。

3. 理想自我

理想自我是指个体要实现的比较完善的一种自我境界或形象，是个人追求的目标，如大学毕业后想当名科学家、政治家或企业家。

(四)根据自我意识的作用分类

根据自我意识的作用分类，自我意识可分为积极的自我意识和消极的自我意识。

适度的自信心和自尊心、一定的责任感和义务感等都属于积极的自我意识，而自卑、自我否定、缺乏自制力等则属于消极的自我意识。此外，自我意识还可分为自我认识、自我辨析、自我监督和自我控制等。

健康的自我意识首先应当是积极的自我意识；而健全的自我意识主要表现为认知自我、情绪自我、社会自我和精神自我的协调与统一，表现为现实自我和理想自我的协调与统一，表现为投射自我与他人对自己的实际评价和看法相一致。

四、自我意识的发展模式

自我意识的发展模式不是直线式的前进，而是螺旋式的上升。这说明自我意识的发展是自我分化、自我矛盾、自我统一再到新一轮的自我发展的过程。

(一)自我分化

个体进入青春期后，开始清晰地意识到自己内心世界的存在。因此，笼统地自我分化为主体的我和客体的我。主体的我是处于观察地位的我，是理想我；客体的我是处于被观察地位的我，是现实我。正是这种分化过程促进了个体成为思维和行为的主体，从而为客观地评价他人和自己、合理地调节自己的心理活动和行为奠定了基础。在这一时期可观察到个体有较多的自我观察和自我沉思行为，如写日记和与朋友倾心交谈等。

(二)自我矛盾

随着自我的分化，个体会发现理想我和现实我之间往往有较大的差距，于是产生内心冲突，引发不安甚至痛苦的体验。这一时期可观察到个体对自己的评价具有矛盾性、对自我的态度具有波动性。例如，时而过高评价自己，认为自己能力很高、很成熟，并因此极为自豪或自信；时而又过低评价自己，认为自己很差、很幼稚，并因此极为自卑，自我体验的情绪变化幅度非常大、频率非常高。需要指出的是，这种现象是自我意识发展过程中不可避免的，是正常的。

（三）自我统一

一般而言，个体在经过一段时间的自我矛盾冲突后，自我意识会在新的水平和方向上协调一致，达到自我统一。自我统一意味着主体的我和客体的我的统一；自我认识、自我体验和自我调控的统一；自我与外部世界的统一。要达到这种自我统一，需要个体从现实我出发，修正理想我；努力改善现实我，有效地控制自我。因此，自我统一既不是放弃理想我，迁就现实我，又不是扭曲现实我，只顾理想我；不仅包括认识自我，还包括体验自我和控制自我。总之，自我统一应该是积极的、健康的统一。当然，由于个体的情况各异，也可能出现自我消极的、不健康的统一，是个体放弃了理想我或现实我而达到的虚假的统一。虚假的自我统一的现象在青年中也有一定的比例，实际上他们还处于自我矛盾中。

第二课 大学生自我意识发展的特点

我国当代大学生生活在社会的转型期，传统价值观让位于多元价值取向、人们生活方式多样化和商业文化冲击力强大等，导致他们的内心更加容易骚动不安，他们渴望向传统挑战，开拓新的生活，但是又自觉现实我的力量薄弱，缺乏足够的自信心。大学生相对于其他社会群体在自我意识的发展上呈现出许多特点。

微课
大学生自我意识发展的特点

一、大学生自我认识具有自觉性和理性

进入大学校园，大学生发现生活和学习的天地一下子变得开阔了许多：在生活上，他们摆脱了父母的约束，和同学住在集体宿舍里，基本上可以自由自在地生活；在知识学习上，他们摆脱了高考的压力，不必紧盯着几本枯燥的课本。大学里除了开设专业课程外，还开设了公共必修课程和内容丰富的各类选修课程，基本上可以满足大学生对知识的需求；在信息获得上，大学里同学之间交流的内容较为广泛，再加上便利的上网条件，使他们对各种社会事件和文化信息都能及时了解。如此自由、宽松的生活和学习条件让大学生更迫切地反思自己，力图把握自己的人生方向。他们会经常追问自己“我是谁”“我为什么是这样的人”“我可能和应该成为什么样的人”“在社会大舞台上，我扮演什么角色”“我能为社会做些什么”和“我今后该怎么办”等。

因此，大学生在自我认识上更加主动自觉，并更加理论化和理性化。他们不仅经常对“我是谁”之类的问题进行深入、独立的思考，还热衷于就此类问题与同学交流。例如，与同学讨论人生的目的，或向同学倾诉自己的人生经历和体验。他们经常暗中观察周围的同学，

根据与他人的比较和他人对自己的评价力图更客观地认识、评价自己。大学生常常会对哲学、伦理学和道德修养等课程表现出较浓厚的兴趣,原因是这些学科会系统地探讨人生的意义,并锻炼人理性的思维方式。大学生也多对文学艺术感兴趣,因为它们提供了人生是怎样的范例,并启迪他们对人生深层次的思考。大学生还会经常参照现实生活中自己景仰的老师和成人,参照书本或媒介中宣传的学者、著名人物和模范等榜样,将他们的品质内化为自己的人格特征。

二、大学生自我评价能力在增强,但仍具片面性

自我评价是个体对自我所做的判断,是自我意识的核心部分。经观察发现,大学生自我评价与老师、家长和同学对其评价之间呈显著的相关,并且自我评价能力有随着年级的上升而提高的趋势。这表明,大学生随着年龄的增长、知识和经验的积累,自我评价能力在增强,在日趋成熟。

但是,大学生要能客观有效地评价自我并非易事,其自我评价仍具有片面性。这主要有两种倾向:一是高估自己,二是低估自己。经观察,大多数大学生喜欢高估自己。这主要是因为他们自尊心和优越感强,富于自我想象,以对自己目前和未来状况的美好想象代替现实;在与他人比较时,倾向于以己之长比他人之短,从而自信心过强。部分大学生低估自己主要是因为:自我期望偏高,以致难以实现,导致对现实我的不满;无法正确看待社会竞争激烈的事实,导致对自我现状和未来的焦虑;社会适应能力不强,而自尊心过强,极易遇到挫折,导致自信心下降。

三、大学生的自我同一性发展状况各异

自我同一性的含义是个体对自己的身心特点,如能力、兴趣、理想、价值观、性格特征、交友方式和职业发展等的认识和认可。该时期的成长危险是自我同一性的混乱。意思是个体对自我的认识和发展产生困惑与迷茫,理想我和现实我之间存在剧烈的矛盾冲突,两者不能实现积极的、健康的统一,导致不能确定自我形象和人生目标,情绪体验为焦虑、痛苦,严重的甚至导致人格障碍和精神疾病。

大学生处在青年中期,他们在自我同一性的探索中主要是确定"我到底是什么人",并达到"这就是我"的自我认同。我国大学生自我同一性的发展状况可以分为以下四种类型。

(一)达成型

达成型大学生能做到较客观地认识和认可自我。因为他们能从现实我出发,修正和追求理想我,并控制、完善现实我,在一定程度上实现了现实我和理想我的积极的、健康的统一,自我同一性已经达成。这类大学生一般具有许多优良的性格特点,如善于独立思考、富于好奇心、具有刻苦钻研的精神、幽默大度和耐挫折能力强等。

由于主观和客观条件的限制,目前这种类型的大学生仍占少数。大多数的大学生仍处

在探索和发展其自我同一性的过程中。

(二)早定型

早定型的大学生从小是听父母话的“乖孩子”,在学校则是听老师话的“好学生”。他们习惯于放弃自己的独立自主性,完全内化家长和老师的价值观,根据他们对自己的评价来评价自己,并完全按照家长和老师对自己未来的设计来确定自己的人生方向。这类大学生固然可以免除在自我确认和自我探索中的痛苦思考,但是早定型实际上并非好事。因为这种类型的大学生所达到的自我认识和自我认可不是基于自己的独立思考和探索得出来的,所以当外界条件不顺利时,他们的自我认识可能会变得模糊不清,无法再达到自我认可。

案例放映厅

某大学生从小就很听父母和老师的话,按照他们对他的人生设计顺利地考上了某大学某热门专业。但是进入大学后,他越来越发现自己并不像他们认为的那样具有在该专业上发展的巨大潜力,而且自己远非像他们评价的那样具有完美的品质,如聪明、坚强、乐观和独立等,由此对“我究竟是怎样的人”和“我的前途会怎样”产生困惑与怀疑,学习出现了严重的障碍,不得不申请退学。

由于现在的很多大学生是独生子女,一些父母出于对孩子的爱和害怕孩子在社会上吃亏的心理,在物质上尽一切可能满足他们的各种需要,在精神上要求他们依附自己,从而使他们逐渐形成了缺乏独立性的性格。再加上现在的幼儿教育、基础教育和高中教育的一些影响,一些学生形成了胆小怕事、缺乏自主性和创造性的平庸性格。鉴于以上的情况,早定型的大学生在大学生总数中可能占有一定的比例。

(三)延缓型

延缓型大学生在上中学时只顾埋头读书,对自我思考较少。他们在进入大学以后,才发现生活和学习的天地很宽广,课程学习只是一部分,其他同学会把相当多的精力用在学习其他有用的知识、了解社会、相互交往和娱乐休闲等方面。因此,直到身处丰富多彩的大学生活中,他们才开始反思“我究竟是怎样的人”“我为什么是这样的人”等问题。在这样的反思中,他们常常因自己只会学习、不懂生活而自觉是个枯燥乏味的人,并且很可能发现自己在学习方面也不是出类拔萃的,因此深感自卑、自责。一些人经过痛苦的自我确认,逐渐发现了自己的特点和前进的方向,找到了理想我和现实我最佳的结合点,从而对未来充满了信心。而另一些人还处在自我探索的困惑中,暂时无法找到理想我和现实我的结合点,为此深感不安和痛苦。对这部分人应给予安慰和鼓励,因为只要没有放弃对自我的反思和追寻,就一定会逐步实现自我同一性。

案例放映厅

某大学生从小在极单纯的家庭环境下长大，父母对他的要求只是好好学习。该生逐渐养成了善良天真而沉默的个性。进入大学后，他起初不能适应大学里同学之间较为复杂的人际关系，只好把自己封闭起来，刻意回避与人交往；相比许多同学表现出的学习之外的多种兴趣和多才多艺，他感到自己一无是处，很自卑。后来，在班主任和班干部的耐心开导下，他逐渐融入同学中间，并能积极参加学院、学校的各种社团活动。经过一年多的努力，他逐渐发现自己其实比较愿意与人打交道、善解人意、口才也较好，而且这些性格特征和能力恰好非常适合所学的市场营销专业，为此他对未来信心倍增。

(四)迷惘型

迷惘型的大学生对现实我不满，又认为理想我难以实现，因此陷入了对自我确认的困惑之中。他们往往表现出对一切事物或活动都心灰意冷，如因为害怕他人知道了自己内心的困惑和苦恼会嘲笑自己，或认为他人根本无法理解自己、帮助自己，所以就把自己的内心封闭起来，很少与他人倾心交流；因为无法确定明确的学习目标或学习的知识对自己未来的意义，所以对学习不感兴趣，敷衍了事；因为觉得自己心境不佳，根本无法投入娱乐活动中，或者觉得这些活动没有什么意义，所以对此不感兴趣，较少参加，或参加了也没法得到快乐；等等。

迷惘型的大学生内心仍然有理想，但是因为不能从现实出发，所以难以将理想和现实很好地结合起来，从而在现实中屡屡有挫败感。因为迷惘型的大学生尚处在向成年期过渡的心理未成熟阶段，所以他们在认识现实我方面容易因一时的挫折而否定自己，也容易因过分富于想象力而使理想我变得遥不可及，这些问题一般会随着他们年龄的增长、知识经验的增多而在一定程度上得到好转。在大学阶段，如果老师和同学对他们给予积极关注，适当引导，则可以更快地帮助他们走出自我困惑的怪圈。目前，这种类型的大学生在大学生总数中也占有相当的比例。

四、大学生自我意识发展的矛盾性

矛盾性是大学生自我意识发展的一个最突出的特点。这种矛盾性从心理上看源于他们的心理尚处于从不成熟向成熟的过渡期，从社会上看则源于他们尚未真正走向社会，缺乏社会生活经验，尚未取得独立的社会地位和经济地位。大学生自我意识发展的矛盾性表现在许多方面，最主要的是理想我与现实我的矛盾、交往需要与闭锁需要的矛盾、独立性与依附性的矛盾及自尊感与自卑感的矛盾。除此之外，还有追求成功与避免失败的矛盾、求知欲强而识别力低的矛盾、情感与理智的矛盾和对异性的向往与害怕的矛盾等。下面只探讨四个主要矛盾。

(一)理想我与现实我的矛盾

大学生的抽象逻辑思维能力已发展到高峰，加之他们的情绪体验十分深刻和丰富，导致他们对自己的未来具有丰富的想象力。但是，他们又不得不面对自己的现实状况，如学习成绩不尽如人意、体魄不够强健和社会交往技巧较差等。由于大学生以群体的形式在大学校园里共同生活和学习，他们远离家长的管束，在一定程度上也较少受学校的约束，所以他们相互之间的影响力很大，表现在情绪上容易相互感染、行为上相互模仿、认识上相互传播，这在一定程度上容易使他们的理想我更加远离现实，加重理想我和现实我之间的矛盾冲突。例如，大学生之间常就一些社会热点问题加以讨论，但由于他们对现实的批判往往过于简单、片面，他们从理想化的角度提出的解决方案常常引不起社会关注，从而加重了他们的失落感；要注意的是，理想我与现实我之间的矛盾对大学生心理的影响是双向的：一方面，它给大学生带来了困惑和苦恼；另一方面，它为大学生的成长提供了动力和方向。在大学阶段，理想我与现实我之间的矛盾冲突是不可避免的，大学生要借此锻炼自己的心理承受力，重新认识和评价自己，寻找理想我与现实我的结合点。

（二）交往需要与闭锁需要的矛盾

根据马斯洛的需要层次理论，人在基本满足了生理需要和安全需要的基础上，会产生归属和爱的需要。大学生基本上可以满足前两种低层次的需要，因此他们会受交往需要的支配，迫切地希望广交朋友，并有几个知心朋友，大家彼此倾诉自己的心事，共同交流和探讨人生问题。但是，大学生又有强烈的封闭自我、与人隔绝的需要。这是因为他们的内心向往一种个人的、独特的、自由的状态，希望在这种状态下独自思考和体验人生。大学生如果不能恰当地处理好交往需要与闭锁需要之间的矛盾，就会感到自己的空间被朋友占据了、毫无自我，从而萌生失落感，或感到没有朋友，从而产生孤独感。恰当地处理好交往需要与闭锁需要之间的矛盾，则既能用友情抵御住孤独，又能守住自我内心世界那份独特和宁静。

（三）独立性与依附性的矛盾

大学生既强烈地要求摆脱父母和老师的约束，独立自主地决定自己生活、学习的方方面面，又仍在情感上和行为上对家庭、学校存在较大程度的依附。这是因为进入大学以后，大学生的独立意向迅速发展，他们已处于向成人角色的过渡时期；但由于缺乏社会生活经验、仍需要家庭的经济供给和与父母的感情深厚等，他们的依恋、依赖心理仍难以割舍。

（四）自尊感与自卑感的矛盾

自尊感是个体能悦纳自己，并尊重自己，对自己抱着肯定的态度。自卑感则是个体对自己不满，对自己持否定的态度。它们是自我体验中的两种相互对立的情感，但是在大学生身上经常交织在一起。大学生在这一年龄阶段，往往对自己有着过高的、接近完美的要求，一旦发现自己存在某些不足，如容貌不是很突出、身材不是很健美、学习算不上优秀、家庭环境谈不上显赫和才艺算不上专业等，就容易夸大自己的不足，认为自己一无是处。要解决这一矛盾，关键是学会客观地评价自己的优点，增强自尊心，减少自傲情绪；学会客观地评价自己的不足，增加进取心，减少自卑情绪；不要盲目地与他人比较，增强自信心和耐挫折能力。

五、大学生自我塑造愿望强烈，主动性、自律性有所提高

对许多大学生来说，他们一旦意识到并认可了某种自我形象，就会产生强烈的自我塑造的愿望，并能够主动约束自己的行为。而且一般他们还会对自己身上的不足之处非常敏感，有非改之而后快的决心，并可能切实在行动上有所体现。这些与大学生追求自我的完善甚至完美有关，是他们力图实现理想我、控制现实我的表现。大学集体的生活给了大学生更多的自由空间，对许多大学生来说，这会锻炼他们的自制力，并促进他们提高自控能力。但也有些大学生在这更多的自由空间里失去了方向，变得意志消沉、行为懒散，缺乏自控力。还有极少部分的大学生抱着消极的宿命论，根本不相信自己能改变。因此，要教育大学生客观地认识自己，并使他们了解改变自己的可能性和方式方法，促进他们积极地进行自我塑造，提高主动性和自律性。

六、大学生自我意识发展过程中存在的缺陷

相关科学研究发现，我国当代大学生自我意识发展的总趋势是较好的，但理想我和现实我之间还存在比较大的矛盾。具体表现为：自我意愿多，自觉行动少；自我认识较清楚，但自我调控能力相对较差；过分关注自我，过多考虑自己，过于看重自己，而对他人、集体、社会考虑较少。也就是说，由于大学生的心理尚未成熟，部分大学生在自我意识的发展过程中存在着失误与缺陷。下面着重探讨五种比较典型的失误与缺陷。

（一）过分地以自我为中心

随着自我意识的发展，个体越来越多地关注自我，如果不能够摆正社会、集体和个人之间的关系，容易出现凡事从我出发、唯我独尊、自私自利的问题。大学生的自尊心、自信心和独立性等都较强，且可能未牢固地确立正确的个人价值观，因此更容易出现过分地以自我为中心的倾向。经观察发现，有一些大学生十分自私自利，不能站在同学的立场上替对方着想，人际关系很紧张。他们也容易因他人没有按照他们的意愿行事而责备他人，或与他人结下仇怨。当然，这些大学生不仅伤害了他人，还伤害了自己。

案例放映厅

某大学生从小受到父母和其他长辈的娇宠，他的一切要求都会得到满足，包括一些无理要求，如他学习时必须绝对保持安静、穿的衣服必须是高档名牌、任何时候上网玩游戏家人都不得有怨言等，这逐渐使他养成了以自我为中心的性格。进入大学后，该生在与同宿舍同学相处中把他们看作自己的家人，要求他们绝对地服从自己。结果，其他同学都因无法忍受他的做法而纷纷指责他，继而远离他。最后，该生在同学中成了不受欢迎的人，他为此感到困惑和苦闷，学习成绩一落千丈。后来，他在老师的督促下，到校心理咨询中心寻求帮助。在心理工作者的耐心开导下，他才对自己的问题有所认识。

(二)过分的自卑心理

自我意识发展到了一定阶段,个体越来越注意与他人比较,十分在意他人对自己的评价,并想象他人将如何评价自己,结果容易因过分敏感和不能正确认识自己的不足而导致过分的自卑。一定程度的自卑心理常常是有益的,可能促使个体努力改进其不足。但过分的自卑则会摧垮继续努力的信心和勇气,导致个体一蹶不振,最终一事无成。在发展自我意识的过程中,自卑心过重成为一些大学生必须挑战的一只“拦路虎”。

案例放映厅

大二女生丽丽家庭经济条件不太好,她靠做家教赚取生活费,家里还有一个正在上高中的弟弟,因此她感到很自卑。她总觉得同学瞧不起她,觉得别人都用异样的眼光看她,为此感到十分痛苦。她成绩不错,大一时曾获二等奖学金,同学对她的评价还可以。但她却固执地认为同学都因为她家庭困难而“鄙视”她,为此,她省吃俭用,购买漂亮衣服、鞋子,以获得同学的“尊重”。这样的举动并没有让她感觉自己的处境有什么好转,反而更加窘迫,她的心情越来越糟,学习成绩也逐步下滑……

(三)过分的逆反心理

逆反心理是指个体对某些事情不论正确与否,一概简单排斥,并带有较大的情绪成分,甚至为反抗而反抗。一般而言,适度的逆反心理是自我意识发展到一定阶段必然会出现的正常现象,而且客观上有益于个体的独立。所谓适度的逆反心理,是指个体逆反心理和行为表现的范围、强度、场合等较为适中,与其年龄阶段相符合。大学生由于处在向成年期的过渡期,容易出现认知片面、情绪偏激。他们在摆脱对父母和其他长辈的依赖走向独立的过程中,有时会因过于寻求自我肯定而有意、无意地把这些自己原来服从和尊敬的对象当作自己的“敌人”,与之进行“斗争”。许多大学生借助对父母和其他长辈的一定的逆反心理的动力,培养了独立精神和各方面的能力。但是,若逆反心理过强,则不利于个体的成长,需要进行心理矫正。

案例放映厅

一对夫妇含辛茹苦地培养自己的孩子上了大学,但是该大学生对父母很不尊重,经常借故向他们大发脾气。后来心理工作者知道,该生父母都是农民工,他认为他们没有本事,所以看不起他们。其实,该大学生知道父母培养自己很辛苦,所以他每次对父母发完脾气后,都会对自己的恶劣态度感到很内疚。该大学生对父母并非没有感激之情,也知道父母所做的一切都是为他着想,但就是控制不住自己。心理工作者经过分析,发现他内心潜意识的想法是:“我向父母发脾气,表示我比他们高明。”该大学生意识到自己潜意识的想法后,终于逐渐改变了对父母的态度。

(四)过分的依赖心理

一般而言,适度的依赖性有利于大学生和父母、其他长辈之间维系感情,并能为他们走向独立提供社会支持。但是,过分的依赖性显然不利于大学生的成长。一些大学生对父母过分地依赖,表现在:进大学要父母亲自送;上了大学要父母来照料自己或者不常与同学交流,却整天忙着给父母打电话;课程选择要父母定;花钱大手大脚,用完了就向父母伸手,还自觉理所当然;恋爱的对象要父母定,或者恋爱中出现任何问题都向父母汇报,完全听父母的话;未来的职业选择要父母定,或者干脆把找工作的事情全权委托给父母;等等。大学生对父母过分地依赖将会导致他们自身人格发展的延迟和不健全。

(五)过分的情绪化

大学生处在向成年期的过渡阶段,自我体验的特点是情绪丰富、波动性大、敏感性强和情境性强等。也就是说,在一定意义上,大学生表现出缺乏理性、情绪不太稳定或不太成熟是正常的。但是,大学生如果过分地情绪化,即表现为经常情绪大起大落、对他人的言行过分敏感、反应激烈、不顾时间场合地乱发脾气等,则是不健康的,需要矫正。这类大学生大多是因为从小受到父母等长辈的过分娇宠或被放任不管,所以形成了或任性或暴躁的性格;也有部分大学生是因为自尊心受到过伤害,所以不自信。大学生过分的情绪化可能对他们的学习、交往和娱乐等方面产生不良的影响。

案例放映厅

某大学生自认为同学对他不友好,原因是:有两次他看到几个同学聚在一起热烈地议论着什么,但是当他出现时,他们就奇怪地终止了议论并散开了。他忧心忡忡,几天都在琢磨这件事。后来,他变得越来越郁郁寡欢,回避与其他同学交往。为此,他主动寻求心理工作者的帮助。原来,该生在上初中时曾几次被其他同学嘲笑过,他们讥笑他的长相很傻、很滑稽。当时,他非常尴尬,不知所措。事后他感觉既气愤又自卑。进入高中后,由于忙于学习,他就把这些事淡忘了。但没想到进入大学后,他又遇到了相似的情况,触发了旧痛。经过心理工作者的开导,他逐渐明白了自己的心结在于对人际关系过于敏感,而只有勇敢、主动地与他人交往,才能锻炼交往技能,提高交往能力,拥有自信。

第三课 大学生自我意识的完善

在大学阶段,自我意识存在各种矛盾和偏差,这些矛盾和偏差已经成为阻碍大学生身心健康发展的重要原因。由于自我意识矛盾和偏差几乎存在于每个大学生身上,引导和教育大学生形成完善的自我意识,是对大学生进行心理健康教育的重要内容之一。能否保证大学生具备健康的自我意识还关系到他们在面对其他心理问题时能否有效地进行自我干预、调节和接受他人的积极帮助，因此这一问题显得更加重要。对于大学生来说，各种自我意识障碍的主要根源在于个体不能进行理性的自我认知。理性的自我认知是个体获得积极的自我体验，进行良好的自我控制、自我设计、自我完善的前提。因此，引导大学生建立理性的自我认知是促进大学生自我意识健康发展的重要任务之一。建立完善的自我认知主要有以下三个途径。

一、正确认识自我

大学生只有正确认识自我，全面地评价自己，才能形成正确的自我意识。要正确、全面地了解自己，就必须看到自己的长处和短处，把握自己与群体的关系，找准自己在社会中所处的位置，对自我做出恰当的评价。正确认识自我是健全自我意识的基础，有利于调适现在的我和构建未来的我。如果一个人能够对自己有一个全面、正确的认识和评价，就能够扬长避短、取长补短，根据自己的实际情况选择相应的目标并为之努力奋斗。正确认识自我主要有以下三个途径。

（一）用正确的社会价值尺度评价自己

要想正确认识自己，首先要正确认识社会、认识人生。大学生要熟悉社会生活，观察社会现象，积累社会经验，了解人生意义。只有这样，才能找到合适的社会尺度；否则，就可能做出错误的判断与评价。不能正确评价自己或全面否定自己的人，看不到自己诚实、善良、正直等品质，但恰恰能看到自己自私、优柔寡断、能力不强等缺点；有的人以自我为中心，过高评价自己，结果却脱离社会现实；有的人面对社会生活中的一些消极现象，表现出惊慌失措，无可奈何。因此，大学生应学会从乐观、积极的一面体验社会和人生。

（二）多方位、多角度地认识和评价自己

1. 通过与他人比较认识和评价自己

大学生生活在大学校园中，身边什么样的人都有，可以和他人比较，看到自己与其在某些方面的差距，为自己寻找今后努力的方向，从而使自己变得更加完善和成熟。但是在生活中，往往有些大学生会用自己的长处和身边人的短处比较，从而产生骄傲自满的情绪，使自己停滞不前；还有的大学生会用自己的短处同他人的长处比较，从而使自己产生自卑情绪，或者自尊心过重而产生嫉妒心理。在同他人比较的过程中，大学生应该综合分析，全面比较，以便客观、公正地评价自己，确定个人的奋斗目标和行动计划。

2. 从他人对自己的态度中认识自己

有心理学家认为，当一个人的自我评价与他人对他的客观评价有较大程度的一致时，表明他的自我意识较为成熟。了解他人对自己的看法，有助于发现自己忽视的问题。在与他人的交往中，他人的态度就是一面镜子，也就是客观上的参照尺度，可以用来观测自身，以获得对自己的正确认识。如果有很多人讨厌、嫌弃自己，不愿意和自己交往或者一起学习，自己就应该好好反省自己，找出问题，从而加以调整和改正。

心理加油站

如何从批评中学习

被批评时，你有什么感觉？你感到生气，感到被拒绝吗？即使错在自己，也会感到怨恨吗？大多数人会回答"是的"。人们通常认为批评是一种攻击，必须不惜一切代价去反击以维护自己的形象。因此，人们把很大的精力耗费在担心批评、证明自己正确、尽量避开批评上。

接受批评可以成为促进个人成长的有效方式，因此要以建设性的态度来对待批评，把批评当作获取新信息的宝贵来源。被批评的时候，不必马上采取行动去改变自己，而是将其看作可能需要行动的暗示。首先，你要问自己："这个人想告诉我什么，他是真诚的吗？"其次，你要考虑批评的来源："这个批评有多重要？"对你越了解的人、越有资格评价你的人，他的批评就越重要。例如，你的老师对你学业方面的批评是很重要的。然后，考虑一下自己受到某个特定批评的次数。如果你常常由于同一个行为受到不同人的批评，那么这个批评很可能是正确的。我们还要权衡按照批评行事的利与弊。在受到批评时，要保持冷静，以避免因批评激发的情绪干扰你的表现。最后，积极行动，做出必要的改变。不要浪费时间为自己辩护，而是要认真倾听别人说的话，询问更多的信息，向批评者询问他对解决这个问题的建议。学会听取他人的意见，从批评中受益而成长是不容易的。

3. 通过自己的活动结果认识自己

人人都有各自潜在的天赋和才能，如果不及早发现，并有意识地加以开发，就可能被埋没。因此，大学生应从事多方面的活动，把自己的天赋与才能挖掘出来。一方面，通过不断的探索与尝试，可从不同的角度了解自己的兴趣、能力和意向等；另一方面，通过参加各项活动，增加经验，可以从中找到最适合自己的发展方向，对自己有较为客观的认识，建立对自己的信心，从而确立人生目标，更好地发展自己。

（三）不断反省自我

大学生可通过反省、分析自己进行自我认识。大学生已具备了内省的能力，能够与自我进行内心的对话，对自己的内心世界加以分析，使自己不但成为被观察的主体，也成为自我观察的对象。要给自己独处的时间和机会，以便反省过去发生的事情，思考自己未来的活动。例如，通过反省，思考自己有哪些事情做得比较完美，值得肯定和鼓励；哪些事情和工作做得不好，应该吸取经验教训，争取今后做得更好；对于存在问题的地方，要有意识地去调整自己。

案例放映厅

小雅刚进大学时，乐观开朗，积极而热情。大一时她参加了学校和系里的各类学生干部、干事的竞选，但都失败了。小雅第一次遭到如此沉重的打击，一向好胜的她陷入了自我否认的泥潭。她的情绪往往会因为一件很小的事情而大起大落，反复无常。她学习努力，成绩较优秀。在寝室她好与人争执，很少忍让。大二时她参与班干部竞选，因一票之差又与学生干部擦肩而过，再度陷入失败感的折磨中。有一次，她在寝室门外无意中听到了同学议论：争强好胜，能力不怎么样，还总觉得谁都不如她……从那以后，小雅变了，变得不爱说话，不与他人交往，对每个室友都充满敌意。每当看到别人高兴地在一起玩儿或学习时，小雅便内心充满了孤独感，晚上常常做噩梦，精神状态不佳，没有胃口，常常不知道自己为什么发脾气，很难控制自己的消极情绪，变成了同学口中的另类。小雅觉得自己应该好好反省一下自己为什么变成了这样的状态。

二、积极地悦纳自我

什么是悦纳自我？悦纳自我就是个体对自身及自身所具特征的一种积极的态度，既能欣然接受自己现实中的状况，满意于自己的某些长处，也允许自己有不足的地方。承认自己有不足之处，并能够悦纳自己、爱自己，坦然地面对自己的缺陷。心理学研究证明，心理健康者更多地表现出对自我的接受和认可，而心理障碍者则明显表现出对自我的不满和排斥。有些大学生对自己的容貌、性格、才能、家庭等一些方面不满，而又无力改变，便产生自我排斥的心理。这是心理幼稚的一种表现。人总要对自己有所肯定又有所否定，并且在自我意识的发展中建立起两者的动态平衡。否则，对自己的不满过于强烈，就会加剧心理矛盾，产生持续紧张的心理，这样不仅使个体感到活得很累，还可能引发心理问题，严重的可能导致悲剧的发生。

大学生要积极地悦纳自我，首先应该积极评价自己，这是促使他们产生自尊感、克服自卑感的关键。其次大学生在自己获得成功时，应该自我鼓励，充满自信。同时，大学生应该坚信：只要真正付出努力，同等条件下，他人行，我也一定行；金无足赤，人无完人；失败是成功之母等道理。

心理加油站

爱，从爱自己开始

爱，一个让人感到温暖的词。因为爱，我们弱小的生命得以生存；因为爱，人类得以繁衍发展。我们在成长的旅途中会体会到许多爱：襁褓中，家人无私的爱和照顾；上学时，师长的谆谆教诲，同学的团结友爱；工作后，领导的指导关怀，同事的互帮互助，朋友的包容交心；恋爱结婚了，恣意享受另一半的疼惜呵护……这些和你生命、生活息息相关的人，甚至是遇见的陌生人，都给过你爱的温暖……

看到这里，你的脑海里是否闪现过这样或那样关于爱的记忆片段呢？那么，你是否想过，爱是什么？孩提时代，你想要这要那，当愿望被满足时，你感受到爱，否则你会哭。这时的你，觉得爱是无条件的给予。青春期，父母约束要求你，这时的你，觉得爱是负担；青涩的初恋失败了,这时的你,觉得爱是伤害。成年了,爱往往与另一半相关,这时的你,觉得爱是与子偕老。有孩子了,辛苦奔波,日夜操劳,这时的你,觉得爱是付出。是的,不同的年龄对爱有不同的理解,不同的人有不同的关于爱的要求。

你是否发现,你感受到的爱对于发出者来说,都是指向除了自己以外的个体。我们从来不好意思公开坦荡地爱自己,因为传统的教育告诉我们要关爱别人,热爱集体。也就是说,爱是对外的付出。今天,我要告诉你,真正想爱自己以外的人和事,首先要学会爱自己。是的,真正的爱,是从爱自己开始的。

认识自我,接纳自我,能体验到自己存在的价值,从而乐观自信。这样的人才能用尊重、信任、友爱、宽容的态度与人相处,能分享、接受、给予爱和友谊。爱自己,首先从认识自己开始,把关注指向内在的"我",关注"我"的呼吸律动,感知自己每个当下的体验,哪怕这体验是悲伤、是愤怒、是痛苦,没关系,让它们存在,并感受它们的存在带给你的感受,它们都是你珍贵的生命体验;然后学会接纳自己,接纳你喜欢的自己,也接纳你不喜欢的自己,因为那是你,你是独一无二的个体;最后,学会放下负性消极的情绪,激发积极愉悦的感受,让生命的能量在自我的爱中得以贯通圆满。当内在的自己喜悦了,你才有能量真正去关注外在的人和事,才能真正站在别人的立场理解和接纳他人,按心灵的感受爱他人。

所以,如果你认为父母没有给予你足够的爱,请你宽容吧,因为他们已经尽其所能把你养大,倾其所有来爱你;如果你与他人之间有了不愉快,请你原谅吧,因为每个人都有不同的成长过程,这个过程也造就个体独特的认知,你应该学会去尊重别人,像尊重自己一样。从爱自己开始,才能发自内心地感恩生命,感恩与你生命同在的万事万物。在自我圆满的同时,分享生命的喜悦给你身边的人,这种爱是润物细无声的温柔,是如水如云般的流畅,是如天空大海一样的浩渺。

聪明如你,就应明白真正的"爱"是从爱自己开始的。那么,今天,现在,你爱自己了吗?

三、发展自我与完善自我

在自我意识的发展中,大学生不仅要认识自我、悦纳自我,还要发展自我、完善自我,设计自己的未来,为自己描绘一个理想的我,并去努力追求理想。大学生应该有远大的抱负和崇高的理想,"千里之行,始于足下",即大学生应该从点滴小事开始,从行动开始,发展和完善自我。具体可以从以下三方面做起。

(一)确立明确、合乎自身实际的行动目标

人的行为特点是有目的,个体行为的目的性差异导致其行为结果是不一样的。有目标指向的行为较无目标指向的行为成就大得多。因为正确的目标能够激发人的动机,强化人的行为,并促使其朝着预定的方向努力。例如,一些大学新生,一进大学就根据自身情况树立比较明确的目标,并且根据目标制订详细的学习和生活计划,在大学毕业的时候就会比没有明确目标的同学取得的成绩好。

(二)培养顽强的意志力

许多大学生为自己树立了远大的理想和目标,但在努力的过程中没有足够的自制力和意志力,经受不住挫折和打击。在实现人生目标的旅途上,既有各种本能欲望的干扰,又有各种外界诱惑的侵袭。本能欲望常令人失去理智,如贪图安逸、追求物欲等;外界诱惑容易使人偏离正确的前进轨道,丧失奋进的斗志,放弃对远大目标的追求。要想主宰自己的行动,就需要有较强的自我控制力,以保证理智地约束自己的情感,把握自己的行为。自我控制的动力来源在于从根本利益和长远利益的角度去看问题。有些诱惑之所以对个体很有吸引力,就是因为它充分地显示了表面的、暂时的利益。例如,大学生如果抵挡不住大学学习生活中的各种诱惑,最终可能在考场上难以过关,在就业竞争中处于不利地位;如果能想到自己的根本利益和长远目标,就会有控制自己的动力,进而抵御表面的、暂时的利益诱惑。

(三)塑造健全的人格

人格是一个人在与其所处的环境相互作用的过程中所表现出来的独特的思维模式、行为方式和情感反应的特征,它决定人的行为和对环境的反应。因此,人格不仅是人的心理面貌的集中反映,还是人心理行为的基础。它在很大程度上决定了人对外界的刺激做出怎样的反应,包括反应的方向、形式和程度等,会直接影响人的身心健康、活动效果、潜能开发及社会适应情况,进而影响一个人包括生理、心理和社会文化素质在内的综合素质的发展。健康的自我意识的形成,除了要有对自我的正确认知外,还要有健全人格的支持。帮助大学生培养积极、和谐、健全的人格,对健康的自我意识的发展将起到良好的生成和促进作用。

第四课 自信心的培养与训练

一、自信的心理机制分析

一个自信的人,接纳自我是无条件的,在接纳自我之前没有设定必须达到的标准。如果说非要有什么条件的话,那就是自己是一个独立的个体,人的存在本身就是有价值的,不需要进行论证。自信的人,接纳自己可以有不足,可以不完美,但这不影响"我"存在的价值,见表 3-1。在做事情时,自信的人就更可能选择自己喜欢的事情,全身心投入,关注过程和体验,从过程和体验本身获得极大的满足,生活轻松快乐。而且,当一个人全身心投入一件事情时,即使不问结果,往往也会有比较好的结果。相应的,自信者的心理和行为特征通常表现出追求开放的结果,而不是刻板地认为"我一定要成功,我必须得到大家的认可";他们愿意尝试多种可能性,能够接受失败和错误,并从中学习和成长。这种理念可减少个体因担心结果不好而分散精力。这样,自信的人就更可能把主要精力集中在真正提升自我、发展个人潜能的事情上。而自卑者则会用大量的时间和精力去无谓地担心、焦虑和紧张等，而这些能量的耗费相对于真正做事情投入的精力更会使人感到疲惫。

表 3-1 自信的心理机制分析

自信的原因	相应的心理和行为特征
无条件自我接纳	追求：开放的结果，敢于尝试多种可能性
我可以有不足，可以失败，可以不完美	接受：失败和错误是正常的过程，是新起点
做自己喜欢的事情，关注过程和体验	精力：集中在提升自我、发展潜能的事情上
自信、轻松、快乐	行为：积极主动、创造性、宽容

二、建立自信的基本方法

(一)挑前面的位子坐

大学生平时上课或参加活动，后排的座位经常是最早被占满的。大部分占后排座的人都希望自己不会太显眼。而他们怕受人瞩目的原因就是缺乏信心。坐在教室最前面的学生听讲更专心，与老师的沟通和交流也更多。同时对自己也有更高的要求，因为坐在前面，一言一行后面的学生都会看到。坐在前面能够增强自信心，应当把它当成一个规则试试看，从现在开始就尽量往前坐。

心理诊疗室

自信心测验

下面是一份关于自信心的心理问卷，由 25 个题目组成，每个题目都用一个陈述句表示，都涉及对自我的感觉和态度(像我或不像我)。

(1)我一般不会遇到麻烦事。

(2)我觉得在众人面前讲话是很困难的。

(3)如果可能，我将会改变我自己做过的许多事情。

(4)我可以轻而易举地做出决定。

(5)我有许多开心的事做。

(6)我在家里常常感到心烦。

(7)我适应新事物较慢。

(8)我与我的同龄人相处得很好。

(9)我家里的人通常很关心我的感情。

(10)我常常会做出让步。

(11)我的家庭对我的期望太多。

(12)我是个很麻烦的人。

(13)我的生活一团糟。

(14)别人通常听我的话。

(15)我对自己的评价不高。

(16)我有许多次想离家出走。

(17)我常常觉得我的工作很烦。

(18)我不像大部分人长得那么漂亮。

(19)如果我有什么话要说,我通常会说出来。

(20)我的家里人理解我。

(21)我不像大部分人那样讨人喜欢。

(22)我常常觉得我的家里人好像是在督促我。

(23)我常常对我所做的事情感到失望。

(24)我常常希望我是另外一个人。

(25)我是不能被依靠的。

评分标准:如果你的选择与参考答案一致,则得1分;若不一样,则不得分。得分越高,表示你越自信。

参考答案:题目1、4、5、8、9、14、19、20为"像我",其他题目为"不像我"。

(二)练习正视别人

一个人的眼神可以透露出许多有关他的信息。当他人不正视你的时候,你会不由地问自己:"他想要隐藏什么呢?他怕什么呢?他会对我不利吗?"不正视别人通常意味着:在你旁边我感到很自卑;我感到不如你;我怕你。躲避别人的眼神意味着:我有负疚感;我做了或想到什么我不希望你知道的事;我怕一接触你的眼神,你就会看穿我。正视别人等于告诉他人:我很诚实,而且光明正大;我告诉你的话都是真的;毫不心虚。

(三)把你走路的速度加快25%

当大卫·史华兹还是少年时,到镇中心去对于他来说是很大的乐趣。在办完所有的事坐进汽车后,母亲常常会说:"大卫,我们坐一会儿,看看过路行人。"

母亲是位绝妙的观察家。她会说:"看那个家伙,你认为他正受着什么困扰呢?""你认为那边的女士要去做些什么呢?""看看那个人,他似乎有点迷惘。"

许多心理学家将懒惰的姿势、缓慢的步伐与对自己、对工作及对别人的不愉快的感受联系在一起。但是心理学家也告诉我们,借着改变姿势与速度,可以改变心理状态。你若仔细观察就会发现,身体的动作是心灵活动的结果。那些遭受打击的人,走路都是拖拖拉拉,完全没有自信心的。

抬头挺胸走快25%,就会使人感到自信心在增长。

(四)练习当众发言

美国成功学大师拿破仑·希尔指出,有很多思维敏捷、天资聪颖的人却无法发挥他们的长处参与讨论,并不是他们不想参与,而是他们缺少信心。

在课堂中沉默寡言的人,有时是认为自己的意见肯定没有价值,如果说出来,别人可能会觉得很愚蠢,所以最好什么都不说。而且,其他人可能都比自己懂得多,不想让别人知道自己是这么无知。

这样的人常会对自己许下渺茫的诺言:等下一次再发言吧。可是他们很清楚自己是无法实现这个诺言的。每次这些沉默寡言的人不发言时,他们就又中了一次缺少信心的毒,他们会越来越丧失自信。

从积极的角度来看,如果尽量多发言,就会增加信心,下次也更容易发言。因此,要找机会多发言,这是信心的"维生素"。

(五)咧嘴大笑

大部分人都知道笑能给自己很实际的推动力,是医治信心不足的良药。真正发自内心的笑,不仅能治愈自己的不良情绪,还能马上化解别人的敌对情绪。如果你真诚地向一个人展颜微笑,他可能很难做到再对你生气。

(六)练习自我暗示

自我暗示要遵循以下五个原则。

(1)简捷。默念的句子要简单有力。例如,考试前从发卷子到开始答题可能是你最容易紧张的时候,用这个时间,在心中默念"我已经做了充分的考前复习,按照自己的正常发挥我就能取得好成绩"等,这样的暗示在考试前和面临重大事件时极其有效。

(2)积极。如果你说"我不要学习不好"或者"我不要紧张",这样的语言模式会将"学习不好"和"紧张"带入潜意识。因此,要采用积极正向的语言模式,如"我想要学习好"或"我想要放轻松"。

(3)可行。自我暗示的句子要具有可行性,以避免与内心产生矛盾。例如,如果你在一年内从班级最后一名前进到班级第一名可能性很小的话,不妨选择一个你能够接受的目标,如"我会在今年内考到班级前 5 名"。

(4)视觉化。默诵或朗诵自己写下的暗示语时,要在脑海中清晰地形成表象,将自己想要达到的状态想象得栩栩如生。

(5)注入情感。拿破仑·希尔指出,当你朗诵你的暗示语时,要将感情灌注进去,你的潜意识是依靠思想和感受的协调去运作的。例如,在想象自己经过努力取得成绩时,充分地去体验那种成就感、满足感和充实感。

课后实训

我 是 谁

1. 实训目的

本实训的目的是帮助学生客观地分析自我，形成正确的自我意识，找到提升自信心的方式，促使其开发自身的潜能，在认识自我的基础上悦纳自我。

2. 实训内容

(1)循环沟通。小组成员围成一圈，两两相对，谈话与倾听。话题如“假如我是一种动物(植物、颜色……)”“我希望……因为……”。相互交换角色，体会对方的感受。

(2)积极赋义。小组成员围成圈坐好，对每个成员不好的性格特征进行积极赋义。例如，对于“多疑”，积极的赋义就是“自我保护意识强”；对于“竞争意识不强”，积极的赋义就是“不争强好胜”。之后，将所有积极的赋义进行团体分享。

(3)学习赞美。小组成员轮流坐到圆圈中央，其他成员从他身上找到特别的地方，然后用发自内心的语言赞美他，并分享大家的感受。

(4)共同体验。大家共同唱《我是一只小小鸟》。

第四讲

描绘人格发展曲线

案例导入

小颖怎么了

小颖和小莉是同班同学，是形影不离的好朋友，也是大家共同关注的焦点。时间一长，小颖发现大家似乎更喜欢小莉，一些对自己冷淡的同学对她却亲密有加。她平时几乎和自己一起上课、一起自习、一起逛街，但是她的考试成绩总是比自己好。小莉先是获得了国家奖学金、优秀学生干部，还主持了系里的晚会……和她相比，小颖觉得自己就像丑小鸭。

一次，小颖和小莉在系里晚会上同台唱歌，趁小莉不备，小颖弄坏了她的演出服的拉链，等着看她出丑，结果她临时用丝带系上，大家都夸她聪明，服装别具一格。

期末考试快来了，小莉请小颖帮她去图书馆占座位，而小颖却把她的教材丢在垃圾桶里，谎称不知道怎么被偷了。

在寝室里小颖接到找小莉去做兼职的电话，于是就假装小莉的声音推掉了。后来事情败露，小莉哭着问小颖为什么这么做。看着小莉哭，小颖也很难受，但就是看不惯她那么“走运”。时间一长，同学们对小颖的非议很多。

小颖怎么变成这样了？她是不是成了坏人？她到底应该怎么做？

第一课 人格的相关概念

一、人格的定义

人格是指存在于个体内部的一套持续性的心理倾向与特征，具有一定的组织性和结构性。人格会与个体所处的外界环境相互作用，并影响个体的认知、动机、情绪和行为等活动。

因为个体的认知、动机、情绪等都是不可见的内部心理活动，而行为是外显可见的，所以，心理学家也会将人格定义为“每个人独特而一致的行为表现”。这意味着人格具有两个特点：一是同一个人会在不同的场合表现出相似的行为（一致性）；二是不同的人在同一场合下表现出不同的行为（特殊性）。基于人格的这两个特点，我们就能对其他人在某些场合的行为表现做出预测。例如，从事刑侦工作的警察会分析数次犯罪行为的具体表现，以此判断是否是同一名（伙）犯罪嫌疑人所为，或者预测这名（伙）犯罪嫌疑人下一步将会采取怎样的犯罪行为。有时，警察还能通过分析犯罪行为来推断犯罪嫌疑人可能的人格特点，如判断犯罪嫌疑人是冲动型的还是预谋型的，是忧虑型的还是狂躁型的。

微课
什么是人格

二、人格的构成

（一）弗洛伊德的人格结构说

弗洛伊德将人格划分为本我、自我和超我三个结构。

1. 本我

本我是人的本能，包括生的本能和死的本能。生的本能是指延续个体和种族生命的本能，死的本能则指自我毁灭、破坏性、侵略性等本能。本我属于潜意识范围，不受理性、道德、法律和各种社会习惯的约束，是人的原始力量的来源。它依照快感原则，要求满足原始本能的需要。它常常被压抑，因为如果让它自由泛滥，就可能造成危害社会和个人的严重后果。

2. 自我

自我位于人格结构的表层，是现实化了的本我。人在婴儿时期只有本我，但随着年龄的增长，在社会环境的影响下，人逐渐懂得只有在某种条件下才能满足本我的需求，于是形成了自我。本我始终以达到快乐为目的，但通过它的“老师”——自我的教育，它接受了现实的原则。按照弗洛伊德的说法，这个原则是以快乐为目的，不过由于考虑到现实，这些快乐被减轻和延迟。自我控制本我，以免本我肆无忌惮，造成对社会和个人的危害。弗洛伊德认为，本我代表不可遏制的欲望，自我代表理智和深谋远虑。

3. 超我

超我是道德化了的自我，是人格结构中的理想和社会道德部分。本我所遵循的是快感原则，自我所遵循的是现实原则，而超我所遵循的是道德原则。弗洛伊德在对人进行精神分析时发现，许多人由于违反了社会道德而深感内疚，甚至产生犯罪感，这表明他们人格结构中有超我的成分。超我是人类所特有的，动物只有本能，这是人和动物的不同之处。弗洛伊德认为，超我是个体在童年时期形成的。儿童受社会环境的影响，不仅发展了自我，而且逐步形成了明辨是非的道德观念。这些观念的形成主要受父母的影响，因为儿童在成长过程中主要依赖父母而生活，父母的人格和道德观念在儿童的内心深处沉淀，从而逐渐形成了儿童人格中的超我。

人格结构中的本我、自我和超我的关系非常密切。自我对整个人格起调节作用，它尽量满足本我的要求，又受到现实条件的制约，同时还必须接受社会道德规范的监督。因此，自我又被称为本我、超我、现实条件之间的“协调人”。

（二）奥尔波特的人格特质说

心理学家奥尔波特（Gordon W. Allport）通过对书信、日记和自传的个案研究，分析出三种有代表性的人格结构。

1. 首要特质

首要特质是指个体最独特的人格特质，它是一个人最典型、最有概括性的特征，影响一个人各方面的行为。在小说或戏剧中，被作者以夸张手法描述的性格特点往往就是一个人的首要特质，如《红楼梦》中林黛玉的“多愁善感”、《三国演义》中曹操的“狡猾奸诈”。

2. 中心特质

中心特质是指构成个体独特性的几个重要特质，它是构成人格特质的核心部分。一般来说，在评价某人时所使用的诚实、勤奋、乐观和开朗等都是其中心特质。

3. 次要特质

次要特质是指一个人在某些情境下才表现出来的人格特征，是一些不重要的特质。例如，有些人平时总喜欢高谈阔论，但在陌生人面前则沉默寡言，“沉默寡言”就是他的一种次要特质。

（三）“大五”人格结构

近年来，心理学家经过研究提出了“大五”人格结构模型，这一模型在人格评价领域被广泛应用。具体来说，“大五”人格结构主要包括以下五个方面。

1. 外向性

外向性是指反映一个人是否具有社会适应能力的人格特质。有代表性的人格特点包括热情、果断、活跃、冒险、乐观等。这一特质的两个极端表现是：交际与孤独，克制与冲动，喜欢娱乐与喜欢严肃，滔滔不绝与寡言少语，情感丰富与情感含蓄。

2. 神经质

神经质是指一个人用理性调控情绪，以提高心理成熟程度的人格特质。有代表性的人格特点包括焦虑、敌对、压抑、冲动、脆弱等。这一特质的两个极端表现是：平静与烦恼，坚韧与脆弱，安全与危险。

3. 开放性

开放性是指一个人广泛地获取新知识，创造性地探索外部世界的人格特质。有代表性的人格特点包括想象、审美、多情、求异、创造、智慧等。这一特质的两个极端表现是：创新与守旧，勇敢与胆怯，开朗与抑郁，自主与顺从。

4. 随和性

随和性是指一个人是否有爱心和同情心，是否尊重他人，是否以自我为中心的人格特质。有代表性的人格特点包括信任、利他、直率、谦虚等。这一特质的两个极端表现是：温和与暴躁，信赖与怀疑，无私与自私。

5. 尽责性

尽责性是指一个人是否具有社会责任心和责任感的人格特质。有代表性的人格特点包括公正、条理、尽职、自律、谨慎、克制等。这一特质的两个极端表现是：有序与无序，独立与依赖，热诚与冷漠，谨慎细心与粗心大意，言行自律与意志薄弱。

(四)综合观点

心理学家认为，人格即个性，完整的人格包括个性心理特征和个性倾向性。

个性心理特征主要指能力、气质、性格，它体现在人的心理活动效能和活动风格的差异上。能力是一个人顺利、有效地完成某项活动所必备的心理条件；气质表现的是一个人心理活动的强度、速度和灵活性；而性格则表现为一个人对客观事物的态度及与这种态度相适应的行为方式。

案例放映厅

某学校机械学院利用周末休息时间对学生进行了一项心理测试，选定 4 名不同气质类型的机电系学生去学校礼堂观赏他们都喜欢的电影，并故意使他们迟到了。4 人到达礼堂时，电影已经开始，工作人员拦住他们说：“电影已经开始了，迟到的人不能在场内乱走动，必须等中间休息的时候才可以入场，现在请在休息大厅等候。”结果 4 个人的表现并不相同。王姓同学：跟工作人员大吵大闹，怒发冲冠，不顾阻拦闯了进去。李姓同学：没有跟工作人员说什么，趁工作人员没注意偷偷溜了进去。廖姓同学：比较沉稳，不吵不闹，按照工作人员的要求耐心等候，心里想“好戏都在后头呢”。沈姓同学：感到十分沮丧，自认倒霉，再也没有看电影的兴致，转身回宿舍去了。

可以看出 4 名同学的表现截然不同，也代表了他们不同的气质类型：王姓同学属于胆汁质，李姓同学属于多血质，廖姓同学属于黏液质，沈姓同学属于抑郁质。不同气质类型的人的性情、行为不同，对职业选择和职业发展方向也有很大影响。

个性倾向性主要指需要、动机、兴趣、信念、理想、价值观、人生观、世界观等。其中，需要和动机是人格结构的动力来源，兴趣、信念、理想、价值观、人生观、世界观都是在需要和动机的基础上形成的，是人格中最活跃的因素，代表了人格的倾向性，决定着个体对行为的趋向和选择。

三、人格的基本特征

人格是一个具有丰富内涵的概念，其中反映了人的多种本质特征。

(一)整体性

人格是人的整体精神面貌的表现，是一个人的各种人格倾向性和人格特征的有机结合。

这些成分或特征不是孤立地存在的，也不是机械地联合在一起的，而是相互联系、相互制约、相互作用组成一个完整的人格。

人格的整体性首先表现在人格的内在统一上。个体能够正确地认识和评价自己，能及时调整内心世界的矛盾冲突，协调主观与客观、心理与环境之间的关系，这样他的动机和行为才能保持和谐一致。个体的人格一旦失去了内在统一，他的行为就会由几种相互抵触的动机支配，最终导致人格分裂。其次，只有从整体出发，才能正确理解某一人格特征的确切含义。例如，热情大方，可能是性格外向，也可能是掩饰自己的孤独境况，还可能是情绪突然失控。离开了整体的人格结构，我们就无法分析理解任何具体个体的人格。

（二）独特性

古人云，“人心不同，各如其面”。人与人之间没有完全相同的心理面貌，就像世界上没有两片相同的树叶一样。人格的独特性是指个体的人格是由某些和他人共同或相似的特征及完全不同的特征错综复杂地交织在一起构成的。由于人格结构的多样性，每个人都有自己独特的个性特点。由于遗传、家庭教育、学校教育、周围社会环境、时代背景等方面的差异，人格的形成和发展会各不相同。例如，有的人开放自然，有的人顽固自守，有的人沉默寡言，有的人豪爽，有的人谨慎，等等。上述诸多因素综合在一起，就会渐渐形成拥有具体特色的人格特征。

（三）社会性和生物性

人格是个体在生物遗传的基础上形成的，人的自然生物性构成了人格的基础，影响着人格的发展方向和方式，影响着某些人格特征在特定个体心理上形成的难易程度。

在充分看到人格的生物学意义的同时，绝不能把人格的形成简单归结于先天固定，也不能把人格的发展看作遗传决定的必然过程。任何初生的婴儿都不具备人格品质，他们既没有工作的能力，也没有工作的热情，不会表现出宽容或尖刻、执着或散漫的人格特点。研究发现，由狼群哺育大的“狼孩”，尽管有健全的人体组织和构造，也有高度发达的大脑，却没有人的智力和道德品质，也不具备完善的人格。人格的社会性是指社会化把人这样的动物变成社会的成员。人格是社会的人所特有的。

（四）稳定性和可塑性

个体经过母亲的孕育，历经出生、婴儿期、童年期、少年期、青年期、成人期、老年期的发展，逐渐形成相对稳定的人格。它使个体在不同生活情景中表现出大体一致的心理品质，这就是人格的稳定性。当然，个人行为中也会偶然表现出一些心理特征和心理倾向，但这些偶然行为并不代表个体的人格特征。例如，任何人在特定条件下都会忘记一些事情，但并不能说健忘是所有人的人格特征；但在生活或工作中经常出现粗心大意或丢三落四的行为，那么健忘可能是他的人格特征。

人格具有稳定性。俗话说，“江山易改，禀性难移”，这里的“禀性”就是指人格。当然，强调人格的稳定性并不意味着它在人的一生中是一成不变的，随着生理的成熟和环境的变化，人格也有可能产生或多或少的变化，这是人格可塑性的一面，正因为人格具有可塑性，才能培养和发展人格。人格是稳定性与可塑性的统一。每个人的人格都可能随着现实环境的改变或多或少地发生变化。儿童的人格在形成过程中易受环境影响发生较大的改变，因而可塑性较大；成年人的人格比较稳定，可塑性小，但也并非不能改变。我们在生活中经常能够发现由于生活环境的重大变化或受到重大生活事件的影响，一个人的性格发生了比较明显的变化。例如，本来沉默内向的人由于长期从事销售工作，渐渐变得健谈了；本来热情活泼的人在生活中某个不幸事件的刺激下变得沉默寡言了。

因此，人格是在先天遗传素质的基础上，通过社会活动和社会交往，在社会化的过程中逐渐形成的。人的本质是一切社会关系的总和，离开人类的社会生活，人的人格就无法正常形成和发展。

四、大学生人格发展的特点

大学生作为社会中的特殊群体，是社会未来的栋梁，其人格的健康发展不仅是他们自己的需求，也是社会和时代的需求，而大学时代是塑造他们人格的黄金时期。这里主要从心理学角度，结合当代大学生的心理特征，将大学生的人格发展分为生活适应期、学习焦虑期、恋爱困惑期、择业彷徨期四个阶段，时间有部分重合，但基本可以反映出大学生人格发展的阶段性特点。

（一）生活适应期

第一阶段从新生开学开始，会持续一到两个学期。经过紧张的高中生活和激烈的高考竞争，每个大一新生都怀着满腔的喜悦和期待跨进高等学府，但由于生活环境的改变，大多数新生都会对其产生诸多不适应，并由此带来一系列心理和人格方面的问题。许多心理症状自评测查结果显示，大学新生的心理健康水平普遍低于全国成人正常水平，其中着重体现在强迫症及人际关系敏感、焦虑、敌对和恐惧等症状上，这主要是生活适应障碍引起的。

微课
大学生所处的人格发展阶段

由于生活自理能力差，大部分大学生会对眼前的生活感到十分有压力。现如今一些大学生从小就是家里的“小皇帝”，过惯了“衣来伸手，饭来张口”的日子，生活上的事情大多由父母包办，生活独立性差。上大学后，生活环境突然有了重大的变化，一切日常事务都需要独自处理和承担，许多新生一时间感到手足无措、无所适从，并由此产生焦虑、恐惧、自卑等不良心理。一部分大学生可能会自力更生，一切从头学起；另一部分大学生可能会继续依赖父母，如有的让父母在高校附近租房“陪读”，有的将脏衣服邮寄回家让父母洗干净再寄回来；还有一部分心理承受能力弱的大学生面对生活上遇到的暂时的挫折和磨砺，不能正确、客观地对待，往往灰心丧气，怯懦自卑，甚至产生轻生的念头。

业余爱好的贫乏也会让大学生变得自卑和失落。大学不同于中学的最大特点之一就是课余时间多，业余生活丰富多彩，有着各种各样的讲座、学术报告、文娱活动、社团活动、校园比赛等。这种丰富的大学校园文化活动为那些爱好广泛、有业余专长的大学生提供了全面展示自己才华的广阔平台，也给大部分业余爱好贫乏的大学生带来了巨大的心理冲击。在大学，学习成绩不再是唯一的评价标准，大家认同的是"综合素质强"的同学。昔日的学习"佼佼者"在这里变得不再那么有优势，因此许多大学生的自尊心、自信心面临挑战。面对挑战，一部分大学生开始有计划、有目的地发展自己的爱好，充实自己的业余生活。其实，大学里有许多可供利用的条件和资源，只要安排得当，持之以恒，一定能培养出自己擅长的爱好来。这样不仅会给大学生的人生增添乐趣，也有利于树立自信心，增强社会适应能力。但是，一部分大学生不能正确面对挑战，他们因为没有"一技之长"导致自信心开始崩溃，产生挫折感、自卑感，甚至萌生退学、轻生的念头。

生活适应阶段也是人际关系形成的阶段。不同的人际关系会使大学生形成不同的人格特质。在大学，来自五湖四海的学生汇集成一个新的群体，他们各自的性格、生活习惯、兴趣等方面均不相同，在这个大家庭的人际交往过程中，那些能妥善处理好人际关系的大学生，能够迅速适应大学生活，精神愉快，处理各种事务也都得心应手。而那些经常和周边同学发生摩擦、冲突的大学生，则表现出多疑、敏感、心胸狭隘、目光短浅、以自我为中心、清高自傲等不良的人格特质，给自己造成心理上、精神上的巨大压力，严重的还会导致病态心理。因为本来他们远离父母就有一种孤独感，一旦出现人际关系不和谐或与其他同学发生冲突，这种孤独感就会进一步加剧，从而变得压抑和焦虑。有些大学生表现为人际交往心理障碍、语言表达能力差等人际交往能力上的欠缺，再加上对他人不太信任等人际交往认知上的偏差，使得他们害怕与他人沟通交流，把自己内心的情感世界封闭起来，这种现象常常会导致其变得孤独、抑郁、自卑。

（二）学习焦虑期

第二阶段主要发生在大二两个学期。经过了两个学期的磨合，大二学生已经基本适应了大学生活，但迎面而来的却是学习任务的成倍增加。中国目前高校的课程设置，较为普遍的状况是"两头松中间紧"，尤其在大二，大学生课业任务最为繁重。不仅公共必修课主要集中在大二，专业基础课也主要集中在大二，此外各种证书考试、资格考试一般也是从大二开始受理集中报名，特别是随着就业压力的增大，许多有接受继续教育意向的大学生在大二就开始准备。学习任务繁重，学习压力大，导致大二学生变得急躁、忧虑、厌烦、易怒。

专业发展问题也令他们悲观，感觉压力大。大一时大部分同学还沉浸在新环境和新生活带来的新鲜感与神秘感中，对专业发展问题思虑不多。到了大二，随着对专业了解的不断深入，专业发展问题往往引起部分大学生思想和情绪的波动。一类是由于高考填志愿时盲目追求所谓的热门专业，进入大学后，发现自己所报的专业并不符合自己的兴趣爱好和特长，学习时困难重重，颇感压力，在同学中缺乏竞争优势，自信心产生动摇；另一类是由于高考分数没达到自己理想专业的分数线，只能服从调剂被分配到学校生源不足的冷门专业，这类学生觉得自己以后的前途黯淡，不能静下来学习。这两类大学生中有的屈服于现状，在学习上得过且过，极度冷落自己不喜欢的专业，进而变得悲观厌世，长期失眠，精神错乱，甚至出现违法犯罪、自杀等行为。

另外，学习成绩落后也会让部分大学生感到失落与自卑。许多大学生在大一的时候因为对生活的不适应分散了学习的时间和精力，再加上大多数大学生希望高考后自己能在大学好好放松一下，导致在大一时放松对自己的要求，缺乏高中阶段那种勤学苦练的学习劲头，而到大二幡然悔悟。当别的同学在领奖学金的时候，自己还在为补考发愁。由此会产生不安、懊恼、挫败、自卑等情绪。

(三)恋爱困惑期

随着年龄的增长，大学生逐步渴望与异性深入交往，建立比较稳固的爱情，因此情感的发展往往是大学生关注的焦点，而在这之中他们的人格又会产生新的变化。

认为恋爱会让大学生的人格产生变化是因为它在很大程度上改变着大学生的思想、心理和行为，影响着大学生的人格发展。正如有的外国学者所指出的："对青年来说，恋爱更多的是一种涉及生活全貌和人格整体的事情。如果说一个人进入青年期以后，在人格、生活态度及人生观上发生了很大变化，那么导致这种变化的最大因素，莫过于恋爱。"恋爱对大学生人格发展的影响往往呈现出正反两方面的趋势，即健康、良好的恋爱有利于促进人格向成熟、健全的方向发展，消极、庸俗的恋爱往往使人格在不成熟的水平线上徘徊，甚至有可能使人变得堕落或病态。

对于刚刚脱离家庭生活和对父母依赖的大学生来说，恋爱可以说是他们所面临的第一件主要依靠自己的实力独立解决的人生大事，无论是否打算在大学期间选定自己的终身伴侣、真正进入爱情生活，他们都会花费一定的时间和精力来关心与思考这一问题，做出自己独特的安排和选择。这可以说是大学生从他律到自律的一次自觉的实践。对于那些想真正坠入爱河的大学生来说，则会面临更多、更复杂的实际问题。他们需要协调好与各方面的关系(包括与恋人的关系、与父母家庭的关系、与朋友同学的关系，以及爱情与学习的关系等)，解决恋爱中出现的种种矛盾，承担相应的责任与义务等，这对于成长中的大学生来说，是不小的负荷。所以说伴随着爱情的既有甜蜜也有苦涩，因此恋爱往往成了一个人感情是否真挚、品德是否高尚、意志是否坚强、头脑是否聪慧、心理是否健康，即人格是否健全、成熟的试金石。另外，成功地处理恋爱问题的过程，往往也是一次人格提升的过程，此期间进一步形成的诸如自信、乐观诚实、忠贞、认真负责、积极进取、宽容理解及较强的耐挫力等积极的人格品质，使人格更加健全，而且恋爱中每个矛盾的克服和解决，都意味着人格向成熟和完美迈进了一步。

当然一些不健康的恋爱也会对大学生的人格产生消极影响。一方面，从大学生的生理角度看，他们已进入性成熟阶段，内心产生了对异性的爱慕和渴求；但另一方面，他们的心理成熟程度又落后于生理成熟程度。这种身心发展的不平衡，使得他们一方面急于恋爱，另一方面又无法解决恋爱中的矛盾，无力承受恋爱失败的打击，因而常常是未尝到爱情的甜蜜，便很快陷入深深的迷茫中，整个人变得十分消极，这种恋爱常常会使人格的发展趋于停滞或倒退。还有些大学生把恋爱当作追求名利的阶梯，视财产、地位、出国机会等为择偶的重要砝码，而轻视思想、品行、个性、能力等因素，在恋爱中唯利是图、庸俗自私；有些大学生把恋爱视为寻求刺激、填补空虚的途径，从而追求低级趣味，不愿承担任何责任；有些大学生崇尚“爱情至上”的观点，把爱情看作人生的全部，他们将时间和精力都花在谈情说爱上，一旦恋爱失败，便痛不欲生，一蹶不振，甚至将青春和生命毁于一旦。诸如此类的情形，一方面使爱情基础建立在沙滩上，极易导致恋爱的失败；另一方面则使人格的发展变得扭曲、变形，形成虚伪自私、嫉妒贪婪、消极自卑、不负责任等不良人格特征。

(四)择业彷徨期

对于即将毕业的大学生而言，虽然学业、恋爱、个人发展等问题依然不同程度地存在着，但就业问题对其影响最大。面临择业求职的巨大压力，大学生人格在这一阶段又产生了新的特征。

日趋严峻的就业形势带给他们很大的心理焦虑。现如今高校不断扩招，大学生人数持续增加，导致每年的大学生毕业人数不断上升。研究表明，从 2001 年到 2020 年，我国大学生毕业人数从最开始的 114 万增长到 874 万，这么多的毕业生导致供大于求，直接影响大学生就业形势。此外，现在一些高校开设的专业与企业需求不合拍，一些高校教的专业技能没有跟上社会潮流，已经是落后的技术了，这也大大造成了大学生就业的困惑与压力。面对严峻的就业形势和沉重的就业压力，许多大学生往往感到十分焦急、忧虑、迷惑、烦躁，甚至变得无所适从。尤其是那些冷门专业或者学习成绩不佳又缺少社会实践活动经验的大学生，表现得更为突出。处于这种焦虑状态的大学毕业生往往心神不定、意志消沉，严重的甚至影响到正常的学习和生活。

就业期望值过高让他们心理失衡。现在大学生的择业求职期望值普遍较高，普遍认为自己寒窗苦读了十几年，不愿意去基层工作，不愿意跑到偏远欠发达地区工作，眼睛只盯着工资待遇高、经济发达的大中城市、国家机关、事业单位等的工作岗位等。

未来发展前景不明确让大学生变得十分彷徨。一份关于大学生未来发展方向的问卷调查显示，有 68.09％的大学生对毕业后就业方向感到迷茫，8.51％的大学生从没对其未来的职业方向做过规划，只有 4.26％的大学生对他们的发展方向十分明确并有详尽的规划。从这可以看出，很多大学生没有明确自身的职业定位。对于大多数大学生来说，他们对职业生涯规划的概念并不清楚，甚至对于自己专业与将来职业发展的有关知识知之甚少，再加上很少到相关行业进行实习，从而导致其职业定位不明确。另外，即便他们确定了就业去向，许多大学生又常常会被下列问题困扰：自我设计的人生蓝图能否实现，自己能否受到用人单位的青睐，工作环境是否优越，工作单位是否适合自己发展，如果用人单位不满意怎么办，所选择的单位是否是最理想的去处，等等。因此，不少大学生在择业过程中常常会变得烦躁不安、瞻前顾后、心神不定、忧心忡忡。

总体来说，大学生的人格发展可以围绕生活、学习、情感、就业这四大方面分成生活适应期、学习焦虑期、恋爱困惑期、择业彷徨期这四个阶段，每个阶段的人格各有特点，如果能处理好这四个阶段的相关事宜，那么将非常有利于对大学生人格的塑造。

第二课 健全人格与人格障碍

具有健全的人格，不仅是当代大学生应该追求的价值目标，也是经过努力所能达到的一种境界。凡有理想、有志向的大学生，都希望自己的人生辉煌卓越，但辉煌的人生首先要具备健全的人格。

一、健全人格的概念

健全人格包括以下四个方面的内容。

(1)自我悦纳，接纳他人。人格健全的大学生能够积极地开放自我，正确地认识自己，坦率地接受自己的阈限并对生活持乐观向上的态度。

(2)人际关系和谐。人格健全者心胸开阔，善解人意，宽容他人，尊重自己也尊重他人，对不同的人际交往对象表现出合适的态度，既不狂妄自大又不妄自菲薄，在人际关系中具有吸引力，深受大家的喜欢。

(3)独立自主。人格健全者人生态度乐观向上，生活态度积极热情，有正确的人生观与价值观，能够理性分析生活事件，头脑中非理性观念较少。人格独立，自信自重。

(4)能够发挥自己的潜能。人格健全的大学生具有自我发展、自我塑造与自我完善的能力，能够充分开发自身的创造力，创造性地生活，发现生命的意义并选择有意义的生活。

二、大学生健全人格的构成

大学生健全的人格包括以下几方面的内容。

(一)具有积极的自我意识

自我意识是个体对自己和自己与他人、与周围世界关系的认识。具有健全人格的大学生对自己有恰如其分的、全面客观的评价，充满自信，扬长避短，能够愉悦地接纳自己，并在日常生活中能有效地调节自己的行为，使其与环境保持平衡。缺乏正确自我意识的人常常表现出自我冲突、自我矛盾，或者自视清高、盲目自信，做力所不能及的事情，或者自我否定、妄自菲薄，轻易放弃一切可能的机遇。

(二)具有良好的情绪调控能力

情绪标志着人格的成熟程度。人格健康的大学生，情绪反应适度，具有调节和控制情绪的能力；可以经常保持愉快、满意、开朗的心境，对生活充满热情，善于自得其乐，并富有幽默感；当消极情绪出现时能合理地宣泄、排解、转移和升华。

(三)具有和谐的人际关系

人际关系最能体现一个人人格健全的程度。人格健全的大学生乐于与他人交往，并能够与他人建立良好的关系；与人相处时，尊重、信任、接纳等积极态度多于嫉妒、怀疑、冷漠等消极态度。人格健全的大学生常常以真诚、平等、谦虚、理解、宽容的态度对待他人，同时也受到他人的重视与接纳。

(四)具有良好的社会适应能力

社会适应能力反映了人与社会的协调程度。人格健全的大学生能够和社会保持良好密切的接触，以一种开放的态度，主动关心社会、了解社会；在认识社会的同时，使自己的思想和行为跟上时代发展的步伐，与社会的要求相符合，能很快适应新的环境，包括学习环境、生活环境和人际环境，等等。

(五)乐观的生活态度

积极乐观的人生态度是人类在社会实践中获得的本质力量的表现。乐观的大学生常常能看到生活中的阳光，对前途充满信心和希望，对自己所做的事情抱有浓厚的兴趣，并在其中努力发挥自身的智慧和能力。即使在遇到困难和挫折时，也不畏艰险，勇于拼搏。在学习上，人格健全的大学生对学习怀有浓厚的兴趣，表现出观察敏锐、注意力集中、想象力丰富、充满信心、勇于克服困难，通过刻苦、严谨的学习，获得学习的满足感和成就感。

三、常见的人格障碍

人格障碍是指人格发展的内在不协调，指在没有认知障碍或智力障碍的情况下，个体出现的情绪反应、动机和行为活动的异常。人格障碍的类型有很多，目前尚无统一公认的分类。参照美国《精神障碍诊断与统计手册》(DSM-Ⅲ)中的分类，人格障碍分为三大类：第一类以行为怪僻、奇异为特点，包括偏执型、分裂型人格障碍；第二类以情感强烈、不稳定为特点，包括癔症型、自恋型、反社会型、攻击型人格障碍；第三类以紧张、退缩为特点，包括回避型和依赖型人格特征。

由于人格障碍在大学生中属于少数，因而常常不能引起高度重视，但人格障碍的学生一旦滋事，绝非小事。

(一)偏执型人格障碍

偏执型人格障碍又称妄想型人格障碍，是一种以猜疑和偏执为主要特征的人格障碍。偏执型人格障碍表现为过分敏感、固执、多疑、警觉性强、嫉妒心强、认知能力不强、不信任人、自我评价过高、主观性强等。

(二)分裂型人格障碍

分裂型人格障碍是以社会隔绝和情感疏远为特征的一类人格障碍。其表现为退缩、孤僻、胆怯、情绪冷淡，不能表达对他人的温暖、体贴与愤怒，对赞扬或批评无动于衷；对现实的认识能力并没有丧失，但常做白日梦，沉迷于幻想之中，缺乏进取心，尤其回避竞争；外貌和行为奇特；人际关系以明显缺陷、情感冷淡为主要特点，对喜事缺乏愉快感，对人冷淡，对生活缺乏热情和兴趣，孤独怪僻，缺少知音，我行我素，很少与人来往，因此也较少与人发生冲突。

(三)自恋型人格障碍

自恋型人格障碍表现为过分地自我关心、以自我为中心和自夸自尊。自恋型人格障碍的人表现为常幻想自己了不起、有才学、有美貌；喜欢指使他人，要他人为自己服务；期待他人的欣赏，总希望有人特别对待自己，认为自己应享有他人没有的特权，不能接受他人的建议和批评；以极端的眼光看待他人，不是极度赞扬，就是一无是处；很难理解他人的苦处和难处，缺乏同情心。

(四)攻击型人格障碍

攻击型人格障碍是以行为和情绪具有明显冲动性为主要特征的人格障碍。其表现为情绪急躁易怒，常带有攻击、鲁莽和盲动性，行动反复无常，容易产生不良行为和犯罪倾向。

(五)癔症型人格障碍

癔症型人格障碍又称表演型人格障碍、歇斯底里型人格障碍，女性较多见，是以人格不成熟和情绪不稳定为特征的一类人格障碍。这类人常以自我表演、过分的做作和夸张的行为引人注意；言语、举止和行为可能类似儿童，情绪不成熟；热情，却不能持久；无法专注在某一件事上，注意力易转移；极端情绪化，情感变化多端，易激动，可以为小事痛哭失声，转瞬间又高高兴兴；对人情感肤浅，与人交往很友善、表面熟络，却难以建立真诚而深刻的友谊，难以与周围人保持长久的社会联系。

(六)反社会型人格障碍

反社会型人格障碍是以经常发生不符合社会规范行为为特征的一类人格障碍，是至今为止研究最多的一类。其表现为智力不存在问题，无明显的精神疾患，焦虑情绪不强，行为具有冲动性和攻击性，缺乏同情心，无责任感，无羞愧感，病态地以自我为中心，等等。

(七)回避型人格障碍

回避型人格障碍又称为焦虑型人格障碍，是指以行为退缩、心理自卑，面对挑战多采取回避或无能力应付为特征的一类人格障碍。其表现为易受伤害、缺少知心朋友、不涉他人事务、行为退缩、自卑、敏感羞涩、惧怕困难等。

(八)依赖型人格障碍

依赖型人格障碍是以无主见、无独立性、缺乏判断力，总是依靠他人为自己做出决策或指出方向，有无助感、被遗弃感，以过度容忍、害怕孤独、难以接受分离、易受伤害等为特征的一类人格障碍。

四、大学生常见的人格问题

人格是人的心理面貌的集中反映，随着社会的发展，人类健康而幸福的生活越来越多地取决于人类自身的人格健康状况，而且人格的健康发展也是促进社会健康发展的一种力量。

人格问题是介于健康人格和病态人格(人格障碍)之间的一种人格状态，表现为人格发展的不良倾向。大学生中常见的人格问题主要有以下10种。

(一)自卑

自卑心理来源于心理上的一种消极暗示，是人的自怨自艾、悲观失望的情感体验。遇到不如意的事便垂头丧气、怨天尤人，或自认为无能为力并甘愿失败，对前途失去信心，心灰意冷等都是自卑的表现。引起自卑既有人生态度、意志品质方面的原因，也有认知错误、人格不成熟方面的原因。

克服自卑应该培养多方面的兴趣与爱好，多参加集体活动，多加强体育锻炼，多看幽默剧、相声等给人带来笑声的节目，培养乐观的性格。

案例放映厅

男生小王来自偏远山区，经过努力学习，终于考入某名牌大学。进入大学，他突然产生强烈的自卑感。他不太会使用计算机，不懂足球和网络游戏，英语发音不纯正。更让他伤心的是，第一学年他放弃了很多其他的活动，非常认真地学习，可是仍然成绩平平，连奖学金也没拿到……

(二)猜疑

猜疑主要表现在人际交往时过度地神经过敏，遇事太敏感，疑神疑鬼。有些大学生在人际交往中往往具有双重性，一方面渴望得到他人的理解和信任，另一方面又经常不理解、不信任他人。疑心重的人对他人的一言一行、一举一动都十分敏感，认为有其特定含义，总以为他人在评论自己，说自己坏话，于是整天闷闷不乐。猜疑心理实际上是一种对他人不放心、不信任的戒备情感体验，这种心理往往把自己带入如履薄冰的境地，容易造成人际中的对立、误解情绪。

当出现猜疑心理时，可以尝试运用以下的方法加以调整。

(1)当产生猜疑时先不要外露，可留心观察所疑的人和事，若猜疑被证实，不会因此感到震惊；当猜疑不成立时应打消疑虑，也不会因此伤害他人。

(2)加强沟通。猜疑常常是由于误会或他人搬弄是非引起的，因此遇到这种情况时应主动地和被猜疑者沟通交流，这样有助于消除误会，改善、增进彼此的信任感。

(3)抛弃成见和克服自我暗示，学会全面、发展地看问题，改变封闭的思维方式。

(4)“心底无私天地宽”，无私无畏，坦坦荡荡做人，和同学朋友坦诚相处，不必过分在意他人如何看自己，相信“日久见人心”。

总之，要想克服猜疑的心理，自己要做到“身正不怕影子斜”，宽大为怀；充分驾驭好“语言”这个工具，在出现了误会或彼此不信任、猜疑时，通过沟通思想、说明情况，达到彼此谅解的目的。

(三)羞怯

羞怯在大学生中并不少见，如不敢在公众场合发表意见、害怕与陌生人打交道、路上见到异性同学会手足无措、见到老师便难为情、说话总是感到紧张等。羞怯是自我防御心理过强的结果，会阻碍人际交往，影响个才能人正常发挥，还会导致压抑、孤独、焦虑等不良心态。

虽然羞怯的人格特征与神经类型有一定的关系，但更多的还是后天因素所致的。因此，通过有意识的调节是可以改变的。

(1)要对自己做一个具体分析，找到自己的长处和不足，发扬长处可增强信心并补偿不足，特别是要多看到自己的长处以增强信心。

(2)放下思想包袱。事实上每个人都有害羞心理，只是有些人善于调节、注意锻炼而已。“金无足赤，人无完人”，一个人说错话、办错事没什么可怕，也不必难为情，错了改正就是了。

(3)不要太在意他人的议论，所谓“众口铄金”，总把他人说的话放在心上便寸步难行，什么也不敢做、不敢说了。无论你做得多好，也不可能人人称赞。

(4)有意识地锻炼自己。胆量和能力都是锻炼的结果，要敢于说第一句话，敢于迈第一步。一旦这样做了，就会发现自己不仅有能力把事情干好，而且有潜力把事情干得更好。

(四)急躁

急躁是常见的不良的人格品质，表现为遇到不称心的事情马上就激动不安；做事缺乏充分准备，没准备好就盲目行动，急于达到目的；缺乏耐心、细心、恒心。性情急躁之人说话办事快，竞争意识强，容易冲动，情绪常常处于紧张状态。日常生活中有急躁人格品质的人为数不少，常常什么都想学，而且想短时间内学会，担心比他人落后，急于求成，但常常达不到期望的目标，从而泄气、发怒，既影响自己的健康和工作学习效率，又妨碍人际关系。

克服急躁的人格缺陷，必须做到以下四点。

(1)思先于行。加强自我修养，自觉地养成冷静沉着的习惯。在学习、生活中，对非原则性问题，尽量避免与人发生矛盾以致激化，把精力用到积极思考之中。

(2)改变行为。行事细心认真，吃饭时间不得少于20分钟，细嚼慢咽；说话控制语速，想好了再说，不随意打断他人谈话；看书要一字一句细读，边读边想；走路骑车有意不超过他人；学习生活中改掉冲锋陷阵式的习惯，不着急，有条不紊地进行。

(3)控制发怒。性格急躁的人容易发怒，应把制怒格言“能忍则自安”“退一步则海阔天空”铭记在心，时时提醒自己遇事冷静。

(4)采用松弛疗法，坚持静养训练。在学习之余，可常听轻松、优雅、恬静的音乐，赏花悦心，书画静神，打太极拳，闭目养神，使肌肉、神经都处于完全放松状态。

(五)偏执

偏执是人们常常说的“小心眼”，主要表现为心胸狭窄、耿耿于怀、挑剔、嫉妒。偏执是一种有百害而无一利的人格特征。偏执不是与生俱来的，而是后天习得的。因此，克服偏执人格首先要学会宽容，能够容人容事，正确看待生活中出现的矛盾冲突，对事不对人；还要开阔心胸，拓宽视野。人一旦心胸狭窄，就容易进入管状思维，只见树木，不见森林。

(六)退缩

退缩是指在困难面前表现出怯懦与畏难的心理恐惧，选择逃避与后退。退缩的主要表现是在困难面前缺乏勇气和信心、不表明自己的态度、不敢承担责任、不敢冒险、不敢与不良行为做斗争、回避困难、逃避责任等，这样的人常常抱怨自身的不幸，却宁愿忍受痛苦而不主动追求。克服退缩的办法是鼓励自己积极应对生活中的挫折，发现自己的优点，变被动为主动。克服退缩需要勇气与毅力。

(七)懒散

懒散是指一种慵懒、闲散、拖拉、松垮的生存状态。其主要表现在活力不足，什么也不想做，没有计划，随波逐流；无法将精力集中在学业上，无法从事自己喜欢的事，百无聊赖，心情不爽，情绪不佳，犹豫不决，顾此失彼。在大学生活中，常常是踏着铃声进教室；常为自己的懒散寻求合适的解释；做事一误再误，无休止地拖下去；虽下决心改正，但不能自拔，不接受教训，对任何事没有信心，没有欲望。克服懒散的办法是从小事做起，自我监控，学习运筹和管理时间。有一个比喻十分恰当：你是容量极大的水库，里面蓄积了从未使用过却随时随地可以供你使用的天赋与才干之水，但如果拖拉和胆怯使你永远无法打开那智慧的闸门，那水库也就如同空的一样。

(八)虚荣

虚荣是指过分看重荣誉、他人的赞美，自以为是。虚荣心往往与自尊心、自卑感紧紧相连。没有自尊心，就没有虚荣心，也就没有自卑感。虚荣心是自尊心与自卑感的混合产物。虚荣心强的人一般性格内向，情感脆弱，自尊敏感；虽然有些自卑，但是担心他人伤害自己的尊严，过分介意他人的评论与批评；与人交往时防御性强，喜欢抬高自己的形象，往往捍卫的是虚假的、脆弱的自我。

虚荣心是人类一种较为普遍的心理状态。虚荣心是一种扭曲的自尊心，是自尊心的过分表现，是一种追求虚表的性格缺陷，是人们为了取得荣誉和引起普遍注意而表现出来的一种不正常的社会情感。虚荣心在行为上主要表现为盲目攀比、好大喜功、过分看重他人的评价、自我表现欲太强、有强烈的嫉妒心等。

克服过强的虚荣心，首先要对虚荣心的危害性有明确的认识；其次要正确看待名利，正视自己的优势与不足，扬长避短；最后是树立健康与积极的荣誉心，正确表现自己，不卑不亢，正确对待个人得失与他人评价。

(九)抑郁

抑郁是一种常见的情绪困扰，是一种感到无力应付外界压力而产生的消极情绪，常伴有厌恶、痛苦、羞愧、自卑等情绪体验。抑郁情绪人皆有之，对于大多数大学生来说，抑郁只是偶尔出现，很快就消失；但那些性格内向、多疑多虑、不爱交际、生活中遭遇意外挫折的人更容易长期处于抑郁状态，甚至导致抑郁症。

要避免抑郁或从抑郁中解脱出来，就需要正确地评价自己，看清自己的长处，建立自尊，增强自信；调整认知方式，建立理性认知，不把事物看成非黑即白；扩大人际交往，多与人沟通，多交朋友。如果抑郁情绪较严重，应寻求心理咨询的帮助。

（十）以自我为中心

以自我为中心是指考虑问题、处理事情都以自我为中心，将自我作为思考问题的出发点与归宿。其表现为一切以自己为出发点，目中无人，甚至自私自利，遇到冲突时认为对的是自己而错的是他人。特别是那些自尊心强、优越感强、自信心高、独立性强的大学生，比较容易陷入以自我为中心的境地，当这种倾向与一些不健康的思想意识（个人主义、自私自利等）和心理特征（过强的自尊心、唯我独尊等）相结合时，以自我为中心与自我膨胀便呈现出来。

改变以自我为中心的途径主要有：一是正确认识自己，认识到自己的社会责任，既不妄自菲薄也不夜郎自大，既不自我贬损又不自恋；二是树立正确的人生观与价值观，将自己与他人、自我与社会、个人利益与集体利益统筹考虑，从狭隘的小天地走出来；三是学会尊重自己与尊重他人，懂得设身处地、换位思考、真诚待人。

案例放映厅

某女生小张，在家是独生女，漂亮聪明，学习优秀，堂兄弟姐妹、表兄弟姐妹中她最出色，集父母、爷爷奶奶、姥姥姥爷万千宠爱于一身，家庭经济条件好，很早就有自己独立的卧室。到学校后，面对四人一间的宿舍，她感到委屈和不适应，经常抱怨寝室同学，还要大小姐脾气，支使他人干活好像是理所当然的。因此，其他三名同学开始逐渐疏远她，她感到十分孤单，却又不知道他人为什么远离她。

第三课 健全人格的塑造

一、影响大学生人格发展的因素

塑造和培养良好的人格是个体成长与发展的关键。在一个人的人生发展历程中有许多因素会影响人格的发展，人格的塑造是先天因素、后天因素共同作用的结果。研究表明，人格是环境与遗传交互作用的产物。

（一）生物遗传因素

心理学家对“生物遗传因素对人格具有何种影响”的研究已经持续很久了。由于人格具有较强的稳定性特征，因此人格研究者也会注重遗传因素对人格的影响。

生物遗传因素是人格形成和发展的必要条件。人的大脑是人格成长过程中主要的物质基础。心理学家巴甫洛夫通过实验揭示了大脑神经系统的类型，并且认为大脑是个体人格的生物学基础，影响一个人气质、性格和能力的形成。有研究表明，如果一个人的大脑受伤，可能会导致其人格和行为发生改变。

案例放映厅

1848 年 9 月 1 日，工人盖奇在美国一个小镇附近修筑路基时，一根铁钉突然飞起穿入他的左眼，从他的额顶穿出，盖奇被立即送往医院救治。据为盖奇治疗的医生说，虽然盖奇保住了性命，但在受伤之后他的人格发生了巨大的变化。在受伤之前，盖奇在工作上表现得非常出色、能干，在生活中十分可爱、和善；而在受伤之后，盖奇时而躁动时而安静。相比以前，受伤后的他特别爱说粗俗的下流话，还不尊重伙伴，如果别人不合他意，他就不能容忍。他时而极端顽固，时而犹豫不决，他为将来设计了许多方案，但因为不切合实际又都很快放弃……他完全变了，他的朋友和熟人说他不再是盖奇了。

行为遗传学中的双生子被许多心理学家认为是研究人格遗传因素最好的项目，并提出了双生子的研究原则：同卵双生子既然具有相同的基因形态，那么他们之间的任何差异都可以归于环境因素。而异卵双生子的基因虽然不同，但在环境上有许多相似性，如出生顺序、母亲年龄等，因此也提供了环境控制的可能性。系统研究这两种双生子，就可以看出不同环境对相同基因的影响，或者是相同环境下不同基因的表现。研究结果表明：同卵双生子的外向性和神经质等人格特征的相似性明显高于异卵双生子，在一些与社会因素密切相关的人格成分如支配性、社交性、责任心上也是如此。此外，将分开抚养和未分开抚养的双生子进行对比研究发现，双生子的人格特征具有很高的相关性。

(二)社会文化因素

社会文化对人格的影响力一直被人们所认可，它对人格的形成与发育具有重要的作用，特别是后天形成的一些人格特征，如性格、价值观等。社会文化因素决定了人格的共同性特征，它使同一社会的人在人格上具有一定程度的相似性。人一出生便置身于社会文化之中并受社会文化的熏陶与影响，文化对人格的影响伴随着人的终生。社会文化塑造了社会成员的人格特征，使其成员的人格结构朝着相似性的方向发展，而这种相似性又具有维系一个社会稳定的功能。这种共同的人格特征又使得个人正好稳稳地“嵌入”整个文化形态里。社会文化对人格的影响力因文化而异，这要看社会对顺应的要求是否严格。要求越严格，其影响力就越大。影响力的强弱也视其行为的社会意义的大小，对于不太具有社会意义的行为，社会允许其有较大的变异；但对在社会功能上十分重要的行为，就不太允许其有太大的变异，社会文化的制约作用也越大。但是，若个人极端偏离其社会文化所要求的人格基本特征，不能融入社会文化环境之中，可能就会被视为行为偏差或心理疾病。

(三)家庭环境因素

在个体发展的早期阶段，家庭环境对人格的形成起着主导作用。家庭常被视为人类性格的加工厂，它塑造了人们不同的人格特征。家庭是社会的细胞，不仅具有其自然的遗传因素，还有着社会的“遗传”因素。这种社会遗传因素主要表现为家庭对子女的教育作用，俗话说“有其父必有其子”，其不无一定的道理。父母按照自己的意愿和方式教育孩子，使他们逐渐形成了某些人格特征。强调人格的家庭成因，重点在于探讨家庭间的差异对人格发展的影响，探讨不同的教养方式对人格差异所构成的影响。

(四)儿童早期经验

“早期的亲子关系定出了行为模式，塑成一切日后的行为。”这是有关早期童年经验对人格影响力的一个总结。中国也有句俗语，“三岁看大，七岁看老”。人生早期所发生的事情对人格的影响历来被人格心理学家所重视。精神分析学家斯皮茨(Spitz)在对孤儿院里的儿童进行研究发现，这些早期被剥夺母亲照顾的孩子，长大以后在各方面的发展均受到影响。许多孩子看起来非常忧郁，其症状表现为哭泣、僵直、退缩、表情木然，从小丧失母爱或受到父母虐待的儿童会表现出胆小、迟钝、回避、攻击和破坏的人格特点，在成长过程中形成人格障碍。

(五)学校教育因素

学校是一种有目的、有计划地向学生施加影响的教育场所。教师、班集体、同学与同伴等都是学校教育的元素。

教师对学生人格的发展具有指导定向作用。教师的人格特征、行为模式与思维方式对学生产生巨大影响。每个教师都有自己独特的风格，这种风格为学生设定了一个“气氛区”，在教师的不同气氛区中，学生表现出不同的行为。裴斯泰洛齐(Pestalozzi)在一项教育研究中发现：在性情冷酷、刻板、专横的教师所管辖的班集体中，学生的欺骗行为较多；在友好、民主的教师所带的班级中，学生的欺骗行为较少。心理学家勒温(Lewin)等人也研究了具有不同管教风格的教师对学生人格的影响作用。他们发现在专制型、放任型和民主型的管理风格下，学生表现出不同的人格特点。

(六)自然物理因素

生态环境、气候条件、空间拥挤程度等这些自然物理因素都会影响人格。一个著名的跨文化心理学研究实例是关于阿拉斯加州的因纽特人和非洲的特姆尼人的比较研究。这个研究说明了生态环境对人格的影响作用。

因纽特人以渔猎为生，夏天在船上打猎，冬天在冰上打猎，主食肉，不吃蔬菜，这个民族以家庭为单元，男女平等，社会结构比较松散，除了家庭约束外，很少有持久、集中的政治与宗教权威。在这种生存环境下，父母对孩子的教养原则是能够适应成人的独立生存能力。男孩由父亲在外面教打猎，女孩由母亲在家里教家务。儿女教育比较宽松、自由，不受打骂，鼓励孩子自立，使孩子逐渐形成坚定、独立、冒险的人格特征。而非洲的某些民族生活在杂草灌木丛生地带，以农业为主，种田为生。他们居住环境固定，形成300～500人的村落。他们的社会结构紧固，有比较分化的社会阶层，建立了比较完整的部落规则。在哺乳期时，父母对孩子很疼爱，断奶后就严格管教，使孩子形成了依赖、服从、保守的人格特点。由此可见，不同的生存环境影响了人格的形成。

（七）自我调控因素

上述各因素体现的是人格培养的外因，而外因是通过内因起作用的。人格的自我调控系统就是人格发展的内部因素。人格的自我调控系统是以自我意识为核心的。自我意识是人对自身及对自己同客观世界的关系的意识，具有自我认知、自我体验和自我控制三个子系统。自我调控系统的主要作用是对人格的各个成分进行调控，保证人格的完整、统一、和谐。它属于人格中的内控系统或自控系统。

自我意识是通过自我认知、自我体验和自我控制三个方面来对个体进行调控的，使个体心理的各个方面和谐统一，人格得到完善。

综上所述，在人格的培育过程中，各种因素对人格的形成与发展起到了不同的作用。遗传决定了人格发展的可能性，环境决定了人格发展的现实性。

微课
大学生如何塑造健全的人格

二、塑造健全人格的具体方法

（一）进行客观的自我认知，优化人格

不能正确认识自我往往是形成人格障碍的重要原因之一。要保持人格健康不仅要了解自己的优点、兴趣、性格，更要了解自己的不足和缺陷，并且正视它们。只有充分了解自己，坦然接受自我，既不高估自我，也不自欺欺人，这样才会心安理得，减少心理冲突，保持健康的人格。

要健全人格，就需要确保自我认识现实而客观。要做到这一点，首先要能全面、丰富地认识自我；其次要能做到现实地评价自己的长处和短处；再次要能明确意识到自己在做什么及感觉如何；最后不管认识到自己有何优点或缺点，都要接纳自己，对自己的缺点予以正视和接受，并努力发展自己的潜能。

（二）进行有效学习，提升成就感

学习科学文化知识、增长智慧的过程也是优化人格的过程。然而，大学生人格发展中遇到的问题往往源于他们在学业上没有成就感。因此，提升学业成就感是优化人格的一个途径。

现实生活中，很多人的人格缺陷源于知识贫乏。无知容易使人粗鲁、自卑，而知识丰富则容易使人自信、坚强、理智、热情、谦恭等。可见知识的积累与人格的完善是同步的。

（三）合理规划时间，养成良好的行为习惯

（1）从小事做起。“千里之行，始于足下”，人格优化要从身边的小事做起。一个人的一言一行往往是其人格的外化；反过来，一个人的日常言行积淀成为习惯就是人格。

（2）制订合理的计划并坚持实施，磨炼自己的意志，为良好的人格发展构建深厚的基础。许多人所具有的坚韧、正直、开朗、热情等优良的人格其实就是长期锻炼的结果，是一点一滴形成的。培养健康人格是一项系统的自我改造、自我实现的工程，从我做起、从小事做起是每个大学生努力的起点。

(四)建立良好的人际关系,融入社会环境

人格是在行为中表现出来的,健全的人格也只有在与人交往的过程中才能体现出来。塑造健全人格必须发展良好的人际关系:尊重社会习俗,关心他人的需要,真诚地赞美,多与他人沟通,保持自尊和独立,等等。

集体是人格塑造的土壤,也是人格表现的舞台。人格发展、塑造的过程是个体实现社会化的过程,是个体与他人、集体、社会相互作用的过程。在集体中,个人通过与他人交流可以看到他人的长处、自己的不足,从他人那里获得理解、肯定的欢悦,及时调整人格发展的方向。在与人交往时,其积极的正面态度应多于消极的负面态度。

(五)坚持体育锻炼,培养健康的体质

人格发展的过程是体质、心理因素与智力因素协同作用、相互促进的过程,健康的体质是人格健全发展的物质基础。一个体弱多病的人是难以发展健全人格的,拖拉、急躁、怯懦等人格发展缺陷与不坚持体育锻炼明显相关。

(六)学会自控,防止过犹不及

人格发展和表现的“度”是十分重要的,在人格塑造过程中应把握辩证法,掌握好度,否则就会过犹不及,适得其反。人格“度”的把握还表现在不同的人格特质要协调发展,做到刚柔相济。

要因人因时因地表现人格特征。凡事过犹不及,缺点往往是优点的不适当延伸,良好的个性若走向极端就会变成人格缺陷。例如,谨慎和认真本属于良好的性格特征,但超过了一定的度就会走向反面,表现为死板、固执、拘泥、钻牛角尖、苛求完美,把很多无所谓的事情化作自己的心理负担,严重者会导致心理疾病。

自我控制是人主动地去改变自己的心理品质、特征及行为的心理过程,是大学生健全自我意识、完善自我的重要途径。

人格一旦形成,想改变是比较困难的,但这并不是说人格形成后就无法改变了,只要有信心、有恒心,再加上方法得当,人格是可以调整的。“播种行为,收获习惯;播种习惯,收获性格;播种性格,收获命运”,它告诉大学生人格是可以播种的,也就是说人格是可以塑造的。

人人都向往、追求健康的人格。但不同的人由于客观条件、具体环境不同,个性层次也不同。良好人格的培养塑造是大学生成长与发展的要求,只要坚持不懈地努力,就可以使人格更加健康、完善。

课后实训

设计自己的人生

1. 实训目的

本实训的目的是通过分析每个学生的人格结构,帮助他们初步了解自己的人格特点,塑造积极和健全的人格,使他们懂得如何创造幸福的人生。

2. 实训内容

(1)讨论某些人虽然在物质上很满足,但在精神上却十分空虚的现象。

(2)观看人格教育影片《美丽人生》。内容简介:圭多和儿子因犹太血统被强行送往集中营。圭多不愿让儿子幼小的心灵蒙上阴影,在惨无人道的集中营里,他以游戏的方式让儿子的童心没有受到任何伤害,而自己却惨死在纳粹的枪口下。

(3)每个人设计塑造自己的方案,讨论"我想成为一个什么样的人"。

第五讲

荡起学海双桨

案例导入

“特困生”的苦恼

大学生小丁，从小学到中学，一直成绩优异。上大学后，忽然感到心中茫然，学习没有动力，渐渐失去了学习的兴趣，学习上得过且过，生活上马马虎虎。于是小丁开始熬夜上网追剧、打游戏，白天特别困，只要一到教室，就会趴在课桌上呼呼大睡，被同学们戏称为“特困生”。时间一长，他一看到书本就烦，一听到老师讲课就头晕，对学习“完全没有感觉”。在临近考试的时候，也才心急火燎地拿起书本，为了“六十分万岁”的“宏伟”目标，开始熬更守夜地学习。最终的考试结果可想而知，一个学期有两门课程不合格。小丁自述：“我不是因为喜欢上网而荒废了学业，而是因为对学习实在提不起兴趣才去追剧、玩游戏的。”

小丁应该怎么办？如何才能摆脱这种状态？

第一课 学习的相关概念

一般认为，学习的概念有广义与狭义之分。广义的学习指人和动物通过活动与练习而获得行为经验的过程；狭义的学习指人获得经验的过程。

一、学习的重要性

（一）学习是个体生存的必要手段

学习是人维持自身的生存与发展、保持自身与环境平衡的必要条件，也是个体适应环境的手段。

人的生活方式极为复杂，除了本能行为外，还需要掌握丰富的社会生活经验。人类的绝大部分行为都是通过后天学习获得的，因此学习在个体成长与发展中的作用很大。人在生命发展历程中，不仅要学习如何躲避危险和获取安全，而且要学习如何适应社会环境和与他人交往。在人类的发展历史中，人们通过学习战胜毒蛇猛兽，维护自身的安全；通过学习对付可怕的瘟疫，保持身体的健康；通过学习充实自己，使生活更加丰富多彩。如果单就人和动物在幼年时期的生存能力而言，人远远不及狮子、老虎等自然界的动物，但人正是因为有复杂的学习能力，才成为地球的统治者。1972 年，联合国教科文组织国际教育发展委员会发表了著名的研究报告——《学会生存》，它把学习同生存直接联系在一起，这足可见学习对于人类生存的重要性。

（二）学习可以促进人的成熟

随着年龄的增长，人的生理和心理会逐渐成熟，但人的成熟不能完全脱离环境，尤其是脱离学习的重要影响。许多研究发现，动物生存环境的丰富程度影响着其大脑的重量、结构和化学成分，复杂的生存环境可以促进动物感官的发育和成熟，继而影响其智力的发展。

心理学家克雷奇（D. Krech）将幼鼠分成三组，给予第一组以丰富的刺激，给予第二组的刺激较少，而将第三组与外界环境完全隔离。80 天之后，他对三组幼鼠的大脑进行解剖分析，发现三组幼鼠大脑皮层的重量出现了明显差异：第一组最重，第二组居中，第三组最轻。而且，三组幼鼠在大脑神经传递物质的含量上也有显著差异：第一组最多，第二组次之，第三组最少。

瑞士儿童心理学家皮亚杰（Piaget）认为，学习对儿童的发展和成熟具有促进作用，因此必须通过技能练习来促进儿童智力的成熟。他说："随着儿童年龄的增长，自然及社会环境影响的重要性将随之增加。"美国心理学家怀特（Burton L. White）对婴儿的眼、手协调动作进行研究，发现学习和训练对婴儿的发展与成熟具有促进作用。经过训练的婴儿，在出生四个月后便能伸手抓住面前的物体，眼、手协调能力比一般儿童提前了 1 个月。有研究表明，在 4～5 岁之前，营养不足、学习和训练不当都会给儿童大脑的发展带来不利的影响。

以上这些研究和事实说明，在后天社会环境中的学习和训练，对人的大脑结构及智力发展具有重要的影响。因此，在儿童成长和发展的过程中，教育者不能被动地等待他们成熟，应该以儿童心理发展与成熟的客观规律为依据，选择恰当的学习内容、教育和训练方法，促进他们心理的发展与成熟。

（三）学习可以提高人的素质

学习可以提高人的文化修养。人类在社会历史发展过程中创造了大量的文化，如文学、艺术、教育、科学等，这些人类社会的文明成果需要后人通过学习来获得。

学习也可以优化人的心理素质。一个人应该具备良好的心理素质，如健全的人格、优雅的气质、敬业的态度、诚实的性格、坚忍的意志等，这些心理素质可以通过学习与训练来培养。正如英国作家萨克雷（Thackeray）所说："读书能够开导灵魂，提高和强化人格，激发人们的美好志向；读书也能够增长才智，陶冶心灵。"

(四)学习是人类历史发展和文明延续的纽带

美国著名民族学家、原始社会史学家摩尔根(Lewis Henry Morgan)认为,人类社会的历史可以概括为蒙昧、野蛮和文明三个时代。在蒙昧时代,人类世代生活在热带或亚热带森林中,以野生果实、植物根茎为食,还有许多人栖居在树上。随着气候的改变,人类移居到地面,学会食用鱼类、钻木取火、磨制石器、使用弓箭等生存的本领,并世代相传。到了野蛮时代,人类学会了制陶术、动物的驯养繁殖和植物的种植技术,后来又学会了铁矿石冶炼技术,创造了文字,从而使人类历史过渡到文明时代。人类文明的延续,是人们通过不断学习前人由劳动获得的生存发展经验,并不断积累、不断总结、不断提高,形成更多的知识和经验后再传给后人的过程。这样的代代相传,便形成了一部人类文明传承发展的历史。

在近代人类文明的发展中,学习显得更加重要。在18世纪爆发的技术革命中,人们通过学习物理学、机械学等知识,最终发明了蒸汽机,从而使以蒸汽机为动力的轮船、火车等新式机器大量涌现。19世纪的技术革命以电力为标志,人们通过学习发现了电磁感应定律,建立了电磁理论,发明了发电机、高压输电技术等,从而促使人类社会进入电力时代。20世纪以来,以电子计算机、原子能、空间技术为标志的新技术革命的出现,更加证明了学习在人类文明与进步中的重要作用。

信息时代,只有具备了比别人学得更多、更快、更好的能力,才能保持不变的竞争优势。研究资料显示,在知识更迭日益加快的今天,大学生走出校园后如果不及时补充新知识,其所学的专业知识将在一段时间后老化。

知识折旧定律表明:如果一年不学习,你所拥有的知识就会折旧80%。其实,就一个人一生所学的知识来说,在校求学阶段所获得的知识充其量不过是他一生所需的10%,而另外90%以上的知识都必须在以后的学习中获取。

19世纪初,人类的知识还以每50年翻一番的速度增长。到了20世纪初,这一速度变成每10年翻一番。到了20世纪80年代,人类的知识每3年翻一番。进入21世纪,知识老化速度不断加快。人类文明发展的前四五千年所积累的文献资料,还没有现在一年产生的文献资料多。当今世界,知识更新和转化的速度日益加快,最近30年人类新增加知识的数量已超过过去2 000年人类所积累知识的总和。学科与学科之间,界限不断突破,渗透和融合不断进行,大量的边缘学科和交叉学科不断涌现。

二、大学生学习的能力要素

(一)自学能力

自学是学习的一个重要步骤,具备自学能力的学生可以学到更多的知识和技能。就我国教育发展的实际情况来看,培养大学生的自学能力有着重要的现实意义,特别是在强调素质教育的今天。那么大学生如何培养自学能力呢?

(1)要对自己有信心。有些大学生认为自学成才的是天才,而自己不是天才,其实这是一种误解。实际上,只要不是智力不正常,一般的大学生都具有自学的能力。自学能力强的大学生容易成才，自学能力弱的大学生成才的困难就大些，但并非成不了才。因此，要克服自卑心理，树立信心，面对一切。

(2)要有正确的学习动机和稳定的情绪。学习的动机很重要，动机不正确，激励不了自己去面对困难，往往会退缩，阻碍自身发挥潜能。面对挫折、困难，良好的情绪也很重要，稳定而愉快的情绪是大学生培养自学能力所必须具备的。大学生应该做到不患得患失，胜不骄，败不馁。

(3)学会独立思考。这是培养自学能力的关键所在，不仅要能发现问题、分析问题，还要能解决问题。遇到问题，要勤思、深思，必要时请教他人，思考得越多，收获也就会越多。

(4)找到适合自己的自学方法。例如，快速读书的方法、做笔记的方法、写学习体会的方法、与人交流共同讨论的方法等。

(二)记忆能力

记忆能力是指人们把收集到的事物信息和资料储存与再现的能力。记忆能力非常重要，是人类最基本的能力之一。没有记忆就不能积累和保存知识，也难以使认识更加深入和全面，不能从事学习和工作。记忆的过程可以分为识记、保持、再认和再现几个方面，各方面相互联系，缺一不可。记忆能力可以通过后天的学习和训练得到培养与提高，大学生可以按以下几个步骤来培养记忆力。

(1)端正态度和积极思考，对自己的记忆力抱有信心。只有这样才能充分调动脑细胞，使知识记得住、记得久。

(2)科学用脑，注意张弛有度。科学研究表明，人的大脑分为左、右两半脑，在功能上有不同的分工。左半脑主要是管语言、数字、逻辑、运算和加工的系统；右半脑与知觉和空间有关，是音乐、美术、空间的知觉辨认系统。一般情况下，两半脑各司其职，既分工又合作，彼此相互补充。兴奋、抑制是其工作和休息的表现，因此不注意科学用脑，对感兴趣的就抓住不放，而对不感兴趣的就碰也不碰，让大脑长期处于兴奋状态或抑制状态，记忆效率肯定会降低，最终导致记忆力消退。

(3)多方面刺激大脑接受外在的信息。在学习时充分调动身体的各个感官来刺激大脑，把看、读、听、写等结合起来，效果会比单一的看、听、写好得多。

(4)及时重复。遗忘和记忆是相对立的，属于正常的心理现象。苏联心理学家沙尔达科夫和德国心理学家艾宾浩斯等的研究表明：遗忘会先快后慢，先多后少，到一定的时间几乎不会遗忘。因此，为防止遗忘，增强记忆力，就必须重复记忆，及时重复。此外，还应克服怯场心理，情绪勿过分焦虑或抑制，可运用记忆技巧、口诀歌谣、形象记忆等方法。

(三)观察能力

观察是人们认识一切事物的起点，是一种有目的、有准备、有组织的知觉，是指人们发现和认识事物本质特征的能力，是获得成功、捕捉机遇的前提条件，也是影响人成功与否的重要智力条件。这种能力不是先天的，可以通过后天的努力来培养、提高。

(1)对从事的专业具有浓厚的兴趣。兴趣是最好的老师，也是观察的前提，对不感兴趣的不会去观察，更谈不上培养观察能力。

（2）观察的同时要勤于思考。不进行思考就不会提高观察水平，因此只有多思考，多问为什么，观察能力才能提高。

（3）要养成细致观察、反复观察的习惯，从而便捷地找到事物的本质特征，捕捉到稍纵即逝的机遇和灵感。

（四）创新能力

创新是民族进步、国家富强的源泉和动力，也是知识经济时代的重要特征。在全球化时代，最有价值的不是获取现有的资源、资本，而是创新。所谓的创新能力，是指创造出前人未曾有过的事物、成果和未曾做过的事业的能力。培养创新能力，可以从以下两方面着手。

（1）要有强烈的主体意识。主体意识是大学生学习成才活动过程中必不可少的思想意识。具有主体意识的大学生面对新事物能独立思考，富有批判精神，不迷信权威，敢于怀疑。人云亦云、随波逐流的人是不具备创新能力的。

（2）做事情要精神专注，思维活跃，逻辑严密，富有想象力。在广博的基础上精深一门，只有如此才能使自己的思想进入较深的领域，才有可能成功，而浅尝辄止会导致一事无成。思维不活跃，逻辑不严密，想象力不丰富，就不能打破僵化、麻木的思维定式，很难使人的思想境界得到提升，也就做不到知识结构合理、科学，视野开阔，博览群书，融贯百家。创新需要广博的知识，一方面，知识越丰富，大脑接受的信息刺激越强烈，能力也可能越强；另一方面，具备广博知识积累的人，其大脑更容易产生新奇的想法和独特的见解，更能做到有所创新。

三、大学生学习的特点

（一）学习主体的变化

中、小学时期的学习以教师组织教学为主，大学生学习是以教师为主导、以学生为主体进行的，这就决定了大学的学习带有一定的创造性，即大学生不仅要能举一反三，还需提出自己的独到见解，活化所学知识。

（二）学习的自主性

大学学习无论是从学习内容、学习时间还是学习方式都更加强调个体在学习活动中承担的角色，主要强调学习的自觉性与能动性。大学生学习的能动性表现在两个主要方面：一是大学生对学习内容具有较大的选择性，特别是随着高等教育改革的深化，大学的课程安排更加科学、合理，既有公共必修课、专业基础课，又有辅修课程及大量选修课，学生可以根据自己的专长、爱好、兴趣自由选择；二是高校更加重视学习知识活化能力，即知识应用能力，如课程设计、毕业设计与毕业论文，既体现了知识的运用能力，又充分体现了学生的主观能动性。

微课
大学学习的特点

案例放映厅

小丰，20岁，大学二年级男生。他是家里的独生子，上大学之前生活在家庭的关爱之中。进入大学之后，他很不习惯集体生活，经常思念家人，睡觉不安稳，上课打瞌睡，做事没精神。因为所学专业并非自己高考所报专业，所以他对自己的专业不感兴趣。第一学期期末考试一门课的成绩不及格，小丰觉得无脸见人，并感到担心与害怕。第二学期上课时，他就以身体不好为由躲在宿舍。后来，他发现即使不上课，老师也不点名，于是胆子越来越大，经常不去上课，一个人躲在宿舍里玩游戏、看电影，学习成绩越来越差，已经有多门课的成绩不及格。

(三)学习的专业性

大学生的学习是在确定了基本的专业方向后进行的，因此其学习的职业定向性较为明确，即为将来走上工作岗位、适应社会需要所进行的学习；专业与学科群的划分也把大学学习与未来职业生涯紧密联系在一起，而专业学习要求大学生既要了解本专业的前沿知识与经典理论，又要掌握和专业相关的基础知识与专业基础。

(四)学习方式的多样化

在信息时代，教师不再是知识的中心，学习获取知识的多元化带动了学习方式的变迁，网络的发展为学习开辟了一条新途径。大学开放式的教学为学生提供了多种多样的成功之路，除课堂教学外，课外实习、课程设计、科研训练计划、学年论文、专家讲授、学术报告及走向社会的社会实践、咨询服务等都为大学生学习提供了广阔的道路。

(五)知识的学习与能力、素质的培养并重

无知必然无能。高等教育改革一再强调知识技能的学习与实践能力的培养同样重要。那种受长期应试教育的影响，只重视学生学习具有实用价值的知识，忽视学生创造能力培养的做法必须摒弃。

(六)学习的研究探索与创新性

大学生学习已具有一定的探索性，即对书本之外的新观点、新理论进行深入的钻研与探索。大学学习不仅仅在于掌握知识，更在于探究知识的形成过程与科学的研究方法，了解学科发展前沿、存在的问题及解决的思路。目前，高等学校普遍加强了对学生创新能力的培养，在课程设置、课程安排、课程衔接上突出学生的主体地位，体现创新，加大对学生实践能力的培养力度。

第二课 常见的学习心理问题及调适

总体来看，大学生对自己在校期间学业成就的评价处于中等水平，存在比较大的改善和提升空间。消极的学习心理是影响大学生学习潜力发挥的各种心理过程和个性特征，是引发大学生不良学习行为和消极学业体验的重要原因。

一、学习倦怠

学习倦怠是一种消极的学习心理，指的是由于学习压力或缺乏学习兴趣而对学习感到厌倦的消极态度和行为。学习倦怠包含三个方面：一是情绪低落，反映大学生由于不能很好地处理学习中的问题与要求，表现出沮丧、缺乏兴趣等情绪特征；二是行为不当，反映大学生由于厌倦学习而表现出逃课、不听课、迟到、早退、不交作业等行为；三是成就感低，反映大学生在学习过程中体验到低成就的感受，或在完成学习任务时因能力不足所产生的学习能力上的低成就感。一项对广州某高校 927 名在校大学生进行的问卷调查表明，影响学习倦怠的主要因素有学习成绩、教师授课水平、对所学专业是否感兴趣、班级学习气氛、学习压力、自我效能感、抑郁等。

大学生的学习倦怠程度越高，越不愿意投入到学习中去，越难以获得理想的学业成就，越难以体验到学习流畅感和幸福感，反过来又加剧学习倦怠，形成一种恶性循环。克服学习倦怠，可以从以下几个方面着手。

（一）激发学习动机

学习动机是激发学生进行学习活动，维持已引起的学习活动并使行为朝着一定学习目标努力的一种内在心理状态。根据动力来源，学习动机可分为内部动机与外部动机。内部动机是指人们对学习本身的兴趣所引起的动机，动机的满足在学习活动之内，它不需要外界的诱因、奖惩来使学习活动指向目标，因为求知本身就是一种动力；外部动机是指由于外部诱因影响而形成的动机，动机的满足不在学习活动本身，人们对学习所带来的结果更感兴趣，如获得奖学金、受到父母与老师的表扬、获得更好的升学就业选择机会等都是常见的激发学习的外在因素。

缺乏学习动机是大学生学习倦怠的重要原因。大学生缺乏学习动机是指没有明确的学习方向，缺乏热情和动力，甚至厌倦学习，主要表现为：认识上，认同读书无用，把学习看作被迫的苦差事，缺乏学习的自觉性、自信心；思想上松懈，不愿上课，不愿动脑，不愿积极寻求适合自己的学习方法，满足于死记硬背和一知半解；情绪上，对学习冷漠、畏缩，常觉得学习枯燥无味和厌倦，对学校与班级生活感到无聊；行为上，懒惰拖沓，注意力容易分散，学习过程易受其他事物干扰，不能专心听课、学习和思考，平时不看书、不完成作业，常常考前临时抱佛脚，学习行为往往表现出从众与依附，极少有独立性和创造性。

学习动机决定了学习的方向、稳定性和持久性，良好的学习动机具有加强学习的效果。大学生要充分激发自身学习动机，使内在的学习需要转化为学习的积极性。要兼顾内外动机的作用，既抱有对知识的强烈渴求之心，也满怀对未来职业、收入和个人自我实现的期待，在二者的共同推动下求学进取。同时，注意调整动机水平。大学生要增强学习动机，但动机也并非越强越好，最佳动机水平因人而异。对大部分人来说，中等以上的动机水平是最有利的。部分大学生学习动机过强，过分看重学习对自己的意义，把学习放在至高无上的位置，为自己树立的目标和预期远远超过自己的实际水平，几乎把所有心思和时间都用于学习，常感到紧张不安，一旦没有达到预期目标，自尊心和自信心就被严重挫伤。

心理加油站

耶克斯-多德森定律

心理学研究表明，学习动机强度与学习效率并不完全成正比，动机强度与学习效率之间的关系呈倒U形曲线，这就是心理学上著名的耶克斯-多德森定律，如图5-1所示。学习动机存在一个最佳水平，在一定范围内，学习效率随学习动机强度的增大而不断提高，直至到达顶峰，之后会随学习动机强度的进一步增大而逐渐下降。动机强度的最佳水平点会随学习的难易程度有所变化。一般来说，从事对个人而言相对简单的学习活动，动机强度的最佳水平点比较高，而从事比较困难的学习活动，动机强度的最佳水平点较低。

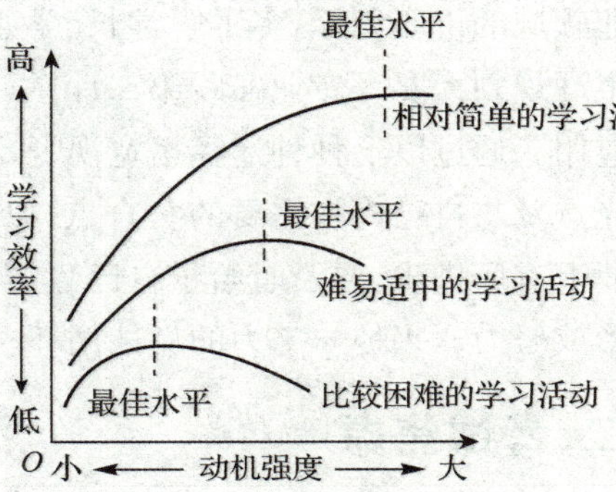

图5-1 耶克斯-多德森定律

（二）确立学习目标

目标犹如灯塔，指引人们前行。学习目标是学习的努力方向，坚定的学习目标能催人奋进，积聚起为实现这一目标而奋斗的力量。在学习实践中，学习目标的确立应遵循以下三个原则。

（1）恰当性。专业学习与能力培养目标的设立要量力而行，目标过高，遥不可及，缺乏可操作性，最终如同一纸空文无法兑现，容易使自己丧失信心；目标太低，轻而易举就能达到，缺乏导向意义，而且即使实现也不会带来成就感。要在了解自身需求、认真分析自身优势资源与短板的基础上，紧密结合自己长远的职业与人生规划来确立目标。

（2）明确性。学习目标要便于对照和检查，像"这学期我要更加努力学习，取得更大进步"的口号就过于笼统，"通过会计从业资格考试""获得一等奖学金""综合测评进入专业前50%"等就是明确可对照的目标。

（3）具体化。将大目标再细分为阶段性的小目标。例如，今年的大目标是通过司法考试，那要先细化到每个月的复习进度安排（如做好基础阶段、强化阶段和冲刺阶段的总体复习阶段划分，何时完成通读、理解考试要求的所有知识点，何时开始集中攻破常考点和疑难点，何时开始模拟考试积累临场经验、锻炼应试能力等），再细化到每天复习多长时间，学习多少法条等。制定目标，遵循从大到小的顺序，逐级分解，完成目标，则要先从小目标着手，层层递进，日积月累，最终实现大目标，这样易于执行和自我监督，同时每当完成一个小目标，对自己又是一种鼓励，有利于增强完成的信心和成就感。

(三)调动学习兴趣

学习兴趣是学习动机中带有强烈情绪色彩、最活跃的心理成分，由兴趣引发的学习动机往往更深入、更持久。对专业充满浓厚兴趣的大学生常常埋头钻研、乐此不疲，学业上自然容易取得成功。如果一个人能将自身的兴趣、特长、专业与职业发展相统一，是很幸福的事。但大学生也要认识到，兴趣是不稳定的，兴趣点常随人生不同成长阶段和经历的变化而转移。因此，在学习过程中，不能唯兴趣论，完全跟着兴趣走。正确的学习态度是除了“选我所爱”，也要尝试去“爱我所选”。

一些大学生感到专业学习很枯燥，是因为对专业存在认识误区。不要局限于通过课堂学习或自我想象来理解专业及职业前景，要多涉猎专业书籍，多与专业老师交流探讨，多参加专业领域的讲座论坛，多了解学长、学姐的就业去向和职业发展，多投入校园创新创业与职业生涯规划大赛等专业实践第二课堂，有机会多参访行业企业去了解专业的社会需求与实际应用。通过以上种种途径拓宽视野，不断加深对所学专业的了解，努力寻找专业和课程的闪光点及与自己内在需要的契合点，以激发专业兴趣，培养专业认同感。同时，一旦自己在学业上有所进步，要及时给予自己肯定和激励，这种获得感反过来也有利于兴趣的强化，从而形成努力—兴趣—努力的良性循环。

二、考试焦虑

焦虑是人的基本情绪类型，它是人们因对未来活动的预期而引起的紧张不安、忧虑乃至恐惧，并会伴随一系列生理行为反应。考试焦虑是在应试情景激发下，以对考试成败的担忧和情绪紧张为主要特征，以防御或逃避为行为表现的一种反应状态。适度的焦虑是正常的情绪反应，是人们能够承受和应对的，并且个体在轻度紧张、焦虑情绪下，思考能力亢进，反应速度加快，有利于提升应试水平。但是当以上情绪与行为反应超出个体现有应对资源时，会产生抑制效应，影响正常发挥。某些平时学习优异的学生一到大考，成绩就严重滑坡，往往就是考试焦虑在作祟。

考试焦虑不仅仅发作于考场，而且贯穿于备考、应考整个过程，常见以下表现：一是认识上过分重视考试的结果，过分担心自己无法取得满意的成绩，害怕考试失败给自己带来不良评价，总是回想过去的失败经验，造成注意力不集中，记忆力下降，思维僵化；二是情绪上伴随紧张、恐惧、担忧、烦躁不安，严重焦虑发作时会有濒死感；三是躯体上可能出现呼吸困难、心慌、胸闷、恶心、呕吐、面色苍白、出汗、手脚发凉、尿频尿急等症状，考试前经常胃口不好，睡眠困难；四是行为上会出现为了避免承担考试失利的责任，考试前故意以生病、玩游戏或其他理由消极被动地复习，考试来临则临阵退缩，借故不参加考试，即使到了考场上也坐立不安，手足无措，严重者大脑一片空白，看不清题目，甚至晕场。

案例放映厅

小琴，女，大一学生，期末考试前夕主动前来求助心理咨询教师。自述因考试临近很紧张，并且焦虑、胃口不好、睡眠质量差，这样的状态持续近一个月，这几天又出现拉肚子的症状。原来，中学阶段小琴的学习成绩一直在班上名列前茅，老师和家长都对她寄予厚望。到了高三，学业负担更加繁重，各种考试接踵而至，在第一学期期末考试前几天，小琴开始莫名其妙地拉肚子，勉强参加了考试，但成绩很不理想。在此后几次考试前，小琴也都拉肚子，考试一结束，症状就消失。如此反复，学习成绩大受影响。父母多次带小琴到医院检查，并未查出明显躯体病因，后被心理医生诊断为考试焦虑。之后，每当临近大考，小琴都会寻求心理医生的帮助，以缓解症状。

通过自我心理调适和适当行为训练可以有效缓解或消除考试焦虑。

首先，调整认知。人们的情绪往往受自己的看法困扰。考试焦虑的大学生在认识深处往往将考试成绩与自己的能力和价值感紧密相连，潜意识里认为考试考不好意味着自己的能力差，是没有价值的人。要纠正这种对考试的不合理认知，真正将考试成绩当作对过去阶段的学习总结，它不能全面反映一个人的学习能力，更不能决定一个人的前途、命运和存在价值。同时，检验自我的期待是否切合实际，某些大学生的考试焦虑源于给自己设定过高的学习目标和成绩预期，由此产生过大的学习压迫感，影响考试发挥。针对这种情况，要及时调整学习目标，恰当评估自己现有的学习水平，结合自己的努力程度，确定合适的期望值，放松心态轻松上阵，反而会有意想不到的效果。

其次，进行放松训练。可以在平时进行系统的自我放松训练。通过交替收缩和放松自己的身体肌肉，细心体验肌肉紧张和放松的感觉，最终缓解紧张状态。这种方法可以消除由紧张、焦虑造成的精神压力，让人的身心得到充分的休息和恢复。放松练习刚开始时，最好每天进行两次，每次 30 分钟左右。随着逐渐熟练，每次练习的时间可减少为 20 分钟左右或更短，每天练习一次即可。当然，放松训练必须经过数周乃至几个月的练习方能收到明显效果，因此需要持之以恒。

心理诊疗室

肌肉放松练习

选择一个安静不受干扰的地方，躺下或坐着均可，闭眼。练习时注意力从一块肌肉移向另一块肌肉。每天练习 1～2 次，每次 20 分钟左右，每块肌肉收缩 5 秒，然后放松 10 秒，重复做 2～3 次。但这只是一个大概时间，切不要由于过多注意计时而分散了自己的意念。

步骤：

(1)右手用力握拳，体会紧张感；放松，再体会放松感。重复。

(2)左手用力握拳,体会紧张感;放松,再体会放松感。重复。

(3)弯曲右前臂,收缩肱二头肌;放松,体会放松感。重复。

(4)弯曲左前臂,收缩肱二头肌;放松,体会放松感。重复。

(5)锁眉,收缩前额肌肉,放松,重复;闭紧眼,放松,重复;咬紧牙,放松,重复;舌头顶紧上腭,放松,重复;闭紧双唇,放松,重复。

(6)头尽量向后仰,颈部紧张,放松;下巴尽量抵住胸部,体验喉部与颈部、背部紧张感,放松。重复。

(7)耸肩,头尽量往下缩,放松,重复。深吸气,同时弓起背、屏住气保持紧张;放松胸部,缓慢呼气。重复。

(8)收缩腹部肌肉,放松。重复。

(9)将臂部和大腿拉紧,放松,重复。绷紧脚尖,使小腿紧张,放松,重复。

(10)缓慢腹式深吸气,向腹部压气,使腹鼓起;缓慢呼气,使腹凹陷。重复深呼吸三次,将注意力集中于整个呼吸过程,让松弛加深时的感觉传遍全身,全身都松弛。在呼吸和放松的过程中,可使用一些提示语,如我是松弛而平静的,我感到舒适和轻松,肌肉松弛柔软了。

最后,积极行动。还有一些大学生受考试焦虑的困扰完全是因为平时不认真学习,不及时复习功课,一味靠考前突击复习的方式迎考,在时间仓促的情况下常常顾此失彼,为根本来不及复习的内容和不理想的成绩预期而忧心忡忡。行动是克服焦虑的最好方法,不要依赖临时抱佛脚的侥幸心理和行为,真正将精力从纠结考试难易和分数高低转移到平日认真学习与备考上来,并且真正将考试当作对自己现有知识掌握程度的检验,通过认真分析不足之处,发现未掌握的知识点,寻找改进方法,这样更有利于今后的进步提升。

三、学习自我效能感低

学习自我效能感指个体的学业能力信念,是学习者对利用自己所拥有的能力去完成学习任务的自信程度的评价,是个体对控制自己学习行为和学习成绩能力的一种主观判断。这种评价可能与实际能力水平相符,也可能存在差异。当个体认为自己能够成功地完成某项活动时,自我效能感就高;相反,自我效能感就低。国内外大量研究表明,学习自我效能感和归因、目标设置、学习兴趣与考试焦虑这些重要的学习因素之间有非常密切的关系,它会影响个体的努力程度、面对挑战性任务的态度、学习坚持性和学习策略的运用,它是学业成就的良好“预测器”。

学习自我效能感对学习过程的影响是多方面的。首先,在学习任务选择方面,效能感高的学生为了证明自己的能力,通常倾向于选择富有挑战性的学习任务;学习自我效能感低的学生为了维护自身的价值,会尽量回避困难的任务,倾向于选择有把握、容易取得成功的任务,往往错失提升自我的机会。其次,在学习的坚持性和努力程度方面,当学习遇到困难时,效能感高的学生更加努力，勇于应对各种挑战，坚持性强；学习自我效能感低的学生容易退缩，付出较少的努力甚至轻易放弃。最后，在思维方式和情感反应方面，学习自我效能感高的学生倾向于想象与成功有关的情景，艰巨的任务反而能激发他们的努力，较少体验到担惊受怕和恐慌的情绪；学习自我效能感低的学生担心暴露自己的能力不足，将注意力更多地集中于可能的失败和不利的后果上，而不是如何去实现目标，他们时常对学习感到紧张和焦虑。

(一)体验自身成功经验

过去亲历的学业经验是大学生学习自我效能感最主要的来源，如在某门课程的多次小测试中都获得不俗成绩，课程作业经常受到老师的肯定，会强化自己在该课程上的胜任能力。注重提取自身学业成功的经历，适时在头脑中回忆曾经有过的良好表现，沉浸于当时成功的情景，回想当时自己是如何行动的，当时的感受体验等。越逼真越能带来积极的情绪体验，进而从自身经历中获得学习动力。需要注意的是，在成功体验的获得中，要特别学会与自己的纵向比较，和过去相比，任何一点进步对自己而言都是成功经历。同时，有畏学倾向的大学生常常过分夸大学习中的困难，低估自己的能力。事实上，每个人都有自己的相对突出领域与潜能，要努力去发现它，有的学生精于理论学习，有的学生擅长动手实践，有的学生适合专业竞赛，有的学生热衷团队合作，要利用各种平台多去尝试，充分挖掘和展示特长以获得成功体验。

(二)进行榜样学习

他人的替代经验也是学习自我效能感的一个重要来源，也就是说，通过观察同伴的学习行为和成就来获得自我激励。观察身边学业成功同学的学习行为，观察他们的学习态度和学习方法，他们如何参与课堂、如何完成课程实践任务、如何计划安排课后时间等，以此来树立可供借鉴的模板。榜样学习的一个关键是自己与所树立的成功榜样之间的差距不能太大，若榜样标准过高，可望而不可即，达不到激励的目的，恰恰是当看到原本与自己水平差不多的示范者取得成功，才最有利于增强自我信念，相信自己也能完成同样的任务。通过观察示范者的学习行为，可以意识到自己面临的学习挑战并不是不可破的。

四、学习归因偏差

归因是指人们对自己或他人行为结果原因的知觉或推断。例如，小千的英语成绩很差，她是怎样看待这种结果呢？是因为不喜欢这位英语老师或者自己英语学习能力差，还是认为英语根本没用不愿意学？这种对自己或他人学习结果原因的推断就是学习归因。

心理学家韦纳(B. Weiner)发现，人们对于成功和失败经常按照努力、任务难度、能力和运气这四种因素进行归因。例如，针对某次数学期末考试取得好成绩的原因，做能力归因的同学认为“我本来就擅长数学”，做努力归因的同学认为“这次是我做了充分的复习准备”，倾向于任务难度归因的同学表示“这次考试题目太简单了”，倾向于运气归因的同学则觉得“这次考得好，真是太幸运了”。

归因具有复杂的结构，可以从以下三个维度进行划分：一是内因-外因维度，即将成功和失败归结于自身内部原因或者外部原因,内部原因包括能力、努力、身心状况等,外部原因包括任务难度、运气和他人的影响等;二是稳定性-不稳定性维度,即原因随时间或情境是否容易发生变化,能力和任务难度是较稳定的原因,而努力、运气、身心状况和别人的反应则是不稳定的原因;三是可控制-不可控制维度,即原因是否可以由自己控制,努力是可以自主控制的,而任务难度、运气、身心状况和别人的反应不是个人所能随意掌控的。

学习归因直接影响学生的学习情感、期望和后续学习行为。例如,在学业失败的情境下,大学生如果将失败归因于能力差、任务太难等稳定和不易控制的因素,容易产生自卑等不良情绪,会降低成就动机,导致对未来的成功期望降低,进而减少努力;如果将失败归因于努力不够这种内部不稳定、自己可控制的原因,就会产生较为积极的信念,相信再努力一下,今后改变失败是有可能的,学习自我效能感得以提升。同理,在学业成功的情况下,如果将成功归因于运气、他人的帮助等外部不稳定、不易控制的因素,也会导致成功预期降低,不愿多做努力;如果将成功归因于自己能力强这样的稳定性原因,将会大大增强学生的自信心和胜任感,提高自己再次成功的期望,并愿意继续努力,激发出积极的学习行为。

学习归因模式是可以塑造的,通过有意识的自我训练纠正归因偏差,建立起一套有利于促进自身学习的归因风格,具有重要意义。

(一)认识自己的归因模式

每个人在生活中总是有意或无意地寻找一些原因来解释自己的行为,并作为指导后继行为的依据,这在大学生的学习行为中同样如此。不过,学习归因模式在有的大学生头脑中清晰易察觉,而有的大学生对自己的学习归因缺乏明确的认识,尽管如此,这种信念仍会在无意识中影响自己对学习的态度和行为。大学生可以通过自我反思的练习更好地认识自己的学习归因模式,使其意识化。例如,以上一学期的学习成绩或以某一门课程的学习情况为样例,根据自己的实际表现,写出自己成功与失利的主要原因,然后将原因根据能力、努力、任务难度、运气和其他原因等进行归类,检查自己的归因倾向。特别是那些有学习畏难情绪或者放弃努力的同学,去认真分析是否归因模式妨碍了自己的学业。

(二)建立积极合理的归因

同样的成功或失败,不同的归因方式对学习态度与行为的影响截然不同。良好的归因模式有助于激发学习动机,不良的归因模式可能造成习得性无助,即认为无论自己怎样努力,也不可能取得成功,于是便采取逃避努力、放弃学习的消极行为。因此,应该努力建立积极合理的归因模式。尽量将成功归因于内部因素,如能力和努力,以增强满足感和胜任感,有助于提高学习积极性;尽可能避免对失败做出稳定、不可控的归因,如能力差,避免产生无望情绪和无助行为。特别是要认识到努力在学业成败中的关键作用,努力导致成功,不努力导致失败,并且努力是一种不稳定的因素,它是可以通过人的意志控制的,课前预习、课上认真听讲、考前充分备考,可以提高学习成绩。当然,宜将努力归因聚焦,到底是在制定合理学习目标上花的精力不够,还是在探索高效学习方法过程中付出的努力不足,从而在今后努力解决问题时有的放矢。

第三课 网络成瘾及其应对

一、网络成瘾的原因

(一)网络成瘾的心理机制

网络成瘾是一种比较严重的心理问题。国内有学者指出,患网瘾大学生的人格特征普遍倾向于易烦恼、情绪激动、忧虑抑郁、缺乏自信,在生活中表现为无法面对现实、急躁不安、易受环境的支配。

网络成瘾行为与个体特定的人格特征有关。

1. 孤独、性格内向、喜欢独处、不喜欢参加社会性活动

人生活在社会中,都有爱和归属的需要。在现实生活中,孤独、性格内向、喜欢独处、不喜欢社交活动的人很难敞开心扉,自由展现自我,因此也很难交到合适的朋友。但在网络中,他们可以重新描绘出一个新的自我,找到和自己志趣相投的人,从而获得在现实中很难感受到的认同感和归属感,他们因此不想回到现实中,甘愿深陷网络泥潭。

2. 低自尊、自我形象不佳、具有很高的人际敏感性和警惕性

在现实生活中,有些大学生在进行人际交往时,其不佳的外表、较差的自我形象、僵硬的身体语言、高度的敏感性和警惕性,使他们体会更多的是挫折和失败。同时,他们又害怕在别人面前留下不好的印象,因而时时小心,处处留意,十分辛苦。而网络可以使他们戴上人格面具,较好地掩饰这些缺陷,为他们麻痹自我和不适应现实提供了借口和空间。

3. 喜欢标新立异、不服从社会规范

大学生自我意识非常强烈,经常会通过标新立异的见解和与众不同的行动来证明自己的个性。一些大学生会做出一些家长和老师都不认可的行为来证明自己的存在,他们希望建立起一座"堡垒",让老师家长无法进入,而自己可以在里面尽情享受。网络正好为他们提供了这样的"堡垒",使他们在其中无所顾忌,尽情展示自己。

4. 高水平的厌倦倾向、社交焦虑、自我封闭

过分依赖网络的人易患其他心理障碍,特别是忧郁症和焦虑症。网络的隐蔽性为有人际交往困难倾向、有神经症性或精神病性心理障碍的人提供了逃避问题的方式,这使他们在网络中暂时解决了某些问题,降低了他们现实交往过程中的焦虑。

(二)网络成瘾的生理机制

网络成瘾者具体的生理反应过程可以分为以下四个阶段。

(1)上网持续时间比较长,大脑神经中枢长期处于高度兴奋状态,引起肾上腺皮质激素等物质释放异常增高。

(2)脑细胞传达物质感受器在人体各种分泌的异常激素值之间进行调节，抑制异常状态的发生。

(3)感受器数值异常，个体感觉精力、情绪、活动难以达到兴奋状态。

(4)为达到兴奋状态，个体只有延长上网时间，从而产生网络活动过剩或强迫性活动倾向，并导致植物神经功能紊乱、体内激素水平失衡、人体免疫系统损伤，诱发种种病理性症状出现，如心血管疾病、胃肠神经官能症、紧张性头痛、抑郁症、焦虑症等。同时由于长时间盯着屏幕，个体视网膜感光物质消耗较多，若不及时补充维生素 A 和相关蛋白质，就会产生眼痛、怕光、视力下降、感光性降低等不同程度的视力问题。

二、网络成瘾的表现和判断

(一)网络成瘾的表现

网络成瘾是网络进入大众生活后出现的一种新型心理疾病。相关专家认为，网络成瘾是指在无成瘾物质作用下的上网行为失控，表现为因过度使用网络而导致个体出现明显的社会心理功能损害。网络成瘾与药物成瘾和毒品成瘾不一样，但与赌博成瘾极其类似，两者都具备非物质成瘾行为的六个典型特征：症状显著、耐受性增强、情绪改变、出现退缩症状、存在激烈的心理冲突、反复发作。

网络成瘾的具体症状主要表现为以下几点。

(1)网络操作时间失控，无法自拔。

(2)随着快感需求的增加，需不断延长上网时间才能得到满足。

(3)大部分时间沉溺于网络世界，忽视现实生活的存在，或对现实世界极度不满。

(4)初始时只是精神依赖，随着沉溺程度的加重，逐渐发展成躯体依赖，表现为眼花、情绪低落、手脚发抖、疲乏无力、食欲不振、身体消瘦等不良症状。

网络成瘾类型主要有网络游戏成瘾、网络人际关系成瘾、网络色情成瘾和网络信息下载成瘾四种类型。这四种类型可能会单一地表现出来，也可能会同时出现在一个人身上。

(二)网络成瘾的判断

目前国际上对网络成瘾还没有公认的诊断标准，最初主要依据日常行为表现和特定量表的测定来判断，即上网时间每周超过 34 小时，而且不上网就难受，就像吸毒者不吸毒就烦躁不安一样，社会交往明显减少，严重影响学习和工作，就可诊断为网络成瘾。

网络成瘾的大部分判断标准都来自西方，并不完全适合我国国情。但是最基本的几条，如对自我的准确认知和接纳、人际关系的和谐、积极稳定的情绪状态、有效的自我控制能力等是大家公认的。对于网络成瘾的判断标准，关键要看个体对于上网时间是否已经失去自我控制能力，是否对网上内容已失去辨别和选择能力，上网是否影响到其正常社会功能的发挥，如影响到学习、生活和工作，影响到现实生活中的人际关系和情感交流，等等。

三、网络成瘾的戒除

(一)正视网络成瘾

治疗网络成瘾最重要的一点是成瘾者必须具有改变自己的愿望。换句话说,就是先要让成瘾者承认并正视自己的网络成瘾问题。在实际生活中,很多人都不认为自己沉迷于网络是一种病症,他们在网络中更多地体验到的是兴奋和愉快,根本没有想改变这种状况的念头。因此,治疗网络成瘾的第一步就是要让成瘾者意识到,从网络中获取的快乐无法转移到现实当中来,有意义的快乐感要在现实的生活中去寻找。

(二)主要治疗方法

1. 行为疗法

在成瘾行为的心理治疗中,行为疗法的使用频率较高,效果也较好。该方法认为,个体在行为过程中获得快感,为了将这种快感保留下来,他会形成强迫寻求快感行为的习惯,成瘾行为因此建立。既然这种行为可通过重复强化的方式加以习得,那么也可通过重复强化的方式予以消退。放松疗法、系统脱敏疗法、厌恶疗法、模仿学习、角色扮演或行为排演、代币法、自我管理法等都是常用的有效手段。网络成瘾的形成机制和其他成瘾行为一样,也是因为上网感受到快感,这种快感在网络刺激的不断强化下,形成了稳定的行为模式,所以在戒除网瘾的过程中,行为疗法侧重于消除上网带来的快感和无法上网造成的心理压力。按照方法的简易程度和可操作性,在此主要介绍想象厌恶疗法和橡皮筋疗法。想象厌恶疗法要求成瘾者闭上眼睛,想象过度上网导致情绪低落、眼花、双手颤抖、疲乏无力、食欲不振等不良症状;想象过度上网导致学习成绩下降甚至退学,老师、父母、亲友对自己的责怪,同学对自己的讥笑;等等。想象越生动、具体,效果越好。这种想象必须每天达到一定的次数,次数与问题严重程度相适应,同时要伴有放松疗法。橡皮筋疗法简单易行,但要求成瘾者有较强的自制力。具体方法是在成瘾者手腕上戴一根橡皮筋,如果上网时间超过规定时间或者在非上网时间感到自己有上网的冲动时,立即给予自我弹击,所带来的疼痛反应会使个体逐渐丧失上网的兴趣。

2. 认知疗法

成瘾者由于具有错误的思维方式,往往夸大克服网瘾所面临的困难,同时缩小克服困难的可能性,因此要从思想认知上帮助成瘾者正确认识摆脱网瘾的可行性和必要性。具体方法是让成瘾者在两张卡片上分别列出网络成瘾导致的主要问题和摆脱网络成瘾将带来的主要益处,然后让成瘾者随身携带这两张卡片,时时处处约束自己的行为。认知疗法的另一种做法是让成瘾者列出网络成瘾后所忽略的现实生活中的活动,并按照重要性进行排序,使其意识到自己所错过的现实世界,认识到现实生活中也能够体验到满足感和愉悦感,从而降低其从网络环境中寻求情感满足的内驱力。

3. 团体疗法

团体心理辅导是在心理辅导专业人士指导下，借助团体的力量和心理辅导理论与技术，就团体成员共同面对的心理问题进行讨论和相互帮助，使每一位团体成员学会自助，以此解决团体成员共同的心理障碍，最终实现改善行为和发展人格的目的。在网络脱瘾团体中，团体成员们会发现自己的心理问题并不是独一无二的，团体中的其他人有着相似的忧虑，有着许多相似的情绪体验，甚至比自己还要严重，从而降低心理上的担忧与焦虑程度。由于“同病相怜”，他们的心理认同感增强，群体归属感增强，因此能够感受到来自他人和自己内心的支持，从众行为增加，群体的稳定性提高。网络脱瘾团体的心理调适一般包括以下几方面的内容。

（1）缓解成瘾者的心理紧张和焦虑情绪，利用成员的相互介绍和游戏活动转移他们对心理障碍的过度关注，放松心情，初步建立团队信任。

（2）在此基础上，让成员讲述各自的成长经历，并做自我评价，使成员获得和别人一样的体验，产生情感与心灵的共鸣。

（3）开展对网络的讨论交流，引导他们正确评价网上信息，共同为提高自身的信息素养出谋划策。

（4）开展网络与网络技术的研讨，使他们了解网络的两面性、技术中立性和网络技术的工具性。

（5）运用“头脑风暴法”让成员把网络与现实的异同一一列举出来，并进行归因。然后让全体成员倾诉各自在现实中的困惑，成员间进行相互辅导。

（6）设定现实生活中成员们感到困惑的情境，进行模拟学习，学会应对处理现实事务。

（7）小组讨论上网行为的自我管理，彼此订立互相监督上网的契约。

一般来说，成瘾者仅凭自身的力量是难以摆脱成瘾行为的，需要成瘾者自身、专业人员、家人、老师、朋友及室友相互配合、关心、支持和帮助，同时成瘾者还要坚信网瘾是一定能够戒除的，自己没有理由放弃。

第四课 良好学习动机与学习策略的培养

一、良好学习动机的培养

学习动机是学习活动的推动力，又称学习的动力。它并不是某种单一的结构。学生的学习活动是由各种不同的动力因素组成的整个系统引起的。

对大学生而言，学习动机在学习中发挥着重要作用。第一，学习动机决定着学习方向，学习动机是以学习目的为出发点的，它是推动学生为达到一定的学习目的而努力学习的动力；第二，学习动机决定着学习过程，学生是否能持之以恒，差异在于学习动机的结论；第三，学习动机影响着学习效果。

(一)大学生学习动机的类型

大学生的学习动机可以具体分为五类:兴趣型学习动机,如因为对所学课程感兴趣或对教师讲授技巧感兴趣而学习;报酬型学习动机,如为了得到好分数、拿到奖学金、找到好工作而学习;探索型学习动机,如为追求真理、探索世界奥秘而学习;报效型学习动机,如为祖国、民族富强而学习,为实现中华民族伟大复兴的中国梦而学习;竞争型学习动机,如为获得更高的学历而学习。

微课
大学生学习导航

(二)大学生学习动机的特点

1.学习动机的多元性

大学生学习动机的多元性主要表现为四大类:第一类属于报答性和附属性的学习动机,如为了报答父母的养育之恩,为了不辜负老师的教诲,为了取得其他同学的认可和获得朋友的支持等而学习;第二类属于自我实现和自我提高的学习动机,如为了满足荣誉感、自尊心、自信心、求知欲等而学习;第三类属于谋求职业和保证生活的学习动机,如为了获得一个理想的职业和高回报的收入而学习;第四类属于事业成就的学习动机,如希望自己在专业上有所建树,希望自己能对社会有所贡献,具有使命感、责任感和义务感等而学习。

2.学习动机的间接性

调查表明,大学生的直接性学习动机,如分数赞赏、奖励、避免惩罚等随着年级的升高而逐渐减弱;而间接性学习动机,如求知欲、探索、成就、创造、贡献等随年级的升高而逐渐加强。这说明间接性学习动机是大学生的主要学习动机。

3.学习动机的职业性

我国在校的大学生虽然绝大多数是按其报考志愿录取的,但学生的高考志愿往往并非出自学生个人的意愿,如受高考分数的限制或听从父母的意见等,带有一定的盲目性。因此,不少大学一年级学生都有专业思想不巩固的问题。但是随着年级的升高,大学生对所学专业了解的程度日益加深,认识到所学专业的作用,从而对自己所学专业的喜爱程度逐年加深,职业化的学习动机开始逐渐巩固。

(三)培养良好学习动机的方法

培养良好学习动机的方法如下。

(1)树立崇高理想和远大的奋斗目标,培养求知欲。

(2)丰富自己的生活,培养好奇心。

(3)通过尝试而激发兴趣。首先要动手操作,其次要积极主动地参加丰富多彩的课外活动。

(4)培养兴趣的稳定性。稳定的兴趣往往能使人发现他人未能发现的东西,掌握他人难以掌握的知识和技能。

(5)要感兴趣地去学好每门课。如果对某门课不感兴趣,那就请你坐下来,充满兴趣地想象这门课是非常有趣的，从现在开始就要好好学习这门课，并设想在这门课中一定能获得无穷的乐趣。

(6)正确认识自己的潜质，制定恰当的学业目标与学业期望，调整动机；与此同时，要脚踏实地，循序渐进，不好高骛远。

(7)转换表面的学习动机为深层次的学习动机，淡化外在奖励特别是学业成就的诱因，正确对待荣誉与学业成绩。

(8)端正学习态度，树立远大理想，保持旺盛的学习热情并坚持不懈。

二、良好学习策略的培养

学习策略是学习方法的使用或活动方式，是学习者为了提高学习的效果和效率，用以调节个人学习行为和认知活动的一种抽象的、一般的方法。

案例放映厅

出身贫寒的小杨进入大学以后，由于优秀与否的评定不再只局限于理论知识和考试成绩，在大学多元化的评价标准面前，他感到自己的"市值指数"明显下滑，自己已经完全被淹没在这个大学生同伴群体中。他周围的许多同学不仅玩得开心，而且学得比他好。为了在新的群体中确立他的地位，他加倍努力投入学习之中。然而，尽管花费了大量的时间，甚至把假期都用上了，可是成效并不显著，他也产生了疑问：难道自己真是比他人笨？

一段时间，小杨发现，原来自己依然采用高中时代那套学习方法：狂背、猛做、死啃、百磨。小杨慢慢明白，在大学里要成为一名优秀的学生，首先要学会学习，要善于积极主动地寻求和利用各种校内教学资源。他开始逐渐学习如何利用学校图书馆查阅自己需要的资料；如何有选择性地聆听各种讲座；如何参加学校或院系举办的学术活动；如何与同学共享信息资源，探讨疑难问题。经过一年的努力，他的成绩开始有了提高。

学习者使用学习策略的主观愿望是用较少的"能源消耗"有效地实现学习的目标。而大学阶段正是大学生形成有效学习策略，特别是专业学习策略的重要时期。

(一)复述策略

复述策略是在工作记忆中为了保持信息完整而对信息进行反复重复的过程。下面介绍一些常用的复述策略。

1. 整体识记与分段识记

对于篇幅短小或者内在联系密切的材料，宜采用整体识记法，即整篇阅读，直到记牢为止。对于篇幅较长，或者较难，或者内在联系不强的材料，适宜采用分段识记法，即将整篇材料分成若干段，先一段一段地记牢，然后识记整篇。至于段的长短，要根据自己对材料的熟悉程度而定。

2. 过度学习

在刚好记住之后，再多记几次。例如，读一篇文章，如果从头到尾读 10 遍就能记住，那么再多读 5 遍就是过度学习。一般来说，过度学习越多，保持效果越好，而且保持时间也越长。某些基础知识和基本技能，如乘法口诀、汉字书写、英语发音及英语单词的拼写等，都需要进行过度的操练和练习，才能达到自动化水平。当然，过度学习要讲究效率。有研究表明，150％左右的过度学习的记忆效率最高，超过 150％的学习虽然也有助于知识的巩固，但效率相对要低一些。

3. 及时复习

德国心理学家艾宾浩斯等人发现，人类遗忘的进程先快后慢。人们在识记学习内容 20 分钟后就会遗忘 40％左右。如果过了很长时间，直等到考试前才复习，就等于重新学习了。所以，对新学习的内容一定要注意及时复习，至少要在当天加以复习，以减缓遗忘进程。正如一位教育家说的，要及时“巩固建筑物”，而不是“在建筑物崩溃之后才去修补”。

（二）精细加工策略

1. 充分利用背景知识

精细加工强调在新学知识和已有知识之间建立联系，可见背景知识多少在学习中是非常重要的。对于某一事物到底能学会多少，最重要的一个决定因素就是对于这一方面的事物已经知道多少。有人曾经让大学生学习棒球和音乐方面的信息，结果发现，那些熟悉棒球但不熟悉音乐的学生对棒球方面的信息学得多一些；相反，那些熟悉音乐而不熟悉棒球的学生对音乐方面的信息学得多一些。

2. 联系实际生活

学习的很多信息往往只能适用于限定的、常常是人为设定的环境之中，这就是所谓的惰性知识。实际上，我们所说的“书呆子”“死啃书本”，意思就是不能将学校所学知识、技能应用于生活中。例如，我们在英语课上学习语法知识，但在生活中不知如何将汉语语序转变为英语语序。生活中产生的许多问题不是因为我们缺乏相应的知识，而是因为我们不能使用这些知识。我们记住某个信息，并不能保证能适时地使用它。因此，我们不仅要记住某个信息，而且要知道如何及何时使用所拥有的信息。学生在学习信息时，教师不仅要帮助学生理解这些信息的意义，而且要帮助学生感觉到这些信息有用。有效的教学要求教学生如何利用信息，以便使他们把这些信息和其他信息联系起来，并在课堂以外的环境中使用它们。

（三）元认知策略

1. 元认知计划策略

元认知计划是根据认知活动的特定目标，在一项认知活动之前计划各种活动，预计结果选择策略，想出各种解决问题的方法，并预估其有效性。给学习做计划就好比教练在比赛前针对对方的特点与出场情况提出对策。成功的学生并不只是听课、做笔记和等待教师布置测查的材料，他们会预测完成学业需要多少时间，还会在写作前获得相关信息，在考试前复习笔记，在必要时组织学习小组，以及使用其他各种方法。

2. 元认知监视策略

元认知监视是在认识活动的实际过程中，根据认识目标及时评价、反馈自己认识活动的结果与不足，正确估计自己达到认识目标的程度并且根据有效标准评价各种认知行动和策略的效果。例如，有些大学生为了应考而学习时，会向自己提出问题，并且会意识到某些章节自己并不懂，自己的阅读和记笔记方法对学习这些章节行不通，需要尝试利用其他学习策略。

3. 元认知调节策略

元认知调节是根据对认知活动结果的检查(若发现问题，则采取相应的补救措施)，以及根据对认知策略效果的检查及时修正、调整认知。元认知调节策略与检测策略有关。例如，学习者意识到不理解课程的某一部分时，就会退回去读理解困难的段落；在阅读理解困难或不熟悉的材料时放慢速度，复习他们不懂的课程材料；测验时跳过某个难题，先做简单的题目；等等。

课后实训

知识拍卖场

1. 实训目的

本实训的目的是引导学生重新审视和思考不同专业/课程所蕴含的趣味性与价值，转变对专业/课程的认识和对学习的抵触情绪，培养积极的学习心态。

2. 实训内容

(1)分组。按6～8人随机分为一组，各组领取等量代币、海报纸和水彩笔。

(2)推选最讨厌的专业/课程。小组成员共同讨论确定本小组最讨厌的专业/课程。

(3)把本组最讨厌的专业/课程，用尽可能高的价格卖给尽可能多的采购员。需要设计吸引人的海报，列出其优势和价值，使用表演、手工等各种方式宣传自己的商品。目标很简单，让采购员喜欢上此专业/课程，并掏钱买下它。

(4)每组用15分钟讨论并制定促销方案，完成广告宣传语、海报设计与推销方式的确定等。

(5)每组派一人担任采购员(不得购买本组的专业/课程)去采购最有吸引力的专业/课程，必须花完所有代币。其余组员负责大力宣传推销。

第六讲

驾驭我的情绪

案例导入

委屈的小威

小威是一名大一新生，在高中就很优秀的他，到了大学也仍然积极进取，不仅担任了班级的团支部书记，还进入了院学生会外联部，每天他都忙得不亦乐乎。当然了，有时候也会遇到工作与学习相冲突的情况。有一次他因为出去搞外联，结果上专业课时迟到了。专业课老师要在下午下课后找他谈话，偏巧外联部又通知下午四点开会。时间很紧张，但小威想专业课老师不会跟自己谈太久，决定先去“接受批评与指导”，再赶去开会。想不到，老师很认真地跟他谈了半小时，他心里很着急但不敢跟老师讲自己还要开会。等老师训话完毕，再赶去开会也迟了。外联部部长很生气，在会上严厉地批评了他。小威心里非常难受，会后他愤怒地跟部长抗议:“要不是因为给外联部做事，我也不会上课迟到；要不是上课迟到，我也不会挨老师训；要不是挨老师训，我也不会开会迟到，被你当众批评。”一时没有控制住自己的情绪，小威流下了委屈的泪水。

小威的这些委屈该向谁倾诉？他又该如何控制自己的情绪呢？

第一课 情绪的相关概念

人们所有的心理活动都伴随着一定的情绪状态。情绪伴随人们的生活、学习、恋爱及交往，与人们的需要、动机、认知及行为都有密切的联系。

一、情绪的含义

情绪是一个人因内心的需要是否得到满足而表现出来的对外界事物的态度，是一个人心理活动的外部表现。情绪反映人的内心活动，因此可以通过情绪的表现去观察人的内心世界。情绪的表现是指人的身体和精神上的变化，具体包括生理唤醒、主观感受、认知过程和行为反应。

(一)生理唤醒

人在做出情绪反应时常伴随大脑、神经系统和荷尔蒙的生理唤醒变化，一个人的情绪被唤醒的同时，其身体也被唤醒。强烈或持续的情绪反应会耗费个体的精力，从而削弱他对疾病的抵抗力。

(二)主观感受

情绪反映一个人的主观感受，即愉快或不愉快、喜欢或不喜欢等体验。因此，对一个人情绪的研究，在很大程度上要依靠于他的主观感受。

微课
什么是情绪

(三)认知过程

一个人的情绪涉及他的记忆、知觉、期望和解释等认知过程。个体对某个事件的认识会极大地影响他对这个事件的态度。

(四)行为反应

情绪还表现为许多行为反应，包括表达型反应和工具型反应。表达型反应是指一个人通过面部表情、手势姿势和声调语气等方式来帮助其表达自己的感受。工具型反应是指可以提高个体对环境的适应性的反应，如因忧虑而哭泣或因害怕危险而逃跑等。

一般情况下，人们的情绪反应是以上四个方面的综合。例如，人们遇到好朋友时，生理唤醒可能是平稳的心跳，主观感受是积极而愉快的，认知过程包括与朋友相关的记忆、知觉、期望及对所处环境积极的解释，行为反应可能是微笑的表情。

二、情绪产生的要素

情绪产生的三要素包括情绪的生理反应、情绪的内心体验、情绪的外在表现。

(一)情绪的生理反应

在不同的情绪状态下，人的心率、血压、呼吸乃至人的内分泌、消化系统等，都会发生相应的变化。例如，在焦虑状态下，人会感到呼吸急促、心跳加快；在恐惧状态下，人会出现身体战栗、眼睛瞳孔放大；在愤怒状态下，人会出现出汗、面红耳赤等生理特征。

(二)情绪的内心体验

不同情绪的生理状态会反映在人的知觉上，反映在人的意识中，从而形成人不同的内心体验。例如，在受到伤害时，会感到痛苦；在朋友聚会时，会感到快乐；在面临极度危险境地时，会产生让人毛骨悚然的恐惧感；在自己的某些需要得到充分的满足时，会感到幸福愉快；在被欺辱时，会感到愤怒；在失去亲人之时，会感到悲伤。

(三)情绪的外在表现

情绪不仅有生理反应和内心体验，还直接体现在外在行为中，主要包括以下方面。

(1)面部表情,如高兴时的喜笑颜开、遇挫时的愁容满面。

(2)体态表情,如高兴时的手舞足蹈、失败时的垂头丧气。

(3)言语表情,如悲伤时的语调低沉、愤怒时的咬牙切齿。

三、情绪的分类

心理学家认为,在不同的文化中,都普遍存在七种基本的情绪(又叫原始情绪),即喜、怒、忧、思、悲、恐、惊,统称七情。这些都属于人与动物共有、与生俱来的,且对应的表情具有跨文化的一致性。对人类来说,基本情绪是对生活的真实反应,任何人都不能摆脱情绪的影响,就算是很高明的人或城府极深的人也不例外。

(一)按情绪的成分划分

按情绪的成分,情绪分为基本情绪和复合情绪。

(1)基本情绪。基本情绪是先天的,在人类社会中是普遍的。每种具体情绪都具有不同的适应功能。六种基本情绪包括快乐、兴趣、厌恶、痛苦(悲伤)、恐惧和愤怒。快乐是正性情绪,它能增进人与社会的联系,增强人的自信,使人在紧张中得到放松。兴趣是主要的正性情绪之一。兴趣的存在维持着个体脑的恒常性优越状态。兴趣驱使人的注意力指向所愿意接近的对象,驱使人进行钻研和探索。厌恶是一种反感的情绪。痛苦(悲伤)是最普遍的负性情绪,分离和失败是引发痛苦的两个主要原因。恐惧是最有害的情绪,强烈的恐惧所产生的心理震动会威胁人的生命。在巨大的自然灾害遭遇中,一部分人生命的丧失不是由于身体上的创伤,而是由于情绪承受力的崩溃。愤怒也是一种常见的负性情绪,一般来说,无论儿童还是成人,强烈愿望的限制或阻止都能导致愤怒的发生。

(2)复合情绪。复合情绪既是多种情绪的结合,也是与认知-评价的结合。每种复合情绪均以个体的认知-评价为中介,由构成自我的文化结构的渗透而形成。复合情绪包括爱、焦虑、敌意、羞愧、内疚、嫉妒等。爱——包容着社会的、生理的、认知的和多种情绪的复合情绪,并涉及个人之间及个人与社会之间关系的复杂感情。焦虑——美国精神病学协会将焦虑定义为"由紧张的烦躁不安或身体症状所伴随的,对未来危险和不幸的忧虑预期"。它与愤怒不同,愤怒只是一种单一的情绪,而焦虑是社会化的复合情绪,它常常是对危险刺激的预期。敌意——愤怒与厌恶和轻蔑的结合。除此以外还有自我意识情绪,主要包括羞愧、内疚、傲慢、嫉妒、自豪等。

(二)按情绪的状态划分

按照情绪的状态,情绪可分为心境、激情与应激。

(1)心境。心境是人比较平静而持久的情绪状态。它不是关于某一事物的特定体验,而是以同样的态度对待一切事情。通俗地说就是平时讲的心情。心境具有弥散性,当心情愉悦时,喜笑颜开,精神抖擞,看什么都是美好的;当心情不佳时,神色沮丧,感知和思维麻木,看什么都心烦。心境产生的原因是多种多样的。生活中的顺境和逆境、工作中的成功与失败、人们之间的关系、个人的健康状况、自然环境的变化等,都可能成为引起某种心境的原因。

(2)激情。激情是一种强烈的、爆发性的、为时短促的情绪状态。这种情绪状态通常由对个人有重大意义的事件引起。重大的成功之后的狂喜、惨遭失败之后的绝望、亲人突然死亡引起的极度悲伤等,都是激情状态。激情爆发时大都有鲜明的生理反应和外部表现,如狂喜时手舞足蹈,大怒时暴跳如雷。

(3)应激。应激是出乎意料的紧急事件所引起的极度紧张的情绪状态。人在应激状态下,悲痛时哭得死去活来,恐怖时四肢颤抖、面色苍白等,引起机体的一系列生物性反应,如肌肉紧张度、心率、呼吸及腺体活动发生明显的变化。

四、大学生情绪的特点

大学生面临着新的发展任务,包括学习深造、就业、择偶、建立家庭等。埃里克森认为这个时期个体的任务在于获得亲密感,避免孤独感,体验爱情的滋味。面对如此众多而又重要的发展任务,大学生的心理素质开始受到严峻的挑战,而且会经历各种复杂的情绪体验。因此,大学生的情绪就表现出自己鲜明的特点。大学生活的丰富多彩使得大学生的情绪活动对象扩大,产生许多前所未有的情绪体验。

进入大学,学习、生活的环境发生了巨大的变化,情感的体验不再局限于之前的学习成绩、家庭,而是扩展到了更为广阔的世界里。人际关系、社会实践、自己的兴趣爱好、对于国家和社会的关注、对于爱情的向往和追求等很多方面都为大学生的情感体验开辟了新的天地。

(一)大学生情绪的波动性和两极性

与中学生相比,大学生的情绪兴奋性较高,有时易激动,情绪容易波动起伏,表现为会因一时成功而欣喜、激动不已,又会因一点挫折而垂头丧气、沮丧,呈现情绪两极间的波动;有时还可能出现莫名其妙的情绪交替变化。大学生相比其他成年人更为敏感,一句善意的话语、一个感人的故事、一首动听的歌曲、一首情理交融的诗歌,都可能使大学生的情绪发生骤然变化。

(二)大学生情绪的心境性

随着认知思维的发展,大学生已不再像中学生那样情绪主要受外界环境的控制,他们的情绪易于心境化,即情绪一旦被激活,即使刺激消失,他们仍然分析与思考,使得激情的状态转化成一种心境。这种情况具有两重性,正性激情转化为心境后使学生保持乐观的情绪,并成为不断前进的动力。而有的负性事件引发的狂躁、愤怒等可能会转化为一种压抑,从而长时间没有热情快乐的心境。如果这种不良心境持续时间太长,极容易产生心理问题,乃至影响学习、工作和身体健康。大学生的许多心理问题都是长期处在不良的心境之中导致的。

(三)大学生情绪的文饰性

由于自尊心比较强,大学生更多地注意自己的情绪在特定环境中的适宜性。当环境不适宜的时候,避免直接的情绪表达,而是通过文饰的方式,隐藏自己内心的真实体验,用自己认为合适的方式表达自己的情绪。这样就可以保持自己在他人心目中良好的形象。

(四)大学生情绪的阶段性

大学阶段由于不同年级培养目标和培养重点不同,教育方式和课程设置也有所不同。因此,不同年级的学生面临着不同的任务,也就有不同的情绪体验。刚进大学,面对新的环境、新的目标、新的生活方式、新的同学和老师,不同的个体会产生各自不同的情绪体验。这一阶段情绪的波动性比较大。大二、大三时候随着入学新鲜感的褪去,对于学业、情感、未来人生的重新思考及其他事件会给大学生带来丰富的情绪体验。这一阶段的情绪比较稳定。毕业时的升学、择业、分离等使得成就感和压力感等混杂在一起,情绪有较大的起伏性。除此之外,不同个体之间情绪控制和管理的能力也有较大的差异性。

五、情绪对大学生的影响

情绪是我们内心世界的晴雨表,强烈的情绪告诉我们,我们的生活极大地受到其他人或事的影响,并促使我们做出相应的行动。情绪不但驱使我们去行动或逃避,也是我们和他人交流的主要方式。可以说情绪在很多方面对我们的生活产生了影响。对于大学生,情绪极大地影响着他们的生理健康、人际关系、学习和工作效率,并且正性情绪容易产生积极的影响,负性情绪常常会对个体产生消极影响。

(一)情绪影响大学生的生理健康

由于情绪的发生伴随着一系列的生理唤起,因此情绪的变化对于人体的生理功能产生着直接的影响。自古以来就有“动气伤肝”的说法,现代的医学、心理学的研究都表明情绪和人的身体健康有着密切的联系。大学生活的丰富性使得大学生面临很多的机遇和挑战,这对他们的心理素质也是极大的考验。如果大学生不能够顺利适应新的环境,不能正确地看待自己和他人的关系,极容易产生一些消极情绪,容易陷入悲伤、抑郁的心境里,这些消极的情绪如果不能得到及时的消解,就容易使人体的免疫力下降、身体各器官功能紊乱等,甚至会引发严重的疾病,如失眠、紧张、神经性头痛、消化系统疾病。相反,如果大学生积极乐观,保持愉快的心情,对于身体的健康有极大的促进作用。

(二)情绪影响大学生的学习

不少同学应该有这样的体验,当自己情绪积极乐观时,学习效率倍增;当情绪低迷、忧郁或烦躁不安时,学习往往是一团糟。一个人再聪明,如果心态不好,学习效率必定会受到影响,只有保持良好的心态,才能充分发挥自己的能力。

人们的情绪是变化的,我们时常会听到人说:“今天心情不好,什么事情也不想做。”这实际上就是情绪在作怪,它在悄悄地影响我们的学习。良好的情绪状态使得身心各器官功能协调,使我们充满学习的动力,注意力集中且持续时间比较长,思维的创造性也极容易被激发,从而使我们的学习效率得到极大的提升。然而,当我们处于不良情绪中,学习效率会受到严重影响。因此,保持良好的情绪是一个人发挥自己能力的前提和基础。

(三)情绪影响大学生的人际关系

社会心理学的研究显示,人们更愿意和快乐、自信的人做朋友。这是情绪的感染性在起作用,快乐或痛苦的情绪会在相邻的个体之间产生影响。良好、积极的情绪会使陌生人之间的心理距离缩短,容易建立良好的人际关系。相反,如果大学生在面临突发事件时不能很好地控制自己愤怒或者其他负性的情绪,极容易使得人际关系变得僵硬,更甚者失去朋友。

案例放映厅

有这么一个小男孩,他常常无缘无故地发脾气。于是父亲给了他一大包钉子,让他每发一次脾气就用铁锤在后院的栅栏上钉一颗钉子。第一天,小男孩共在栅栏上钉了 37 颗钉子。后来,小男孩渐渐学会了控制自己的愤怒,在栅栏上钉钉子的数目也逐渐减少了。他发现控制自己的脾气比往栅栏上钉钉子要容易得多。终于有一天,小男孩没有再在栅栏上钉下一颗钉子了。于是,父亲又建议:"如果你能坚持一整天不发脾气,就从栅栏上拔下一颗钉子。"经过一段时间,小男孩终于把栅栏上所有的钉子都拔掉了。

父亲拉着他的手来到栅栏边,对小男孩说:"儿子,你做得很好。但是,你看看那些钉子在栅栏上留下的小孔,就算经过了很长时间它们也还将继续存在。同样地,当你向别人发过脾气之后,你的言语就像这些钉子一样,会在人们的心灵中留下疤痕。你这样做就好比用刀子刺向了某人的身体,然后再拔出来。无论你说多少次'对不起',那伤口都会永远存在。"

(四)情绪影响大学生的就业及发展

情绪管理能力是大学生未来就业和发展的重要心理素质。如果在大学期间没有形成良好的情绪管理的能力,那么在面临激烈的竞争压力或者一系列的挫折时,就不能够迅速地调整自己的情绪和积极乐观地投入新的活动中去,从而错失很多的机遇。

总之,情绪对于大学生的影响是双重的。良好的情绪使大学生充满活力与激情,消极的情绪影响大学生身心的健康和工作、学习、人际关系等诸多方面。良好的情绪管理能力已经成为大学生成功走入社会的助推器。

第二课 大学生情绪问题及调适

大学生常见的不良情绪表现有焦虑、抑郁、嫉妒、恐惧、自卑、愤怒六大类。

一、焦虑及其调适

(一)焦虑情绪简介

焦虑是大学生中最为常见的情绪问题。焦虑是由紧张、害怕、担忧等情绪混合而成的负性情绪体验,是指一种个体因未来某种可能发生的威胁性情境或某种不良后果而产生的紧张不安的情绪。

大学生的焦虑心理表现为紧张、惶恐、心烦意乱、易被激怒、思维迟钝、记忆力减退、注意力难以集中；生理上表现为肌肉紧张、头痛、坐立不安、来回走动、经常变换姿势；植物性神经系统功能亢进，如头晕、心跳加速、呼吸变短变快、心慌、胸闷、口干、多汗等症状。

当大学生在面临重要考试、激烈的竞选活动或者毕业找工作的时候往往会产生这种体验。心理学研究表明，适当强度的焦虑有利于提高工作效率。因此，焦虑对于大学生的影响是双重的，过度的焦虑才会影响到大学生的学习和生活。

（二）调适方法

对于有严重焦虑情绪的个体需要采用适当的药物治疗，对于大学生无法自我应对的焦虑情绪可以求助正规的心理咨询机构。一般在心理咨询中，常常采用肌肉放松训练或生物反馈、系统脱敏法等辅助治疗，让当事人学习如何使用自我暗示或者借助反馈仪降低肌肉紧张程度，达到减轻症状的效果。

除此之外，大学生可以通过自我调节的方式治疗焦虑。

1. 合理安排自己的时间，做好充分的准备

焦虑很多时候出现在大学生感到无法完成很多任务的时候，如一个月内要参加两个重要考试或者完成其他复杂而又重要的任务。首先大学生要认识到焦虑存在的普遍性。接下来最重要的是将复杂的任务简单化，合理安排好应对考试或其他任务的时间，并保持积极努力、克服困难的心态，然后注意保持足够的休息和锻炼时间，这样就会提高自我效能感，有完成任务的信念，焦虑就会减轻。

2. 学习放松术，做自己的心理按摩师

由于焦虑伴随着一系列躯体的症状，采用适当的放松术在一定程度上可以实现很好的效果。松弛练习通过将全身心调整到轻松舒适的自然状态来增强人对自我情绪的控制能力，达到稳定情绪的目的。例如，在睡眠之前，让自己舒适地躺在床上，集中精力，不断地告诉自己的身体从头到脚依次放松，这期间可以找到舒缓的音乐进行配合。通过瑜伽的方式也能实现放松的效果。

3. 正确认识自我和他人

当同学之间或者爱情关系中出现危机时，很多的大学生感到苦恼和焦虑，害怕失去好朋友或者恋人。这就需要大学生学会抛却自己原有的思维定式，重新认识自己和他人。并且在对事件进行归因分析时，要向促使关系良性发展的方向行动，切不可过分责备自己和他人。重新合理认识是问题解决过程的重要一步，会大大降低原有的无助感和不解之情。

4. 不要过分追求完美

人的能力是有区别的，不是所有的人都能成就伟大的事业，也不是所有的人都能得到第一名。因此，在制定目标的时候，要切合实际，充分认识自己的能力；在追求梦想的路上适时调整自己的定位，不要让自己的梦想变成无止境的追求，否则就容易产生焦急、失望的情绪，

无法实现满足感。

二、抑郁及其调适

(一)抑郁情绪简介

在社会生活节奏逐步加快的21世纪,各行各业无不存在竞争,有竞争就会有压力。在光鲜的娱乐圈,由于工作或情感压力过大,患抑郁症的明星越来越多;在大学美好的象牙塔中,跳楼等自杀的事件偶可听闻。专家分析指出,大学生面对挫折时,容易产生消极情绪,心理压力不能及时得到缓解,进而引发抑郁、焦虑等心理问题。同时世界卫生组织统计资料显示,抑郁是青少年自杀的重要原因。因此,做好大学生抑郁的预防工作,对于促进大学生健康发展有着极其重要的意义。

抑郁是指以心境低落为主的负性情绪状态。它持续时间比较长,常常与苦闷、不满、烦恼、困惑等情绪交织在一起。大学生抑郁的原因常常与个体自身的心理因素、社会因素相关。例如,性格较为内向、孤僻、不善于交际的个体更容易陷入抑郁。大学生的抑郁常常与经历的现实事件密切相关,如恋爱失败是个体成长中的重要事件,许多大学生面对分手的局面手足无措,长时间不能摆脱沮丧和悲伤的情绪,导致抑郁。

大学生抑郁的表现有以下几点:首先是对所有的活动失去兴趣,没有生活的热情,很难体会到快乐;其次就是消极的价值观和世界观,在思考问题及言语表达中都充满着消极的因素,如感到生活没有意义,有时候有想死或自杀的念头;最后,抑郁也会伴随一系列的身体症状,如缺乏食欲,常感到乏力,入睡困难或者很早醒来。另外,大学生会因为抑郁情绪产生社会退缩、自我伤害甚至自杀等行为。抑郁消耗人的意志,破坏人的创造力,甚至危及生命,因此必须及时进行调整。抑郁的个体往往失去了应有的活力,常常卧床不起,吃饭没有规律,这些更会加重抑郁。

(二)调适方法

以下为适合大学生调适抑郁的几点建议。

1. 适度运动

到户外跑步或者旅行等都是最简单有效的办法。适度运动使人的大脑得到休息,新鲜的空气、路旁美丽的花朵能让心情变得轻松愉快。

2. 倾诉

在所有的宣泄方式中,最佳的宣泄方法就是倾诉。找一个值得信赖的人,将心中的想法与苦闷全盘托出,即可使抑郁得以缓解。每个人都应该建立自己的社会支持系统。这个系统主要由亲人、朋友及其他能够提供帮助的人员组成。美国心理学家罗杰斯认为,人不仅可以交流内心的思想,还可以交流内心各种各样的情绪,包括内心的冲动、模糊的示爱。通过沟通,可以缓解压力,释放内在能量。因此,在现实生活中,那些朋友多的人相对而言比较健康,其原因就在于他有更多的宣泄渠道。反之,抑郁的人多半是找不到合适的朋友,没有适当的宣泄途径。

3.提高自己的审美情趣

人们常说“世界不是缺少美，而是缺少发现美的眼睛”。大自然是世界上最伟大的奇迹，充满生活热情的人往往能感受到身边的美。有了发现美的精神，自然就会对生命充满敬意，让自己远离无意义感和空虚感。

4.拓宽自己的兴趣范围

每个人的兴趣各有不同，有的人喜欢唱歌，有的人喜欢读书，有的人喜欢运动，不同的兴趣爱好组成了这个丰富多彩的群体。做自己感兴趣的事可以开启自己的创造性思维，塑造健康向上的人格。拓宽自己的兴趣范围，让自己在对一种事情厌倦的时候可以很好地找到替代，避免抑郁乘虚而入。

5.努力和家人、同学建立良好的关系

家人和同学是大学生社会支持系统的重要组成部分。与精力旺盛又充满希望的人交往，可以激发自己的理想和生活热情。而且当自己遇到无法逾越的心理困境的时候，他们都是个体可以诉说和寻求心理安慰的对象。家人和同学能够满足大学生爱与归属的需要，避免因没有朋友而产生孤单、无助的感觉，防止抑郁的冲击。如果抑郁较为严重的话需要及时到心理咨询中心寻求帮助。

心理诊疗室

抑郁自测量表(SDS)

指导语：下面共有20条陈述，请仔细阅读每一条，把意思弄明白，然后根据自己最近一周的实际感觉，在符合自己情况的分值下侧打“√”。

评定项目：1=很少有；2=有时有；3=大部分时间有；4=绝大多数时间有。

1.我觉得闷闷不乐，情绪低落。1 2 3 4

2.我觉得一天之中早晨最好。4 3 2 1 *

3.我会一阵阵哭出来或觉得想哭。1 2 3 4

4.我晚上睡眠不好。1 2 3 4

5.我吃的跟平常一样多。4 3 2 1 *

6.我与异性密切接触时和以往一样感到愉快。4 3 2 1 *

7.我发觉我的体重在下降。1 2 3 4

8.我有便秘的苦恼。1 2 3 4

9.我心跳比平时快。1 2 3 4

10.我无缘无故感到疲乏。1 2 3 4

11.我的头脑跟平常一样清楚。4 3 2 1 *

12.我觉得经常做的事并没有困难。4 3 2 1 *

13. 我觉得不安而平静不下来。1 2 3 4
14. 我对将来抱有希望。4 3 2 1 *
15. 我比平常容易激动。1 2 3 4
16. 我觉得做出决定是容易的。4 3 2 1 *
17. 我觉得自己是个有用的人，有人需要我。4 3 2 1 *
18. 我的生活过得很有意思。4 3 2 1 *
19. 我认为如果我死了别人会生活得好些。1 2 3 4
20. 我对之前感兴趣的事现在仍然感兴趣。4 3 2 1 *

总分为：________

计分标准：评定主要采用1～4分制计分。评定时间为过去一周内。把20题的得分相加为总分，把总分乘以1.25，四舍五入取整数，即得标准分。抑郁评定的分界值为50分。分值越高，抑郁倾向越明显。

(1)评分依次为1、2、3、4分，标有“*”的为反向评分，即4、3、2、1分。算出总分X。

(2)根据$Y=1.25X$，算出标准分Y。

(3)$Y<40$分表示心理健康，无抑郁症状；$40\leqslant Y<50$表示心理基本健康，极少有抑郁症状；$50\leqslant Y<55$表示轻度抑郁；$55\leqslant Y<65$表示中度抑郁；$Y\geqslant 65$表示重度抑郁。

注意：测试后有疑问之处须请专业人员解释。

三、嫉妒及其调适

(一)嫉妒情绪简介

嫉妒是指他人在才能、名誉、地位或境遇等方面胜过自己而产生的一种由羞耻、焦虑、怨恨、敌意等组成的复合情绪。很多的大学生进入大学之后发现自己已不是当年的佼佼者，面对他人的出色表现出羡慕是很正常的。但是一部分大学生却对他人的优越、幸福等产生不正确的态度，出现嫉妒情绪。一般来讲，以下几种典型对象易令人产生嫉妒情绪。

(1)家境比较优越的同学。

(2)比自己优秀又高傲，带给自己竞争压力的同学。

(3)比自己仪表出众的同学。

(4)恋爱成功处于幸福中的同学。

(5)人际交往比自己好，能够和老师建立良好关系的同学。

(6)获得多项奖励的同学。

容易嫉妒的同学常常表现为心胸狭窄、骄傲自满、缺乏自信、心智不成熟。嫉妒心很强的人往往会带来身体疾病，如失眠、食欲不振、疲乏无力等。同时也会恶化人际关系，当产生嫉妒情绪的时候，不容易对同学表现出发自内心的真诚和信任，更甚者会诽谤自己身边优秀的同学，这样会直接对自己造成不良的影响。另外，长期处于嫉妒状态，会形成虚伪、冷酷、浮夸等不良性格。因此，当大学生产生嫉妒情绪的时候要保持理智、警醒的态度，适时地自我调节。

(二)调适方法

1.改变不合理信念，形成正确的归因方式

嫉妒的产生与个体的认知方式和归因方式有密切关系。因此，大学生在关注结果时要考虑自己是否付出了，自己的付出是否能够为自己赢得满意的结果。在看到他人取得成功和获得巨大收获时，应该看到他人成功背后的付出和努力。当大学生能对事物有一个正确的认识，并且能够做出正确的分析时，不管是面对自己的失败还是他人的成功，都能有一种平常心，嫉妒之心就不会滋生。

2.正确地进行自我定位

嫉妒常常是在没有客观认识自己的情况下，盲目地与他人进行对比产生的情绪体验。如果个体能根据自己的知识、能力、条件确立自己的目标，发挥自己的优势，不仅可以展现出自己的价值，同时也可以减少对他人的嫉妒。

3.转移注意力，积极进取

培根说过："每一个埋头沉入自己事业的人，是没有时间去嫉妒别人的。"因此，积极地参与各种社会实践活动，使生活真正地充实起来，嫉妒的火苗就不会燃烧起来。为了缓解失败带来的心理上的不平衡感，可以自己找一些理由，使自己不再嫉妒别人。

4.学会欣赏

当发现自己不自觉地开始嫉妒一个非常优秀的同学时，要不断地提醒自己：长期的嫉妒会给自己带来不利的影响。要转变自己的视角，以欣赏的眼光来看待同学的优势，并加以借鉴，从而升华自己的嫉妒之情。

四、恐惧及其调适

(一)恐惧情绪简介

恐惧是对某种特定的事物、情境或人产生过度害怕的一种情绪，如害怕公众发言、害怕与人交往、害怕高处、害怕见到蛇、害怕黑暗等。恐惧的产生往往和个体的性格、成长过程中经历的事件有密切关系。例如，胆小、孤僻、敏感的个性加上以前曾经见过的让自己非常害怕的事情的经历，就容易产生恐惧情绪。实际上恐惧是缺乏处理或摆脱可怕的情境的力量和能力所造成的。

大学生常见的恐惧是社交恐惧。社交恐惧的个体，害怕去公共场所，在人多的地方常感到焦虑、紧张，并伴随有出汗、脸红、心跳、不敢看别人、无法言语或者出现口吃现象等。它对大学生的其他方面也会造成严重的影响。因此，对于大学生来讲，面对很多新的现象或极具挑战的事情时，要做好充足的心理准备，即使失败了，也要告诉自己："没关系，这是第一次，

以后会好起来的。没有人是天生的王者。”在平时尤其要与同学保持良好的人际关系，对于比较内向的同学也应该在最开始的时候充满勇气，用真诚善意的心与别人交往。任何事情，第一步是关键，不可以让恐惧的情绪在事件开始的时候就向你伸出手。

（二）调适方法

对于比较严重的社交恐惧症，应该及时地进行心理咨询和治疗。

五、自卑及其调适

（一）自卑情绪简介

自卑是自我意识中带有自我否定倾向的情绪体验，对现实自我的认识和评价过低，认为即使努力也无法达到自己的目标，同时伴有一些诸如害羞、不安、内疚、忧郁、失望等特殊的情绪体验。自卑也是大学生群体中比较普遍的现象，它影响着大学生的精神状态、学习效率、人际关系等诸多方面。

（二）调适方法

1. 提高自我效能感

自卑常常是体验到很多失败的情感，对自己失去信心的一种情绪体验。自我效能感是指个体对自己是否有能力完成某一行为所进行的推测与判断。因此，大学生可以通过增加自己的成功体验来提高自我效能感。首先，目标的制定要考虑自己的能力所及；其次，在实际行动中要尽自己最大的努力；最后，体验顺利完成任务的喜悦和成就感。这样就会增强自己的信心，减少自卑的情绪体验。

2. 阅读成功者的传记

阿德勒（Alfred Adler）在其《自卑与超越》一书中指出：每个人都是自卑的，个体成长的过程就要不断地超越缺陷，超越自卑。成功的人都是靠自己的努力实现自己的愿望的，阅读成功者的传记会增强大学生努力奋斗和克服自卑的勇气。

3. 向积极的方向思考

在遇到挫折时，想一想事情的积极方面，就算是失败，也有失败的价值。例如，四、六级考试没有考好，这是不是说明自己没有用、自己能力不如别人？不一定是。考试除了能够评估自己的学习所得之外，另一个功能就是帮助自己看清哪些知识是自己的盲点，以后需要怎样进行有针对性的复习。

六、愤怒及其调适

（一）愤怒情绪简介

大学生处于精力充沛、血气方刚的时期，因此往往很容易激动、愤怒。愤怒是人的基本情绪，它是一种短暂的情绪状态，它的产生原因包括个人感到自信心受挫、人格受侮辱、人身安全受威胁、对关注事件不满等。愤怒的情绪如果得到有效的控制是不会产生太多问题的，但是有些人不能控制自己的情绪，常常因为一些不爱听的话或不顺心的事而怒不可遏、大吵大闹，甚至大打出手，造成严重后果。愤怒情绪会使大脑皮层处于紧张状态，可能导致人体心跳加快、心律失常、高血压等躯体性疾病。有时愤怒发生时，人的自制力减弱甚至丧失，思维受阻，行为冲动，危及生命，造成终身难以抹掉的伤痛。有人说："愤怒是以愚蠢开始，以后悔结束。"

(二)调适方法

1. 转移注意力法

对愤怒的研究表明，转移注意力非常有助于改变情绪。当受到别人的激怒刺激时，大脑皮层会产生一个强烈的兴奋区域，这时，如果有意地在大脑皮层里建立另外一个兴奋区域，用它来削弱或抵消引起发怒的兴奋区域，就会使怒气平息。例如，在遇到挫折或意外打击时，如果你怒火中烧、悲愤难忍，这时候一定告诉自己"可以找自己高兴的事去做"，如散步、郊游、看电视、下棋、打球、唱歌、听音乐、逛街、买自己需要的东西等。人们发现，当从事愉快的活动时，愤怒的情绪就可以得到缓解，愤怒情绪就难以维持。

2. 主动降温法

由于愤怒是一段时间内情绪的触发，认识到愤怒带给人类身心的消极影响之后，就要掌握自我控制法。当愤怒的情绪来临时，减少说话的内容、与愤怒的对象保持距离，以给愤怒的情绪自我降温的时间。我们常见到生气的人总会说很多难听的话，当对方听不下去的时候就会回以同样刺耳的言语，这样双方斗争升级，很容易打破原有的人际关系，陷入恶性循环。但是通过有意控制，大脑的兴奋性就会受到抑制，认识到是愤怒的情绪在作怪，转而跳出来思考，慢慢就会降低愤怒的程度。使用这种方法，可以让自己的心理更加成熟，面对突然而来的不公平、不满意时能给人留下宽容、大度和稳重的印象，有利于提高自己的人格魅力。

3. 适度发泄自己的愤怒

发泄自己愤怒的情绪也有很多方式，具体情况要具体分析。第一，语言的发泄。特别要避免人格的侮辱和不礼貌言语的使用，这往往是斗争恶化的最直接原因，尽量使用委婉一些的、可以接受的语句。第二，可以采用运动发泄，如去健身房打沙袋，将其视为自己愤怒的对象，将内心的不满用拳头的方式发泄出来。事实证明，运动法是相当有效的方式。第三，将愤怒的对象抽象化，延伸至社会中的一类现象，通过日记、微博或者其他方式来表达自己对事件的思考。这样个体可以体验到通过深度思考带来的满足感，到最后往往会带给自己很大的启迪，反过来会感激当时引起自己愤怒的人。

总之，大学生应学会充分利用各种策略来调节自己的情绪。20 世纪 50 年代，美国心理学家阿尔伯特·艾利斯(Albert Ellis)创立的合理情绪疗法是一种比较著名的心理治疗理论和方法。这种方法对调节情绪有很好的指导和实践意义。该理论认为，使人们感到痛苦的不是事件本身，而是对事件的不正确解释和评价。合理情绪的目标是降低求助者的各种不良情绪体验，使他们能够带着最少的焦虑、抑郁和敌意生活。ABC理论是合理情绪疗法的核心理论，它的主要观点是强调情绪或不良行为并非由外部诱发事件本身所引起的，而是由于个体对这些事件的评价和解释造成的。在ABC理论中，A代表诱发事件，B代表个体对这一事件的看法、解释及评价（信念），C代表继这一事件后个体的情绪反应和行为结果。例如，一位男大学生，在失恋（A）之后变得消沉抑郁（C）。虽然失恋本身确实给他带来了痛苦，但是这种情绪的根源可能是他对自己完全否定的态度（B）。在他看来，女友离开自己和他人在一起，表明自己不如他人，注定是个恋爱的失败者，因此才会抑郁。该理论强调是不合理的信念导致了最终的情绪问题。不合理信念主要有以下三个特征：绝对化的要求，即个体以自己的愿望为出发点，认为某一事物必定会发生或不会发生的信念；过分概括化，即一种以偏概全的不合理思维方式，常常以某一件或者某几件事来评价自身或他人的整体价值；糟糕至极，即认为一种对事物的可能后果非常可怕、非常糟糕，甚至是灾难性的非理性观念。

因此，大学生可以在不良情绪发生时，认真地思考自己是否存在不合理的信念，是否是这些不合理的信念导致了自己情绪的不适体验，并试着改变自己的信念，达到使不良情绪降低或消失的程度。

心理诊疗室

情绪稳定性自评量表

请根据自己的实际情况，在每个题目后面的三个备选答案中选出最适合自己的一个。

1. 看到自己最近一次拍摄的照片，你有何想法？

A. 觉得不称心　　B. 觉得很好　　C. 觉得还可以

2. 你是否想到若干年后会有使自己极为不安的事？

A. 经常想到　　B. 从来没有想过　　C. 偶尔想到过

3. 你是否被朋友、同事、同学起过绰号或挖苦过？

A. 这是常有的事　　B. 从来没有　　C. 偶尔有过

4. 你上床以后是否会再次起来，看看门窗是否关好？

A. 经常如此　　B. 从不如此　　C. 偶尔如此

5. 你对与你关系最密切的人是否满意？

A. 不满意　　B. 非常满意　　C. 基本满意

6. 在半夜的时候，你是否会觉得有害怕的事？

A. 经常有　　B. 从来没有　　C. 偶尔有

7. 你是否会因梦见可怕的事而惊醒？

A. 经常　　B. 从来没有　　C. 极少有

8. 你是否曾经有过多次做同一个梦的情况?
A. 是　B. 否　C. 记不清
9. 是否有一种食物使你吃后呕吐?
A. 是　B. 否　C. 记不清
10. 除去看见的世界外,你心里是否有另外一个世界?
A. 是　B. 否　C. 偶尔是
11. 你心里是否时常觉得自己被孤立?
A. 是　B. 否　C. 偶尔是
12. 你是否曾经觉得有一个人爱你或尊重你?
A. 否　B. 是　C. 说不清
13. 你是否常常觉得你的家人对你不好,但你又知道他们的确对你很好?
A. 是　B. 否　C. 偶尔是
14. 你是否觉得没有人十分了解你?
A. 是　B. 否　C. 说不清
15. 早晨起床的时候,你最常有的感觉是什么?
A. 忧郁　B. 快乐　C. 讲不清楚
16. 每到秋天,你常有的感觉是什么?
A. 秋雨霏霏或枯叶遍地　B. 秋高气爽或艳阳天　C. 不清楚
17. 在高处的时候,你是否觉得站不稳?
A. 是　B. 否　C. 偶尔是
18. 你平时是否觉得自己很强健?
A. 否　B. 是　C. 不清楚
19. 你是否一回家就立刻把房门关上?
A. 是　B. 否　C. 不清楚
20. 当你坐在房间里把门关上时,是否觉得心里不安?
A. 是　B. 否　C. 偶尔是
21. 当需要你对一件事做出决定时,你是否觉得很难?
A. 是　B. 否　C. 偶尔是
22. 你是否常常用抛硬币、玩纸牌、抽签之类的游戏来测凶吉?
A. 是　B. 否　C. 偶尔是
23. 你是否常常因为碰到东西而跌倒?
A. 是　B. 否　C. 偶尔是
24. 你是否需用一个多小时才能入睡,或醒得比你希望的早一个小时?
A. 经常这样　B. 从不这样　C. 偶尔这样

25. 你是否曾看到、听到或感觉到别人觉察不到的东西？

A. 经常这样　　B. 从不这样　　C. 偶尔这样

26. 你是否觉得自己有超越常人的能力？

A. 是　　B. 否　　C. 不清楚

27. 你是否曾经因有人跟着你走而觉得心里不安？

A. 是　　B. 否　　C. 不清楚

28. 你是否觉得有人在注意你的言行？

A. 是　　B. 否　　C. 不清楚

29. 当你一个人走夜路时，是否觉得前面潜藏着危险？

A. 是　　B. 否　　C. 偶尔

30. 你对别人自杀有什么想法？

A. 可以理解　　B. 不可思议　　C. 不清楚

计分方法：

以上各题选A得2分，选B得0分，选C得1分。请你将每题得分相加，算出总分。根据总分查看下面的结果解释，便可知道你的情绪稳定水平。

结果解释：

总分为0～20分，情绪稳定，自信心强；21～40分，情绪基本稳定，但较为深沉、冷静；41分以上，情绪极不稳定，日常烦恼过多。

第三课　良好情绪的培养

一、情绪管理的原则

美国著名心理咨询师辛德勒（Schindler）认为情绪稳定与成熟就像是一个硬币的两面，成熟也就意味着在逆境中依然情绪稳定，这是一种保持沉着、勇敢、谦让、果断、快乐的能力；而不成熟的人在同样的环境中则会表现出忧虑、恐惧、焦急、挫败等负面情绪。所以，情绪管理的原则说到底是要让自己成长成熟起来，面对现实、承担责任、积极行动。总体来说，情绪管理应遵循“四不”原则，即不责备、不逃避、不遗忘和不委曲求全。

微课
积极情绪的培养

（一）不责备

不责备包括不自责和不责备别人。陷入自责而耽搁行动是不明智的。而责备别人只会引起新的矛盾，你要做的首先是澄清事实，其次表达你的感受，最后说出你自己能做的事及你期望对方做的部分。

(二)不逃避

常常有女同学说当自己不开心的时候就大吃，女同学在大吃之后又会为体重问题而纠结；男同学可能去喝个大醉，而醉后严重的不适感也会让他们的身体几天都缓不过劲来。还有一些网络成瘾的同学，就是因为在现实世界中有很多的遗憾和痛苦，转而到虚幻世界中寻找满足。不要采用逃避或麻痹自己的方式，不要去当一只把头埋进沙子里的鸵鸟，要承认痛苦或者错误的存在，并且勇敢面对。

(三)不遗忘

有人说："睡吧睡吧，睡一觉，第二天就一切都好了。"不要相信这样的话，它只是用来暂时安慰人的。人们总以为把问题搁置到一边，当它不存在，遗忘了就好了，其实不是这样的，这个问题只是从意识层面沉入了当事者的潜意识，它就像一颗不定时炸弹，说不定会在当事者将来的生活里制造更大麻烦。

(四)不委曲求全

有的学生在人际交往中总是习惯做老好人，不会说"不"，自己原本不想做的却去做了，自己原本想做那件事，结果做的却是这件事。这些学生总在违逆自己的意愿、忽略自我的渴求，这实际上是将攻击转向自己。

二、良好情绪的标准

良好情绪的标准主要有以下几点。

(1)开朗、豁达，遇事不斤斤计较。

(2)及时、准确、适当地表达自己的主观感受。

(3)情绪正常、稳定，能承受欢乐与痛苦的考验。

(4)充满爱心和同情心，乐于助人。

(5)正确地认识自己和他人，人际关系良好。

(6)对前途充满信心，富有朝气，勇于进取，坚韧不拔。

(7)善于寻找快乐，创造快乐。

(8)能面对现实、承认现实和接受现实，善于把个人需要与社会的需求协调起来。

三、培养良好情绪的方法

(一)调整认知，以理育情

情绪认知理论指出，客观事物并不直接决定情绪的性质，从刺激出现到情绪的产生，要经过对客观事物的认知与评价。一般来说，正确的认知会产生正确的态度和健康的情绪，错误的认知会产生错误的态度和不良的情绪。科学的认知是大学生产生和保持健康情绪的关键，对大学生来说，应该从以下几方面来调整认知。

1. 正确归因

归因是指个体从行为的结果寻求行为的原因的认知倾向。大学生不良情绪主要来自消极的错误观念，如凡事以自己为出发点的绝对化观念；以一概十、以偏概全的过分概括化观念；把事情想象得非常可怕、糟糕透顶的观念；等等。因此，正确的归因、找到问题的症结所在、改变错误观念是大学生克服不良情绪与培养健康情绪的关键。

2. 抱负水平适中

抱负水平是指大学生对要达成的目标所规定的标准。实践证明，抱负水平过高、自我估计不切实际容易使大学生产生挫折感、失败感；抱负水平过低，则无法调动大学生活动的积极性。因此，引导大学生根据自己的实际需要，正确估计自我，调整期望值，形成适度的抱负水平，培养健康的情绪，是非常重要的。

3. 多维度分析问题

临床心理治疗表明，有情绪问题者习惯于以消极心态、片面地看待问题。因此，要引导大学生全面地分析问题，用积极的心态去寻找事物的闪光点与光明面。

4. 学会遗忘不良情绪

有的大学生有了不良情绪后，总是放在心上，扔不掉，丢不下，使不良情绪不断蔓延，日甚一日，这是不可取的。要顺其自然，学会遗忘，尽可能快地从不良情绪中走出来。具体方法有环境改换法、注意力转移法等。

(二)培养良好的性格品质

恩格斯说过："人物的性格不仅表现在他做什么，而且表现在他怎样做。""做什么"反映人对现实的情绪态度，"怎么做"反映情绪的行为方式，性格是人对现实的稳定的态度和习惯化的行为方式。

性格是大学生心理品质的核心。情绪是性格的主要组成部分，受制于性格。良好的性格有利于大学生健康情绪的培养。要塑造良好的性格，一方面要有目的、有意识地培养；另一方面要立足于实践，注重遗传基因、幼年生活环境等对性格的影响。性格一旦定型很难改变，但性格绝不是恒定的、不可变的，知识的积累可以使一个夸夸其谈的人变得深沉、理性。性格塑造是艰辛的工作，需要教育者全身心地投入。

(三)加强意志力的培养，以意育情

意志和情感是相互制约的。意志是在认知的基础上，在情绪的激励下产生的；而意志又能调节和控制情绪。一般来说，意志越坚强，越能使积极情绪坚持下去，越能克服消极情绪；相反，一个意志薄弱的人就很难驾驭自己的情绪。因此，在大学生健康情绪的培养中，培养大学生的意志是非常重要的。意志力的培养途径如下。

1. 增强大学生意志锻炼的目的性

增强大学生意志锻炼的目的性，能引导大学生敢于面对困难、接受挑战、不断提高自己的毅力。

2. 加强大学生良好的意志品质的培养

意志品质是衡量大学生意志水平的标准，良好的意志品质包括目的性、坚持性、果断性和自制性等方面。

3. 提高大学生承受挫折的能力

“人生不如意事十之八九”，当代大学生面临着诸如学业、交往、就业等压力，所以，引导大学生善于消除各种压力引发的不良情绪，化压力为动力，增强承受挫折的能力，是极其重要的。

(四)学会交往，建立良好的人际关系

情绪是人的需要是否得到满足而产生的主观体验。人有一些基本需要必须在与他人交往时才可能满足，如得到他人的爱与尊重、包容需要、支配需要等。大学生的心理问题主要是人际关系的失调造成的。调查表明，与人际关系良好的大学生相比，人际关系紧张的大学生有更多的情绪问题，表现为抑郁、寡欢、焦虑、恐惧等，甚至出现敌对和攻击性行为。

因此，要引导大学生学会交往，提高社交技能，以培养健康的情绪。

(五)利用心理防御机制，以智育情

心理防御机制是人的一种情绪调整机能，它能缓和心理矛盾，减轻或消除不良的情绪体验，增加欢乐和愉快。积极的心理防御机制主要有以下几种。

1. 情绪宣泄

情绪宣泄的方法如下。

(1)倾诉：向亲朋好友诉说心中的烦恼和忧虑，也可用写日记的方式倾诉不快。

(2)哭泣：在悲痛欲绝时大哭一场，可使情绪平静。

(3)剧烈地运动：在盛怒愤慨时猛干一阵活或进行一定强度的体育运动，有助于释放激情。

(4)发泄：“叫喊法”“模拟攻击法”等都可用来发泄烦恼等不良情绪。

2. 注意力转移

根据巴甫洛夫的条件反射理论，人在产生不良情绪时，会在大脑皮层上出现一个兴奋中心，注意转移法可使之冲淡或抵消原来的兴奋中心，如大学生初次登台演讲，心里紧张，把注意力集中到讲话内容上；烦恼时听听音乐，看看喜剧或笑话；发怒时把舌头在嘴里转几圈，或强迫自己做一些积极的动作。

3. 情感升华

情感升华是把原先的失败引向更崇高的、对社会有益的贡献，以此来消除受挫的情感。

4. 用积极替代消极

这是以活动某方面的成功来弥补活动某方面的失败来消除不良的情绪的办法。俗话说，“东方不亮西方亮”。某方面失败了，自然会觉得脸面有失，那就在别的方面加倍努力，取得成功，证明自己。

另外，还有自我暗示、音乐治疗、放松训练等防御机制。

(六)养成健康的生活方式

医学心理学表明,人的生理与心理是相互影响的,情绪的健康是以生理健康为基础的。也就是说,健康的生活方式是保证大学生情绪健康的重要环节。

1. 科学饮食

“早上吃好,中午吃饱,晚上吃少”是合理的饮食建议。科学的饮食是保证身体健康的前提和保障。

2. 戒烟限酒

香烟燃烧时会产生许多有害物质,吸烟不仅易引起肺癌、心脑血管病等生理疾病,而且会使人产生不良情绪。酒精能抑制神经系统,降低人的自控水平,伤害各种组织器官,大学生应自觉控制酒精摄入量,以免产生不良情绪。

3. 加强脑保健

大脑是人的精神的物质载体。健康的情绪源于健康的大脑,要合理利用脑,劳逸结合,并养成健康娱乐、运动的习惯。

四、如何正确表达情绪

(一)意识情绪:意识到自己的情绪出现

认识自己的情绪是什么,如愤怒、焦虑、忧伤、委屈、失落等。也就是,时时提醒自己注意:我的情绪是什么?有许多人认为人不应该有情绪,所以不肯承认自己有负面的情绪,要知道,人一定会有情绪的,压抑情绪反而带来更不好的结果,学着认识自己的情绪,是表达情绪的第一步。

(二)体察情绪:体察情绪的合理性

健康情绪不是指时刻处于阳光状态,而是所表现出的情绪应与所遇到的事件呈现出一致性。所以,当情绪体验符合客观事件时,第一时间暗示自己——我现在的情绪是正常的。这样,情绪张力就会下降,内心自然恢复平静。很多时候人的痛苦并不是来源于情绪本身,而是来源于对情绪的抵触。

(三)表达情绪:合理表达出自己的情绪

不要给情绪的抒发扣上负面的帽子,表达情绪不是发泄情绪,表达情绪的主要目的是希望别人了解我们所处的状态,期待别人的支持与体谅。如果情绪只能憋着而不能呼出,整个人的状态都将变得危险。在日常生活中,营造积极健康的生活方式,也有助于我们情绪的表达。

课后实训

情绪垃圾桶 & 情绪加油站

1. 实训目的

本实训的目的是帮助学生掌握表达情绪的适当方式和正确态度；引导学生写出自己的情绪，并使之得到表达和宣泄；了解自己在情绪不佳时经常使用哪些资源进行调节，借此找到对自己来说最熟悉、最积极和最有效的方式。

2. 实训内容

(1)给每个学生发一张白纸，让他们将困扰自己的情绪写在白纸上，用剪碎、揉烂、划破等各种方式将其销毁。

(2)请学生将销毁的白纸放进老师事先准备好的垃圾桶里，象征那些负面的情绪也随之被丢弃。

(3)让学生讨论自己的负面情绪。

(4)让每个学生设计情绪加油站，写下自己的“支持资源”，画几个同心圆，其中最内圈是自己在遇到挫折时最先想到的人，外圈是较少想到的人。

(5)让学生分享自己最有效的资源和应对方式。

第七讲

体验压力与挫折

案例导入

要是我的身体没有病，我就……

小万是个很要强且很懂事的孩子，不用家人操心，这一点得到了家人的一致赞赏，当然大家也会说他心事重了点。但是，高二起父母不像之前那么省心了，原因是小万被诊断得了脊柱侧弯并有轻度椎骨滑脱。虽然大夫强调目前的病情并不会导致很大的不适感，但小万却开始关注自己的身体，并为此忧虑重重，这直接导致了他学习成绩下滑、高考失利。这一打击使本来就对自己要求和期望很高的他躯体反应愈加严重，脖颈僵硬、腰不疼不麻却有说不出的难受，整个人坐立难安，纵有千般想法万般抱负却什么事都做不了，陷入了空虚和无助之中。同学们私下里会说他有点像“祥林嫂”，他自己也总在说“要是我的身体没有病，我就……”其实是身体疾病加上小万特殊的个性，造成了他沉重的心理压力，进而加重了其躯体症状。小万就像掉进了一个恶性循环圈。

小万该怎么办？如何面对目前的压力和挫折？

第一课 压力与挫折的相关概念

一、压力的相关概念

(一)压力的含义

压力这个概念首先由加拿大生理学家谢耶(Selye)提出。他认为压力是产生于个体无能力、无资源应对“外在需求”时的一种非特定的生理反应。它是由内在的或外部的刺激引起的、对个体身体和心理产生一定影响的心理感受。它包括三方面的含义：第一，它是一种心理感受，是对于紧张或唤醒的一种内部心理状态。第二，它的起因既来自外部环境刺激（如天灾、同学议论、竞争、贫困等），也来自个体身体或心理成长过程中的内在刺激（如经常患病、渴望被人理解等）。第三，它被个体感知到，通过个体的认知评价，对个体产生一定的心理影响。

（二）压力的生理和心理反应

人在压力状态下，会出现一定的生理反应和心理反应，这些生理信号和心理信号提示人们要关注自己的压力水平。

压力作用于个体之后，会引发一系列的生理变化，主要表现为：心跳加快加强，血液循环加快，血压升高；内脏血管收缩，骨骼肌血管舒张，血流量重新分布；呼吸加深加快，肺通气量增加；代谢活动加强，为肌肉活动提供充分的能量等。这一系列变化均有利于机体动员各器官的储备力，尽力应对环境的变化。

根据内分泌学家汉斯·塞里的研究，在适应压力的过程中，个体的生理、心理及行为特征分为以下三个不同的阶段。

（1）警觉阶段。警觉阶段又称唤醒期或准备期。在这一阶段，机体发现事件并引起警觉，同时准备应付。交感神经支配肾上腺分泌肾上腺素和副肾上腺素，这些激素促进人体的新陈代谢，释放储存的能量，于是主要器官的活动处于兴奋状态，主要表现为：呼吸、心跳加快，汗腺分泌加速，血压、体温上升，骨骼肌紧张，等等。

（2）搏击阶段。搏击阶段又称战斗期或反抗期。在搏击阶段，人体会全身心投入战斗，或消除压力，或适应压力，或退却。在这一阶段，人体的生理、心理和行为特征主要表现为以下几个方面。

①警觉阶段的生理生化指标表面恢复正常，外在行为平复，实则机体处于意识控制之下的抑制状态。

②个体内部的生理资源和心理资源及能量被大量耗费。

③个体变得极为敏感和脆弱，即便是微小的刺激，也能引发个体强烈的情绪反应。例如，爱人的唠叨、孩子的纠缠都会让一个刚下班的精疲力竭的丈夫或者妻子勃然大怒，找对方“出气”。

（3）衰竭阶段。衰竭阶段又称枯竭期或倦怠期。在衰竭阶段，由于抗击压力的能量消耗殆尽，个体在短时间内难以继续承受压力。如果一个压力反应周期之后，外在的压力消失了，经过一定时间的调理和休息，个体体征很快就能恢复正常；如果压力源持续存在，个体仍不能适应，对一个能量消耗殆尽的人而言，此时发生疾病甚至死亡都是极有可能的。

（三）压力对健康的影响

压力对人的健康具有双重作用，既有积极的影响，也有消极的影响。

1. 压力对健康的积极影响

一般单一性社会压力有益于健康，能够使人生活充实，使人生有意义。这类压力称为良性压力。事实上，完全没有压力的生活是不可想象的，也是不真实的。

心理学的研究表明，早年的心理压力是促进儿童成长和发展的必要条件。经受过生活压力的青少年在以后的生活和工作中更容易适应环境，更容易取得成功；反之，早年生活条件太好，没经历过挫折和压力的青少年，犹如温室里成长的花朵，经不起生活的风吹雨打。对于大学生而言，适度的压力是维持正常身心功能活动、激发积极性和主动性、培养良好意志力品质的必要条件。

2. 压力对健康的消极影响

继时性压力和破坏性压力成为人们健康的杀手。继时性压力使人处于慢性心理应激状态，时间一久便容易引发一系列的身心症状。个体会产生呼吸困难、易疲劳、心悸和胸痛等生理症状，同时伴有紧张性头痛、焦虑、抑郁、强迫行为等心理症状。这是慢性应激障碍。

破坏性压力(地震、战争等)则容易使人患上创伤后压力失调，或创伤后应激障碍，造成认知、情绪、行为等方面的一系列问题，这是急性应激障碍。

二、挫折的相关概念

(一)挫折的含义

在社会心理学和行为科学中，挫折是指一种情绪状态，即人们在某种动机的推动下，为实现目标而采取的行动遭遇到无法逾越的困难时所产生的一种紧张、消极的情绪反应和情绪体验。例如，一个学生平时为班级付出很多，关心班集体的同学，积极热心为大家办事，但是在选举班干部的时候却落选，这时他可能会产生愤怒和失望等消极情绪，觉得受挫。

挫折包含以下三层含义。

1. 挫折情境

挫折情境，即阻碍个体行为的情境，如考试失利、笔记本电脑被偷、受讽刺打击、失恋等。

2. 挫折认知

挫折认知，即个体对挫折情境的认知、态度和评价，如有的人认为失败乃成功之母；有的人却认为这次失败了说明自己是一个失败的人，以后也不会成功。

3. 挫折反应

挫折反应是指个体在挫折情境下所产生的烦恼、困惑、焦虑、愤怒等负面情绪交织而成的心理感受，即挫折感。

挫折反应的性质及程度主要取决于挫折认知。一般来说，挫折情境越严重，挫折反应就越强烈；反之，挫折反应就轻微。但是，只有当挫折情境被主体所感知时，才会在个体心理上产生挫折反应。如果出现了挫折情境而个体没有意识到，或者虽然意识到了但并不认为很严重，那么也不会产生挫折反应或只产生轻微的挫折反应。因此，挫折反应的性质、程度主要取决于个体对挫折情境的认知。

(二)挫折的两面性

1. 消极性

人们遇到挫折时可能产生不安、焦虑、愤怒等消极情绪,也可能产生攻击、幻想、偏执等行为反应,这些都体现了挫折的消极性。心理学家发现,个体在遇到挫折时,为发泄不满的情绪,可能会采取攻击性行为。如果攻击性行为无效,他可能暂时压抑愤怒的情绪,转而采取冷漠的态度。长此以往,他可能会丧失自尊心、自信心,以致自暴自弃、一蹶不振。

2. 积极性

挫折也有其积极的一面。安逸而舒适的生活往往使人安于现状,挫折和磨难却能使人经受住锻炼和考验。挫折可以提高个体的心理承受能力,使其吸取教训,改变目标或策略,从逆境中重新奋起,从而更加成熟和完善。

挫折的消极性和积极性同时存在,并可以相互转化。要使挫折的消极性向积极性转化,人们必须将挫折视为一种挑战,并重新调整目标,为实现新的目标做出不懈的努力。

(三)挫折防御机制

挫折防御机制是指人在遇到挫折时,有意或无意地寻求摆脱由挫折产生的心理压力、减轻精神痛苦、恢复正常情绪和心理平衡的自我调节和自我保护的方式。挫折防御机制一般可以分为两大类:积极心理防御和消极心理防御。

1. 积极心理防御

积极心理防御方式是正视挫折,承认挫折,正确分析挫折产生的主、客观原因,总结经验教训,采取积极的行为方式,最后战胜挫折。积极心理防御主要表现为坚持、认同、补偿、升华和幽默。

(1)坚持。坚持是指个体发现目标难以达到,要求自己加倍努力,并通过不断努力,最终使目标实现。电影《阿甘正传》的主人公阿甘是一位智商并不高的人,他应对挫折的方法就是忽视它并坚持不懈地努力,最后赢得了人们的尊重,赢得了自己的事业,也获得了自己想要的生活。正如有的学者所说:成功就在最后的坚持之中。

(2)认同。认同是指个体在现实生活中无法获得成功时,将自己比拟为某一成功者,借以减轻挫折造成的痛苦,或者迎合能满足自己需要的人,按照他们的希望去支配自己的思想、行动,来冲淡自己的挫折感,并以此求得内心的满足。例如,大学生常以一些历史名人、科学家、小说中所欣赏的人物、老师甚至同学作为自己效仿的对象,树立自己心中的榜样,并依照榜样进行积极的自我激励与自我暗示。

(3)补偿。补偿是指当个体行为受挫时,或因个人某方面的缺陷而使目标无法实现时,以新的目标代替原有目标,以其他方面的成功来弥补因失败而丧失的自尊与自信。这就是人们常说的“失之东隅,收之桑榆”。例如,某大学生没有当上班干部,无机会表现自己的能力,于是便努力使自己的成绩名列前茅。又如,某大学生恋爱失败了,便积极参加文体活动,用其他方面的成功来化解失恋的痛苦。

(4)升华。升华是指用一种比较崇高的、具有创造性和建设性的目标作为替代物，借以弥补因受挫而丧失的自尊与自信，以此来减轻痛苦。升华是最积极的行为反应，现实中，一些其貌不扬的大学生最初在社交活动中受到挫折，于是他们在学问、个体思想道德修养上下功夫，使得学习成绩出类拔萃、品德优秀，受到大家的赞赏。

(5)幽默。幽默不是所有人都能做到的，必须有积极的生活态度，表现出睿智与从容。不能拿别人开玩笑，要学会自嘲。一个人会自嘲了，说明他的心理成熟了，也说明他认识了自己，社会适应能力变强了。例如，有人失恋了，他自嘲说："只谈过一次恋爱的小子，不要羡慕他！"幽默很容易缩短与周围人的距离，而且能够帮助个体有效地寻求社会支持。

2.消极心理防御

消极心理防御是指个体遭受挫折后所表现出来的带有强烈情绪色彩的非理性行为，主要表现为压抑、攻击性行为、退化、逃避、冷漠。

(1)压抑。压抑是指把不愉快的经历和体验压抑到无意识中，不去回忆，主动遗忘。适度的压抑有利于情绪的调整，但长期的压抑会导致更强的挫折与心理不适。

(2)攻击性行为。攻击性行为指个体在遭受挫折后，在情绪与行动上会产生一种对有关人或物的攻击性的抵触反应，以消除挫折带来的痛苦。攻击是一种破坏性行为，可分为直接攻击和转向攻击。

①直接攻击。直接攻击是指一个人受到挫折以后，把愤怒的情绪直接发泄到使之受挫的人或物上，如大学里发生的打架斗殴、损害公物等现象。

②转向攻击。转向攻击是指一个人受到挫折以后，把愤怒的情绪指向其他的人或物，如某同学受到老师批评时，把怒气发泄到别人身上或物品上。

(3)退化。退化又称回归，是指个体受到挫折后，往往表现出与自己的年龄、身份很不相符的幼稚行为，或盲目地轻信他人、跟从他人等。表现出这种行为的大学生往往对自己缺乏信心，看不到自己的力量，像孩子一样依赖他人。例如，某一女生刚入校，参加学生会干部竞选失败了，感到很委屈，无法理智对待，不吃饭，也不上课，整天蒙头大睡。

(4)逃避。逃避是指个体受到挫折后，不敢面对挫折情境，而逃避到比较安全的环境中去的行为。逃避有三种表现：一是逃到另一种现实中，如学习不好就玩游戏，沉溺其中；二是逃向幻想世界；三是逃向疾病。例如，某大一学生因为英语口语较差，每次上课从不开口说英语，甚至拒绝上英语听力课，不参加考试，以此来逃避失败。

(5)冷漠。冷漠即对挫折情境表现出漠不关心、无动于衷等情绪反应。例如，有些大学生的社会活动能力较差，由于多次失败，他们渐渐地对大学生活、同学关系、社会活动持冷漠的态度，表现为死气沉沉、缺乏集体感。

总之，积极的行为反应有助于大学生适应挫折、化解困境，有利于他们的成长；消极的行为反应只能起暂时平衡心理的作用，不能解决问题，有时会使当事人在一种自我欺骗中与现实环境脱节，适应能力降低，形成一些恶习，埋下患心理疾病的种子，影响其身心健康和全面发展。大学生应该树立积极的心理防御机制，增强自己的耐挫力，以适应社会的发展。

第二课 大学生常见的压力与挫折

一、大学生常见的压力

不同阶段有不同的压力，大学生的心理压力来自多个方面，包括学习、人际关系、恋爱情感、生涯规划、生活管理、个人成长、家庭、身体健康状况等，甚至情绪本身也会带给他们压力，如怀疑或认定自己情绪异常时。有时候一个人的压力是来自多个方面的，当然有时候也可能是比较单一的压力。大学生的压力主要来自以下五个方面。

微课
大学生压力的来源

（1）学习问题，主要包括专业认同感弱、课业重、作业多、考试挂科、成绩不如其他同学、学习困难。例如，高等数学和制图课听不懂，跟不上，学不进去；社团活动与学习时间冲突；英语或计算机等级考试未过；逃课等。

案例放映厅

杨阳在大学一年级上学期加入学生会，成为学生会实践部的一名干事。几个月后，杨阳便担任了实践部的副部长。为了锻炼自己，他还参加了很多校外的培训和实践。刚开始的时候，他还很满足于生活的充实和社会工作的出色，但随着各方面工作的展开，杨阳的学习与工作开始出现矛盾，工作与工作之间也发生了冲突。他感到十分苦恼，整天忙忙碌碌但情绪一直不佳。他对同学说："我每天特别忙！上午上课，中午去开会，下午有课。为了开展活动，要挤出休息时间去布置会场，要去学生会值班，要准备下周活动的计划书，还有专业课的实验和作业没有完成……"巨大的学业和工作压力使他喘不过气来。在期末考试中，他的成绩很不理想，还有一门课程不及格。

杨阳家境贫寒，为了供他上学，父母省吃俭用，他觉得无法面对自己的父母。在情绪极其低落时，他开始沉迷于网络游戏，以暂时忘记压力和痛苦，但之后又会更加自责和内疚，他甚至想到过自杀。

（2）人际关系，主要包括缺少知心朋友、与人交往有困难、朋友关系出现矛盾及宿舍关系紧张。

（3）恋爱情感，主要包括找不到男/女朋友、恋爱感情不稳定、失恋、单恋、暗恋、想念亲人、想家、内心寂寞、怀念高中生活。

（4）生涯规划，主要包括是否转专业、对毕业后继续升学还是就业举棋不定、因为专业问题找不到工作的担忧、对未来的迷茫、找不到努力的方向和明确的目标。

（5）生活管理，主要包括时间安排、经济压力（生活费花光了、很多东西要买、与朋友出去玩要花钱）、生活不充实、孤独空虚、不知如何打发时间、睡眠过多或睡眠不足、无法抵御诱惑而沉迷于网络或游戏、要做的事太多、没有良好的计划、无法控制自己、现实与理想差距太大、没有展示自己的舞台、参加各种比赛、寝室打扫卫生、早起占座、开会过多等。

二、大学生常见的挫折

大学生虽在生理上已基本成熟，但社会经验缺乏使他们在心理发展、人格发展、为人处世方面还远未达到完善的程度。特别是在信息膨胀、生活节奏加快、变化和诱惑增多的当今社会，大学生在适应、学习、人际交往、恋爱、职业规划等方面遇到一些挫折是不可避免的。

（一）学习挫折

大学生学习挫折的具体表现为：不适应学习环境，学习目标不明确；学习方法不当，学习效率低；对所学专业缺乏兴趣，学习动力不足，表现出厌学的情绪；不能合理安排学习时间，未形成良好的学习习惯；因忙于社会工作或沉迷于网络，学业受到严重的影响。

一般来说，大学生产生学习挫折的原因主要有以下四个方面。

1. 对所学专业缺乏兴趣

很多大学生当初填报专业时都是听从了父母、老师的意见，自己对该专业并无深刻了解。结果读了一段时间后，他们发现自己对所选专业完全没有兴趣，学习也毫无动力可言，但又必须参加考试。他们不愿花费大量时间用于专业学习，但又担心考试成绩过不了关影响毕业；他们想学自己感兴趣的内容，但又受到时间和精力限制，这就导致他们心理上产生强烈的矛盾冲突。

2. 学习方法不当

大学的学习内容十分广泛，学习方法以自主学习为主，学习的灵活性与创造性较强，每个专业都有其独特的学习方法和技巧。有些大学生没有找到适合自己的学习方法，未养成良好的学习习惯，往往花费了很多时间却收不到好的效果。他们看到别的同学没有花费多少时间就学得那么好，而自己却无论怎么努力都跟不上，内心便产生了对自我的怀疑，苦恼、焦虑的情绪也随之而来。

3. 自我期望过高

有些大学生对自己的期望值过高，既想把各门专业课学好，拿到奖学金，又想多做些科研项目，提高自己的知识应用能力，还想广泛地参与社会工作，以提高自己的影响力。还有些大学生希望自己能够与众不同，想将大量时间用来学外语，以争取在大学期间出国留学。这些想法本无可厚非，但过高的期望会让他们背负沉重的心理压力，精神长期处于高度紧张的状态，以致任何一点小小的不顺都能使他们产生心理挫折感。

4. 考试焦虑

有10％～15％的大学生对考试存在着不同程度的焦虑，其中学习基础比较差、性格比较内向、学习方法不够灵活的大学生最容易出现考试焦虑，有的大学生还伴有失眠和神经衰弱等症状。

(二)交往挫折

大学阶段的人际关系较中学时代更为复杂。大学生来自全国各地,性格、习惯、语言各不相同,成长环境、家庭背景、生活方式也不一样。如果缺乏有效的沟通,他们之间就很容易出现误解和矛盾,这会使一些大学生因孤立无援、不被他人接纳而产生失落、悲观、焦虑、抑郁的情绪。

具体来说,大学生的交往挫折主要有以下四个方面的来源。

1. 宿舍关系

宿舍是大学生日常起居的地方,营造一种轻松、和睦的宿舍关系对大学生的学习和生活具有重要的影响。在大学期间,几个来自不同地方、不同家庭的同龄人要在一起生活、学习,由于具有不同的性格、生活习惯,他们之间免不了会出现一些小摩擦、小矛盾。

2. 成长环境

目前,大学生中独生子女越来越多,有些人缺乏与兄弟姐妹分享的经历,习惯一切以自我为中心,而从不考虑他人的感受。进入大学后,他们如果在与宿舍同学相处的过程中延续以往的"自我中心"意识,希望同学像家人一样关照自己,就很容易遭遇人际交往方面的挫折。

3. 自我关注

大学阶段对个体成长影响最大的不是家长和老师,而是同龄人。大学生更希望得到同学的尊重和认可,他们非常重视同学的评价,也总是不自觉地将自己与他人进行比较。有些大学生看到自己不如他人时,内心会产生自卑感,以致在交往中表现出退缩和回避的特点,造成人际关系的疏远。有些大学生因为过于关注他人对自己的看法,而在人际交往中委曲求全,不懂得拒绝他人,致使内心极不平衡。还有些大学生自尊心极强,一旦认为别人不认可自己,就会产生怀疑和敌意,不愿与他人交往,从而陷入内心的孤独。

4. 沟通技巧

有些大学生在过去的生活中,一切以学习为中心,很少关注人际交往,不注重学习人际沟通的技巧,也没有积累人际交往方面的经验。来到大学后,一下子要面对老师、同学、同乡等各种各样的关系,这让有些大学生感到无所适从,担心被别人拒绝,由此产生强烈的挫折感。

(三)家庭挫折

每个大学生都有不同的家庭背景。有些大学生家庭贫困,父母用辛辛苦苦挣来的血汗钱供他们上大学。为此,他们内心有着强烈的负罪感,也背负着巨大的心理压力,如果在学习或工作中表现不佳,就极易产生自责或自我怀疑的情绪。一般来说,家庭贫困的大学生为了减少日常花销,在生活中要节衣缩食,要尽可能不参加社交活动。与其他大学生相比,他们要面对更大的生活压力,要经历更多的心理挫折。有些大学生因此变得自卑、封闭,不愿与其他同学交往;也有些大学生受虚荣心的驱使,盲目与他人攀比,为了金钱置道德于不顾。

案例放映厅

雯雯是大学二年级学生，家庭贫困，从小生活节俭，上大学前学习成绩一直名列前茅，是老师夸奖、同学羡慕的对象。进入大学后，她看见身边的同学能歌善舞，时髦靓丽，而自己什么都不会，再加上总感觉自己在身高和体型方面也不如同学，经常自惭形秽，不愿与人交往。雯雯希望通过努力学习，用优异的成绩来找回自我，但一个学期下来，考试成绩并没有如愿名列前茅，而是处于中上等水平。第二学期开学后，雯雯总觉得在同学面前抬不起头来，这让她上课时注意力难以集中，不愿参加集体活动，经常独来独往，不愿意同舍友交流，整天愁眉苦脸，逐渐对大学生活失去了兴趣，开始自暴自弃。

除了家庭贫困的大学生，一些单亲或父母长期患病的大学生，除了担负着沉重的经济压力外，还长期承受着精神上的压力。他们在与同学交往时，不愿提及自己的身世，十分担心他人了解自己的家庭情况，对任何的轻视和偏见都十分敏感，极易产生心理挫折，并表现出强烈的攻击性。

心理诊疗室

抗挫折能力测试

通过下面 14 道题大致可以确定你的抗挫折能力。请在 A、B、C 中选择与你的情况相同的选项。

1. 在过去的一年中，你自认为遭受挫折的次数是（　　）。
A. 0～2 次　　B. 3～4 次　　C. 5 次以上
2. 每次遇到挫折时，你（　　）。
A. 大部分都能自己解决　　B. 有一部分能解决　　C. 大部分解决不了
3. 你对自己的才华和能力（　　）。
A. 十分自信　　B. 比较自信　　C. 不太自信
4. 你面对问题经常采用的方法是（　　）。
A. 迎难而上　　B. 找人帮助　　C. 放弃目标
5. 有非常令人担心的事时，你（　　）。
A. 无法学习　　B. 学习照样不耽误　　C. 介于 A、B 之间
6. 遇到讨厌的对手时，你（　　）。
A. 无法应对　　B. 应对自如　　C. 介于 A、B 之间
7. 面临失败时，你（　　）。
A. 破罐子破摔　　B. 努力使失败转化为成功　　C. 介于 A、B 之间

8. 学习不顺利时，你（　　）。

A. 焦躁万分　　B. 冷静地想办法　　C. 介于 A、B 之间

9. 遇到难题时，你（　　）。

A. 失去自信　　B. 为解决问题而动脑筋　　C. 介于 A、B 之间

10. 学习感到疲劳时，你（　　）。

A. 总是想着疲劳，脑子不好使了

B. 休息一段时间，就忘了疲劳

C. 介于 A、B 之间

11. 学习条件恶劣时，你（　　）。

A. 无法学习　　B. 能克服困难好好学习　　C. 介于 A、B 之间

12. 产生自卑感时，你（　　）。

A. 不想再学习　　B. 立即振奋精神去学习　　C. 介于 A、B 之间

13. 遇到很难完成的任务时，你会（　　）。

A. 放弃　　B. 千方百计干好　　C. 介于 A、B 之间

14. 困难落到自己头上时，你会（　　）。

A. 厌恶至极　　B. 认为是个锻炼机会　　C. 介于 A、B 之间

得分规则：

1～4 题，选择 A、B、C 分别得 2、1、0 分。

5～14 题，选择 A、B、C 分别得 0、2、1 分。

得分分析：

19 分及以上：说明你的抗挫折能力很强。

9～18 分：说明你虽有一定的抗挫折能力，但对某些挫折的抵抗力薄弱。

8 分及以下：说明你的抗挫折能力很弱。

第三课 压力与挫折的应对

对大学生而言，压力与挫折或许正是他们成长路上的必修课，重要的是一个人如何去应对。正如巴尔扎克所言：“苦难对于天才是一块垫脚石，对能干的人是一笔财富，对弱者是一个万丈深渊。”下面将探讨如何从认知、行为、能力、人格层面来应对压力和挫折。

一、认知层面：正视压力与挫折

一部分大学生在成长的过程中因为父母的过分呵护，无形中养成了不能延迟满足、不能忍受挫折的负面性格，甚至一有不如意，就用偏激的反应来表达。

其实，我们要看到人生几乎处处存在着压力，尤其在现代这个竞争的社会，科技日新月

异,竞争越来越激烈,压力越来越大。只要活着,就要努力扩展自己的载压量和抗挫折能力;要想出类拔萃,就一定得有足够深的压力容量,以积极乐观的心态拥抱压力。不必想如何摆脱压力,而是思考如何正面迎接压力、处理压力和挑战压力。剑桥大学的心理学家罗伯尔说:“压力如同一把刀,它可以为我们所用,也可以把我们割伤,那要看你握住的是刀柄还是刀刃。”

压力和挫折是我们每个人必须应对的难题。一个懂得如何缓解压力的人,不会让自己被压力所压垮,不会让自己深陷一种痛苦与不幸中,而是将压力巧妙地转化利用,最大化地获取人生幸福。思想转变了,心态就会跟着转变。

较理想的处理方式是冷静面对并解决问题,培养理性的处世态度的步骤如下。

(1)认清问题事件的性质。

(2)理性思考并分析问题事件的来龙去脉,正确归因,尽量找自己可以控制的原因。

(3)确认个人对问题的处理能力。

(4)积极寻求能帮助解决问题的资讯,包括如何动用家庭及社会环境支持系统。

(5)运用解决问题的技巧,拟订解决计划。

(6)积极处理问题。

若已完全尽力,问题仍无法在短时间内得到解决,则表示问题本身处理的难度甚高,有可能需要长期奋战,要做好长期应对的心理准备和思想准备。

案例放映厅

草地上有一个蛹,被一个小孩发现并带回了家。过了几天,蛹上出现了一道小裂缝,里面的蝴蝶挣扎了好长时间,身子似乎被卡住了,一直出不来。天真的小孩看到蛹中的蝴蝶痛苦挣扎的样子十分不忍,于是就拿起小剪刀把蛹壳剪开,帮助蝴蝶脱蛹而出……结果蝴蝶死了。

蝴蝶为什么会过早死去?因为蝴蝶失去了成长的必要过程。蝴蝶的成长必须在蛹中经过痛苦的挣扎,直到它的翅膀强壮了,才会破蛹而出;否则,它很快就会被环境所吞噬。

毛毛虫变蝴蝶、丑小鸭变白天鹅并不是童话故事,而是生命必经的一段历练,这种历练是生命本身给予的考验,让它们得以蜕变,成就自身的美丽。

二、行为层面:积极应对的技巧

面对压力与挫折,积极应对的技巧无疑等同于士兵手上的武器。常用的压力应对问卷包括 62 个条目,共分为 6 个分量表,分别为解决问题、自责、求助、幻想、退避、合理化。

个体在应对某一压力或挫折时常常不止使用一种方式,甚至使用好几种。但每个人的应对行为类型仍具有一定的倾向性,这种倾向性构成了 6 种应对方式在个体身上的不同组合形式。这些不同形式的组合与解释如下。

(一)解决问题-求助,成熟型

这类人在面对应激事件或环境时,常能采取解决问题、求助等成熟的应对方式,而较少使用自责、幻想、退避等不成熟的应对方式,在生活中表现出成熟稳定的人格特征和行为方式。

(二)退避-自责,不成熟型

这类人在生活中常以自责、幻想、退避等应对方式应对困难和挫折,而较少使用解决问题这类积极的应对方式,表现出一种退避型的人格特点,其情绪和行为均缺乏稳定性。

(三)合理化-幻想,混合型

合理化应对因子既与解决问题、求助等成熟应对因子呈正相关,也与退避、幻想等不成熟应对因子呈正相关。这类人的应对行为集成熟与不成熟的应对方式于一体,在应对行为上表现出一种矛盾的心态和两面型的人格特点。

心理加油站

15分钟卸下压力的7种方法

每个人都有不知所措的时候,有时甚至感到压抑。也许你需要时间和精力关注家庭,也许有一个同学让你咬牙切齿,也许你或你爱的人患病了,当无法控制事情时,你会生气、不知所措,感到压抑,你该怎么应对呢?我相信,如果在你的日常生活方式中植入预防性压力管理,你就可以轻易地应对所面临压力的处境。

我想说的是,你可以完全消除压力和做很多准备。当你面对这些情况,你可优雅、内敛积极地处理它们。以下这些简单的方法可以使你生活和谐、平静。

1. 勤锻炼

减压和降低焦虑的好方法之一就是运动。你可以加入健身俱乐部,或者在卧室或车库内锻炼,甚至散一会儿步。运动时分泌出来的内酚酞可以让人感觉到更快乐。你也可以和家人一起锻炼,这样做会使运动后的心情变得平静。

2. 常微笑

微笑和大笑都是立刻放松情绪的最佳途径之一。与朋友开玩笑,看一部优秀的电影或者享受明媚的阳光都能让我们微笑。

3. 多听音乐

尝试做一些使精神舒缓的事情,让压力保持在正常水平。倾听音乐是放松减压的好方式,各个年龄阶段、各种收入水平的人群都酷爱它。安静的音乐对缓解压力非常有效,能使你感到放松和平和。尝试听几种不同的曲风,你就会知道,一些作品好像专门为你而作。一旦你找到了它,在任何需要安静、放松的时候都可以听听它。

4. 爱阅读

阅读也是减压的好方法。选读一本轻快、幽默、浪漫或其他系列的书籍会让人感觉良好。如果你对宗教、心理方面的书籍感兴趣,也可以读这类书籍。促使人以积极健康的态度看待世界的书籍能让人自我感觉良好和放松。

5. 尝试冥想

以一望无垠的大草原或广袤的沙漠为背景，触发你所有的感官去体会，想象出一幅祥和的田园诗般的画卷。你能嗅到空气中弥漫的淡淡的茉莉花香，能听到鸟儿欢唱，能感觉到清风拂面吗？下次焦躁不安时冥想吧，它会给你带来安静，如想象水流洗涤污垢，它能化解你的负面情绪。

6. 懂得感恩

当你感到压力时，试着去细数幸福，把它们记在感恩日记本中，总有一些东西值得你感恩，有时像起床一样简单的事情都值得。当你怀有一颗感恩的心，就会感到生活更美好。当你用负面的眼光看周围的世界，则更易变得愤世嫉俗。乐观的思考有助于化解怒气，让你感触更多美好的事情。

7. 深呼吸

当你陷入伴随压力而来的强烈情绪甚至快被压垮时，停下来，深呼吸。在你深呼吸时，更多的氧气被输送到大脑，思维会变得清晰，肌肉会放松，也给你时间进行心理调适。

将其中一个方法用上 15 分钟，你的压力卸掉了吗？

三、能力层面：提高心理复原力

(一)复原力的基本特征

复原力是指个体面对逆境、创伤、悲剧、威胁或其他重大压力时的良好适应过程，也就是对困难经历的反弹能力。它的基本特征有三点：接受并战胜现实的能力；在危机时刻寻找生活的真谛的能力；随机应变想出解决办法的能力。

微课

提高心理复原力

电影《贫民窟的百万富翁》最让人震撼的就是主角贾马尔所具有的极高的复原力。贾马尔所经历的重大创伤事件太多了，对现在有的人来说，仅仅一件事情就足以使其崩溃。贾马尔最常回忆起的却是一个无比美好的画面：阳光下、月台上，身着鹅黄色裙子的女孩卡提姆微笑着注视着他，是那么的明媚而灿烂，那么的满怀信心和让人憧憬。具有高复原力的三个基本特征表现如下。

(1)接受并战胜现实的能力的表现。贾马尔在隐忍地面对悲惨的命运的同时，又努力与命运抗争，包括从最初的设法逃命，到后来的设法生存，再到后来的设法兑现自己的承诺。

(2)在危难时刻寻找生活真谛的能力。这点表现在对价值观和人生信念的坚守。贾马尔不论遇到什么样的不幸，都始终保持善良、仁爱和对友情的忠诚，尤其与他走上黑道又回头的哥哥相比，贾马尔所表现出的始终如一的对弱者的同情和关心及对正义的坚持，都体现了他把握生活真谛后所拥有的勇气和力量。

(3)随机应变想出解决办法的能力的表现。5 岁左右的贾马尔在遍寻好友而不得的时候，最终想到利用电视传媒这个工具，这种资源意识体现出一种非常强的解决问题的能力。

(二)复原力十要素

美国临床心理学家布鲁克斯(Brooks)与戈尔兹坦(Goldstein)博士在《挫折复原力》一书

中提出了挫折复原力的10个要素。

(1)改变生活,更改负面脚本。

(2)选择抗压,而不是被压力击垮。

(3)用别人的观点观察生活。

(4)有效沟通。

(5)接纳自己及他人。

(6)贴近他人及发挥怜悯心。

(7)有效处理错误。

(8)培养特长,欣然面对成功。

(9)训练自律及自制力。

(10)维持心智坚韧的生活形态。

案例放映厅

女儿对父亲抱怨她的生活,抱怨事事都那么艰难。她不知该如何应对生活,想要自暴自弃了。她已厌倦抗争和奋斗,好像一个问题刚解决,新的问题就又出现了。她的父亲是位厨师,他把她带进厨房。他先往三口锅里倒入一些水,然后放在旺火上烧,不久锅里的水烧开了,他往三口锅里分别放入胡萝卜、鸡蛋、咖啡粉,一句话也没有说。女儿咂咂嘴,不耐烦地等待着。20分钟后,父亲把火关了,把胡萝卜捞出来放入一个碗内,把鸡蛋捞出来放入另一个碗内,然后又把咖啡舀到一个杯子里。做完这些后,父亲才转过身问女儿:"亲爱的,你看见什么了?""胡萝卜、鸡蛋、咖啡。"她回答。父亲让她用手摸摸胡萝卜,她摸了摸,注意到它们变软了。父亲又让女儿拿一只鸡蛋并打破它,将壳剥掉后,她看到的是只煮熟的鸡蛋。父亲又让女儿喝了咖啡,她品尝到香浓的咖啡。女儿笑了,她怯生生问道:"父亲,这意味着什么?"父亲解释说,这三样东西面临同样的逆境——煮沸的开水,但其结果各不相同。胡萝卜入锅之前是强壮的、结实的,毫不示弱,但进入开水之后,它变软了,变弱了。鸡蛋原来是易碎的,它薄薄的外壳保护着它呈液体的"内脏",但是经开水一煮,它的"内脏"变硬了。而咖啡粉则很独特,进入沸水之后,却改变了水。"哪个是你呢?"父亲问女儿,"当逆境找上门来时,你该如何反应?你是胡萝卜,是鸡蛋,还是咖啡粉?"

你是看似强硬,但遭遇痛苦和逆境后畏缩了,变软弱了,失去了力量的胡萝卜吗?你是外壳看似薄弱,因有了坚强的性格而使内心变得坚强的鸡蛋吗?或者你是咖啡粉?咖啡粉改变了给它带来痛苦的开水,让它散发出最佳的香味。如果你像咖啡粉,你会在情况最糟糕时力挽狂澜,使周围的情况变好。

四、人格层面:培养乐观品质

乐观是一种最为积极的性格因素。乐观就是无论在什么情况下,即使环境再差,也保持良好的心态,相信坏事情总会过去、阳光总会再来的心境。开朗的性格不仅可以使自己经常保持心情愉快，而且可以感染周围的人们，使他们也觉得人生充满了和谐与光明。戏剧作家萧伯纳（George Bernard Shaw）说：“当我死时，我希望自己彻底耗竭。因为我越努力工作，就越有生命力。生命本身就会令我喜悦。我不认为生命是迅速燃尽的蜡烛，相反，它是灿烂的火把，我活着的时候必须高举它，在送给下一代之前，它要越亮越好。”

案例放映厅

莲娜·玛莉亚1968年出生于瑞典，她生下来就没有双臂，左腿只有右腿的一半长。在医学不发达的时代，没有人知道是什么原因造成了她的天生残疾。她3岁时开始学游泳，4岁时开始学刺绣，5岁时完成了第一幅十字绣作品，并开始学裁缝，中学时缝制了第一件西装。15岁时进入瑞典国家游泳代表队，18岁时参加世界冠军杯比赛，打破世界纪录，并以蝶泳勇夺多枚金牌。19岁时拿到汽车驾照执照。音乐是她的最爱。进入大学专攻音乐后，她成为全球知名的演唱家，荣获瑞典王后的接见。莲娜曾自信坦然地说：“我不需要手，因为我有脚，我的脚可以做任何事情。”有没有手并不重要，重要的是你的心中有没有对生活的热爱。

乐观的人不为环境所困，总能看到生命中那些美好的、值得关注的一面。乐观者的生活中没有过不去的坎。乐观者是这样看待生活的：你改变不了环境，但你可以改变自己；你改变不了事实，但你可以改变态度；你改变不了过去，但你可以改变现在；你不能控制他人，但你可以掌握自己；你不能预知明天，但你可以把握今天；你不能样样顺利，但你可以事事尽心；你不能左右天气，但你可以改变心情；你不能选择容貌，但你可以展现笑容；你不能延伸生命的长度，但你可以决定生命的宽度。

课后实训

压力生命线

1.实训目的

本实训的目的是通过让每个人找出自己过去应对压力的经验，使学生学会以“确立目标”“找寻例外经验”“假设成功”的方式，找出应对压力的可行策略，了解自己能够用以应对压力的资源，并掌握自己最熟悉且最有效的应对压力的方式。

2.实训内容

（1）在纸上画一条线代表自己的生命线，起点为0，终点为自己生命的终点，并在生命线上方用点标出不同年龄阶段的重要压力事件。压力大的事件标注的点较高，压力小的事件标注的点较低。将这些点连接成一条自己生命历程中的压力曲线。

（2）挑选1～2个压力事件及自己曾运用的应对压力的方式与小组成员分享。

（3）思考并讨论：过去压力的来源是否有相似性？主要集中在哪些方面？同样的压力事件发生时，是否出现过例外的结果使压力得到了缓解？

第八讲

畅游人际海洋

案例导入

如何与同学相处

晓雪是一名大一新生，军训之后刚刚回到学校三周，就在这三周内，她的心里乱极了。军训回来后，学校重新分了宿舍，原来军训的时候认识的几个同学很少见面了，自己内心有点孤单，特别想和宿舍的同学处好关系。她想起在一本书上看到的，真诚是建立人际关系的首要条件，于是她抱着这样的心态向别人分享自己的内心，甚至是内心很秘密的东西。可是，她发现她们对自己的话并不感兴趣，自己也很难融入别人的对话中。她虽然有点失落，但依然主动地和室友讲话，帮她们带饭。谁知，昨天晓雪在门外听到了她们在背地里讲自己，还说自己是个大傻帽儿。听到这些，晓雪十分难过："她们怎么可以这样？我恨死她们了……如果我过得不好，我也绝不让她们好过……"

晓雪的人际交往遇到了困难，那么她如何才能走出困境呢？

第一课 人际交往的相关概念

一、人际交往的含义

所谓人际交往，就是指人们运用语言符号系统或非语言符号系统相互之间交流信息、沟通情感的过程。通常人际交往的形成需要具备一定的条件，如传送者和接受者双方对交往信息的一致理解，交往过程中有及时的信息反馈，适当的传播通道或传播网络，一定的交往技能和交往愿望，等等。

人际交往表现为人与人之间的心理距离，反映着人们寻求满足时需要的心理状态。从动态讲，人际交往是指人与人之间一切直接或间接的相互作用，但都超不出信息沟通与物质交换的范围；从静态讲，是指人与人之间通过动态的相互作用形成的情感联系。

人际关系是指社会人群中因交往而构成的相互联系的社会关系，包括亲属关系、朋友关系、学友(同学)关系、师生关系、战友关系、同事及领导与被领导关系等。人都是处在各种各样的关系之中，如马克思所言："人的本质不是单个人所固有的抽象物，在其现实性上，它是一切社会关系的总和。"

人际交往的心理因素包括认知、动机、情感、态度与行为等。认知是个体对人际关系的知觉状态，是人际关系的前提。人与人的交往首先是从感知、识别、理解开始的，彼此之间不相识、不相知，就不可能建立人际关系。认知包括个体对自己与他人、他人与自己关系的了解与把握，它使个体能够在交往中更好地、有针对性地调节与他人的关系。动机在人际关系中有着引发、指向和强化功能。人与人的交往总是缘于某种需要、愿望与诱因。情感是人际关系的重要调节因素，人们在交往过程中，总是伴随一定的情感体验，如满意与不满意、喜爱与厌恶等，人们正是根据自身情感体验不断调整人际关系的。情感直接影响着交往双方在情感需要方面的满足程度，即心理距离。可以说，情感是人际关系中最重要的部分，它往往被当作判断人际关系状态的决定性指标。态度是人际交往的重要变量，每时每刻都在表现某种态度，态度直接影响着人际关系的建立、形成与发展。

心理加油站

四种人际交往的心理模式

美国著名的心理学家爱利克·伯奈(E. Berne)依据自己和他人所采取的基本生活态度提出了人际交往的四种心理模式。

(1)我不好-你好。表现为自卑，甚至是社交恐惧，根源于童年的无助感，这种态度如果没有随年龄的增长而改变，长大后就容易放弃自我或顺从他人，这些人喜欢以百倍的努力去赢得他人的赞赏。

(2)我不好-你也不好。不喜欢自己也不喜欢他人，看不起自己也看不起他人，常放弃自我，陷入绝境，极端孤独和退缩。

(3)我好-你不好。以自我为中心，总认为自己是对的，而他人是错的，把人际交往中失败的责任推到他人身上，常导致自己固执己见，唯我独尊。

(4)我好-你也好。相信他人，能够接受自己和他人，并努力去改变他们能改变的事物，善于发现自己和他人的优缺点，从而使自己保持一种积极、乐观、进取的心理状态，是一种成熟、健康的人际交往的心理模式。

二、人际交往的发展阶段

社会心理学家欧文·阿特曼(Irvin Altman)和达尔马斯·泰勒(Dalmas Taylor)等人提出了社会渗透理论来解释关系发展的过程。他们认为，人际交往主要有两个维度：一是交往的广度，即交往或交换的范围；二是交往的深度，即交往的亲密水平。阿特曼等认为，良好的人际关系的发展一般经过四个阶段：定向阶段、情感探索阶段、情感交流阶段、稳定交往阶段。

（一）定向阶段

在人际交往中，人们对交往的对象具有很高的选择性。进入一个交往场合时，人们往往会选择性地注意某些人，而对另外一些人视而不见，或者只是礼貌性地打个招呼。对于注意到的对象，人们会进行初步的沟通，聊一些无关紧要的话题。这些活动就是定向阶段的任务。在这个阶段，人们只有很表层的自我表露，如谈谈自己的兴趣、专业、对最近发生的新闻事件的看法等。

（二）情感探索阶段

如果在定向阶段双方有好感，产生了继续交往的兴趣，那么就可能有进一步的自我表露，并开始探索在哪些方面双方可以进行更深的交往。这时，双方有一定程度的情感介入，但是还不会涉及私密性的领域，双方的交往还会受到角色规范、社会礼仪等方面的制约，比较正式。

（三）情感交流阶段

如果在情感探索阶段双方能够谈得来，建立了基本的信任，那么就可能发展到情感交流的阶段，彼此有比较深的情感介入，会谈论一些相对私人性的问题，如相互诉说学习、生活中的烦恼，讨论个人感情中的情况等。这时，双方的关系已经超越了正式规范的限制，比较放松，比较自由，如果有不同意见也能够坦率相告，没有多少拘束。

（四）稳定交往阶段

情感交流如果能够在一段时间内顺利进行，双方就有可能进入关系更加密切的阶段，彼此成为亲密的朋友，可以分享各自的生活空间、情感、财物等，自我表露更深、更广，相互关心也更多。一般来说，能够达到这种境界的关系相当少，这也就是人们常说的“人生难得一知己，千古知音最难觅”。

三、人际交往中的心理效应

社会心理学研究表明，在人际交往中，对交往对象的认知、印象、态度及情感等都会直接影响到交往的正常进行。对人际交往中的心理效应的把握有助于人际交往的开展。

（一）首因效应

首因即最先的印象，或称第一印象。首因效应是指初次对人的感知所形成的印象往往最鲜明、最牢固，并对以后的人际感知及人际交往产生深刻的影响。首因效应产生的根源在于人类知觉的恒常性。所谓知觉的恒常性，就是指人在认识事物时，形成了一定的印象，当知觉的条件在一定范围内发生改变时，知觉的印象却保持相对不变。知觉的恒常性保证了人对事物相对稳定的认识，避免对于同一事物的多次反复认识，决定了人们可以根据已有的知识和经验去认识层出不穷的新事物，但同时也容易导致认识上的偏差。在人际交往中，首因效应也往往使人际认知带有表面性、片面性。首因效应在大学生人际交往中较为普遍。有些大学生往往仅凭第一印象就轻易地对别人做判断、下结论，第一印象好，什么都好，第一印象不好，就不屑于交往。这种先入为主的认知方式容易使人陷入人际交往的误区，这是应尽量避免的。人们常说，“路遥知马力，日久见人心”，大学生在人际交往中如能坚持“事必躬亲”，多了解、多观察、多留心，就不会因“一叶障目”而偏离人际交往的正确轨道。

由于首因效应的存在，第一印象在人际交往中扮演着重要角色，因此，大学生应该重视与人交往时留给他人的第一印象。在交友、求职等社交活动中，可以利用这种效应，给别人留下良好的印象，为日后的交流打下良好的基础。

（二）近因效应

近因即近期最后的印象。近因效应是指近期对交往对象形成的印象对人以后的认知具有强烈的影响，这就是心理学上所说的“后摄”作用。近因效应与首因效应不是矛盾的，它是一个问题的两个方面。人们在相识、交往的过程中，第一印象固然很重要，而最后的、最近的印象也很重要。一般来说，在对陌生人的认知过程中，首因效应比较明显；在对熟人或对久违的人的认知中，近因效应所起的作用则更为明显。根据观察和研究，近因效应在大学生的人际交往中也是普遍存在的。例如，有的大学生平时一贯表现很好，可一旦做了一件错事或犯了一点错误，就容易给别的同学留下很深的负面印象。与此相反，有的大学生平时表现一般，但在评优或选班干部时，着意表现自己，做一点表面文章，也容易迎合一部分同学的好感。有的大学生之间长期交往密切，关系融洽，但往往因为一件小事，就闹矛盾，不团结，甚至反目成仇，完全不考虑平时的愉快交往等。大学生在人际交往中应注意克服近因效应带来的认知偏差，要用动态的、历史的、发展的眼光看待他人，看待人际交往。

（三）晕轮效应

晕轮效应也称光环效应，是指在人际认知中，人们常常把对方所具有的某个特征泛化到其他一系列尚不知道的特征上，也就是从已知特征推及未知特征，根据局部信息而想象出一个完整的印象。人们常说，“情人眼里出西施”“爱屋及乌”，就是一种晕轮效应。在大学生的人际认知中，经常有这样的情况：某一位学生学习成绩优秀，就认为他什么都好，甚至连他的一些缺点和不良习惯也被当作特点而加以肯定和效仿；而当一个人的缺点比较明显时，他的优点也往往被忽视。受光环效应影响的大学生在人际交往中容易犯以点代面、以偏概全的毛病，因此，必须加以克服，力求全面地看待别人。

（四）投射效应

投射效应是指在人际交往中，认知者形成对别人的印象时总是假设他人与自己有相同的倾向、特征，即“推己及人”“以小人之心度君子之腹”。投射效应在大学生人际交往中表现形式多种多样。例如，有的大学生对别人有意见，总以为别人对他怀有敌意，甚至觉得对方的一举一动都带有挑衅色彩；有的大学生爱背后议论别人，总以为别人时常在背后议论自己。投射效应的实质就在于从主观出发简单地去认知他人，自我与非我不分、主观与客观不分、认知的主体与认知的对象不分，其结果导致认知的主观性、任意性。因此，在认知过程中应注意客观性，力求从客观实际出发，深入考察，摒弃主观臆断、妄想猜测，尽量减少人际交往中的误会和矛盾。

（五）定式效应

定式效应是指在人的头脑中存在某些固定化认识，影响对人或事物的认知和评价。定式效应与首因效应有所不同，定式效应中的观念是在长期生活中形成的，头脑中已有的某些观念。其中，有些观念是个体自己形成的，有些则是社会上长期流传和沿袭下来的习惯看法、观念在头脑中的留存。例如，一说到浙江人，就认为会做生意；一听到湖南口音，就认为喜欢吃辣椒；年轻人总以为老年人持重保守，老年人总认为年轻人气盛轻浮、办事不牢靠等。其实也并非人人如此，只是受定式效应的影响。

定式效应有两方面的作用。积极的作用是使认知他人的过程简化，有利于对被认知的人和事物做出概括性的反应，它给予人的是经验。但定式效应在人际交往中的消极影响也显而易见，使人在认知过程中产生有害的偏见、成见，甚至错觉，给人际交往带来负面影响。因此，大学生在人际交往中要注意克服定式效应的消极作用，在认知他人时要力求具体、深刻，切不可想当然。

（六）刻板效应

刻板效应是笼统地把人划分为固定概括的类型加以认识的心理现象。人们根据所处地理、政治、经济、文化及职业的不同，对一定类型的人（同地缘、同职业的人群等）有一种沿袭已久的固定看法，而这种看法往往积淀为人的一种心理定式，并用于判断、评价具体人的人格特征。例如，用区域评价一个人，认为北方人一定身材魁梧、正直豪爽，南方人一定小巧玲珑、精明能干；按性别判断一个人，认为男生一定勇敢，女生一定脆弱等。这种刻板印象所产生的积极一面，即借助社会生活沉淀而形成的某一类人的共性，使认识他人的过程简单化，有利于人们对某一个人、某一群体做出概括性的反应。但是这种反应并不一定合乎实际，因为即使在同一类人中，除了共性之外，还存在个性，而且个性的存在是普遍的。由此可知，刻板印象所产生的人际认知和评价是不全面、不正确的，有时会造成偏见或成见，这无疑会给人与人之间的正常交往带来负面影响。

案例放映厅

有人问三口之家这样一个问题：一位公安局局长在路边同一位老人谈话，这时跑过来一个小孩，着急地对公安局局长说："你爸爸和我爸爸吵起来了！"老人问："这孩子是你什么人？"公安局局长说："是我儿子。"请问这两个吵架的人和公安局局长是什么关系？

父母没答对，孩子却很快答了出来："局长是女的，吵架的一方是局长的丈夫，即孩子的爸爸，另一方是局长的爸爸，即孩子的外公。"

成年人在回答这个简单的问题时不如孩子，就是因为刻板效应在起作用。按照多数人的想法，公安局局长应该是男性，以男性局长去推想，自然找不到答案。而小孩子没有这方面的经验，也就不会受到刻板效应的限制，因而一下子就找到了正确答案。刻板效应有很多种。例如，在人们脑子里，女性总是柔弱的，男性总是强壮的；教授常常被认为是白发苍苍、文质彬彬的老人。

四、人际交往对大学生的意义

微课

大学生人际交往的特点

（一）人际交往是大学生身心发展的需要

大学生思想活跃，感情丰富，人际交往的需要极为强烈，大家都力图通过人际交往获得友谊，以满足自己物质和精神上的需要。但面对新的环境、新的对象和紧张的学习生活，一部分学生心理矛盾加剧。积极的人际交往、良好的人际关系可以使人精神愉快，情绪饱满，充满信心，保持乐观的人生态度。一般来说，具有良好关系的学生，大都能保持开朗的性格、热情乐观的品质，能正确认识、对待各种现实问题，能化解学习、生活中的各种矛盾，形成积极向上的优良品质，迅速适应大学生活；相反，缺乏积极的人际交往、不能正确地对待自己和他人、心胸狭隘、目光短浅的学生，则容易形成精神上、心理上的巨大压力，难以化解心理矛盾，严重的还可能形成病态心理。

（二）人际交往影响大学生的情绪和情感变化

大学生正处在人生的黄金时代，在心理、生理和社会化方面逐步走向成熟。但在这个过程中，一旦受到不良因素的影响，就容易产生焦虑、紧张、恐惧、愤怒等不良情绪，从而影响学习和生活。实践证明，友好、和谐的人际交往，有利于大学生对不良情绪和情感的控制和发泄。人际交往影响大学生的精神生活。大学生情感丰富，在紧张的学习之余，需要进行彼此之间的情感交流、讨论思想、人生，诉说喜怒哀乐。人际交往正是实现这一愿望的最好方式。大学生通过人际交往，可以满足对友谊、归属、安全的需要，可以更深刻、更生动地体会到自己在集体中的价值，并产生对集体和他人的亲密感和依恋之情，从而获得充实的、愉快的精神生活，促进身心健康。

（三）良好的人际交往是大学生顺利成长、成才的重要保证

现代社会是信息社会，信息量之大、之高是前所未有的。随着信息量的增加，人们对拥有各种信息和利用信息的要求也在不断地提高。人际交往是交流信息、获取知识的重要途径。大学生通过人际交往，可以相互传递、交流信息和成果，丰富自己的经验，增长知识，开阔视野，活跃思维，启迪思想。人际交往是个体认识自我、完善自我的重要手段。《礼记·学记》中有言：“独学而无友，则孤陋而寡闻。”人际交往实际上就是一种获取、交流知识信息的社会活动。在当今信息化的社会里，不愿意与他人交往，必然在自己与社会之间筑起一道道屏障，从而孤陋寡闻。事实上，人际交往是实现人际信息沟通的基本条件。一般的沟通中，9%以书面写作形式进行，16%以阅读形式进行，其余75%分别以听取他人和自己说话的交谈方法沟通。

由此可见，人际交往是沟通的最基本形式，通过交往，能以更迅速的方式直接进行信息沟通，最终赢得成功。心理学家对贝尔实验室工作人员所做的追踪研究表明：既能在工作上兢兢业业、顽强拼搏，又能积极进行社会活动，建立广泛的交际网的工作人员成绩斐然。这是因为遇到技术难题时，他们需要与不同领域的专家联系来解决问题，他们有健全的交际网络，信息沟通快捷，解决问题效率高，心情舒畅，信心百倍。良好的人际交往可克服自己认识中的盲点，拓宽自己的知识视野，使信息真正成为当今社会经济发展的主导力量，而良好的信息沟通又必然成为个人成功道路上的润滑剂。

(四)良好的人际交往有助于大学生事业的成功

“天时不如地利，地利不如人和”。美国学者卡耐基(Carnegie)指出：“在现代社会，一个人事业的成功，只有15%是依赖自身的素质，85%则取决于人际关系。”美国哈佛大学就业指导小组曾对几千名被解雇的人员进行综合调查，发现其中因人际关系不好而离职的比不称职而离职的人高出两倍多；在每年调动工作的人员中，因人际关系不好无法施展其才华的占90%以上。根据管理学家的估计，80%的人在工作上失败，不是因为它们的专业技术、能力或工作动机不够，而是他们无法与他人一起工作，无法与人友好相处。

由此可见，良好的人际关系是一个人事业成功的重要条件。

第二课 大学生人际交往中的常见问题

大学生人际交往的总体状况是良好的。大部分学生能够成功交往，并能乐于交往，主动交往，善用技巧，协调冲突，拥有朋友。但是，也有相当一部分学生存在一些交往不良的问题，主要有不愿与人交往、不敢与人交往和不懂与人交往三类。

一、不愿与人交往

不愿与人交往是指自我封闭，生活在自己的世界，对外界的事物不适应或不感兴趣，不愿与他人交流内心的想法。

不愿与人交往者的心理表现一般有自傲心理、闭锁心理、孤独心理等。

(一)自傲心理及其调适

自傲心理是大学生人际交往中常见的心理问题。自傲心理是指过高地评价自己，总觉得自己优于他人，盛气凌人、自以为是，甚至不愿与他人为伍。

自傲心理是非常不利于大学生人际交往的，必须加以克服。这可以通过以下方式进行调节。

(1)提高自我的期望值。才能与学识的高低是相对的，对才能和学识的评价也是有条件的。有不同的自我期望值要求，也就有不同的奋斗目标。自傲者只要提高自我期望值，就会发现自己的才能和学识的不足，从而自觉地克服自傲心理。

（2）认识自傲心理的危害。每个人都有自尊的需要，如果苛求于人、傲视他人，得到的就是对他人的鄙视和疏远，会导致人际关系紧张。

（3）全面认识自己。自傲者多数只看到自己的长处，看不到自己的短处，总拿自己的长处与他人的短处相比较。但是应当明确，不能陶醉于自己有限的才能而沾沾自喜，要知道人外有人。

（二）闭锁心理及其调适

闭锁心理又称为自我封闭心理，其表现为把自己的真情实感和欲望掩盖起来，过分地自我克制，使交往无法深入。闭锁心理严重的人不信任任何人，还有很强的戒备心理。有闭锁心理的大学生在交往中或者少言寡语或者不着边际，从不与人推心置腹，往往给人不可捉摸的感觉，很少有知心朋友。人际交往中的闭锁心理实际上是人为地在自己和他人之间建立了一道心理屏障，影响大学生的学习，妨碍个人的全面发展，因此应当积极加以克服。

（1）更新观念。应当认识到开放意识是现代人的基本特征，在信息化时代的今天，大学生要适应社会的要求，必须不断地更新观念，克服传统的思想意识。

（2）消除思想顾虑，积极与人交往。如果要克服闭锁心理，就要与人交往。让他人了解自己，避免独来独往，自命清高。只有这样他人才会亲近你、理解你。人际交往是个互动的过程，打开闭锁心理的关键就是要解除心理顾虑，多与人交流，以坦率的心态与他人交流，以情换情，只有这样他人才会欣赏你、接纳你。

（三）孤独心理及其调适

孤独就是常说的“不随和，不合群”，是指一种经常独处或受到孤立，很少与人接触而产生孤单、无助的心理体验。对于大学生来说，孤独是一种较为普遍的心理现象。大学生的自我意识逐渐成熟，需要暂时的独处，以便回味过去的言行，自我反省，确定未来的生活道路。同时，大学生也可以从暂时的孤独中寻找到快乐，享受这份心灵的宁静，塑造良好的人格，因而适当的独处是有益的。但如果长期沉迷于孤独，则会给人带来诸多负面的影响。孤独是一种主观的心理感受，主要表现为沉默寡言，消极悲观，缺少知心朋友，在新的生活环境中难以适应；敏感多疑，不喜欢参加集体活动；感情脆弱，自卑感强，抗挫能力低；与人交往紧张抑郁，不善言辞，遇事容易冲动发怒，甚至违法犯罪、厌世轻生等。因此，大学生必须克服这一心理。

（1）开放自我，多与外界交流、沟通。独自生活并不意味着与世隔绝，虽然客观上与外界交流有些困难，但依然可以通过其他方式达到交流的目的。例如，主动亲近他人，关心他人，对人真诚，与他人结成各种友好关系，从而形成良好的人际交往环境。

（2）克服自卑情绪，增强自信。因自卑而造成孤独状态，如同作茧自缚，自卑这层茧不冲破，就难以走出孤独。大学生应增强自信心，充分发挥自身才华和优势，缩小与同学之间的差异，感受成功的喜悦，从而克服孤独。

（3）充实自我，培养广泛的兴趣、爱好。应该为自己安排好丰富多彩、有意义的业余生活，享受大学生活带来的乐趣。与此同时，尽量增进两代人之间的相互理解。

(4)大胆交往不怕挫折，善于在交往中、挫折中总结经验，吸取教训，改进方法，提高交往能力。

二、不敢与人交往

不敢与人交往是指心里愿意与人交往，但因为过分关注自己交往时的表现，在行动上表现出退缩的心理。

案例放映厅

已经大二的小吴因为在学业上受了挫折，变得很内向，也无法融入同学中去，于是开始一天到晚上网。他说:“我喜欢泡在网上，因为在网上没有人看不起我。我交了许多朋友，甚至有的朋友会打电话给我，说我有个性、幽默，虽然在现实中我并不是这样的人。我似乎找到了我要找的东西，又担心这会使我更加脱离现实。”他还说:“我不知道网络对人格发展究竟有没有影响。在网络上，一方面一个人的性格可以得到极致的张扬，另一方面一个人很多时候表现出来的不是现实生活中真实自我的性格。我们不能否认它的真实，更不能否认它的虚拟。”

不敢与人交往者的心理表现一般有害羞心理、自卑心理、恐惧心理等。

(一)害羞心理及其调适

害羞心理是指在他人面前感到不自在和受压抑，害怕与他人接触的倾向和行为。害羞心理是大学生较常见的人际交往障碍。其在交往过程中表现为过于羞涩拘束，神情不自然，往往不能准确、充分表达自己的思想感情，成为人际交往中的被动者。害羞心理不利于人际交往的发展，因此应当克服。

(1)学会正确的自我评价。应该认识到每个人都有自己的长处和短处，应积极肯定自己的长处，善于发现自己的长处，提高自己在交往中的自信心。

(2)加强心理训练和实践锻炼。积极参加各种实践活动，在实践活动中锻炼自己，发挥自己的潜能，锻炼自己的交往能力，增强自信心。

(3)放下精神负担。应认识到失败是成功之母，从失败中吸取经验教训，争取更好的成功。不要因为一时的失败和挫折而背上沉重的思想包袱和精神负担。

(二)自卑心理及其调适

自卑是一种因过多的自我否定而产生的自惭形秽的情绪体验。在心理学上，自卑属于主体反常的自我意识，是人的性格的一种缺陷。自卑心理一经产生，就具有扩散性和感染性，它会从某一方面逐渐泛化并影响到个体的学习、工作、生活的各个方面，特别是严重地影响正常的人际交往。其表现为在交往过程中，对自己缺乏正确的认知，在交往中缺乏自信，总觉得自己不足的地方太多，优势太少，失去交往的勇气和信心。严重的自卑心理会给大学生心理和生活带来精神上的负担。所以，应积极引导大学生克服自卑心理。

（1）正确地认识和接纳自己。要消除自卑心理，必须学会多方面、多途径地了解和认识自己，并能够正确地进行自我评价和正确地接纳自己。不但能认识和接纳自己的长处，而且能容忍和接纳自己的短处。

（2）学会积极地自我暗示、自我鼓励。在公共场合要有积极的心理暗示：他人能做到的事情，我也能做到。

（3）积极与他人交往。只有这样才能使自己得到锻炼，增强自信心，尤其要有意识地加强同性格开朗、乐观的人进行交往，这样更有助于克服自卑心理。

（三）恐惧心理及其调适

有恐惧心理的人在交往过程中，特别是在大庭广众之下，表现为不由自主地感到紧张、担心和害怕，以至于手足无措、语无伦次，严重时会发展为社交恐惧症。

社交恐惧是指个体对任何社交或公开场合均感到强烈的恐惧或忧虑，这是较为严重的一种人际交往障碍。如果一个人具有社交恐惧倾向，会在人际交往时表现出严重的胆怯、恐惧和窘迫，会因为在他人面前觉得害羞而不与任何人讲话，因为他担心他人觉得他愚笨，不愿意成为他人瞩目的焦点。

社交恐惧的人最害怕在公共场合讲话，有时甚至害怕在他人面前写字。他们有一个共同的特点，就是都会因为害怕使自己感到窘迫或丢脸而避免在他人面前做出某些行为。

社交恐惧是一种比较严重的人际交往障碍，其产生原因具有一定的特殊性。因此，患有社交恐惧的人需要在专业人士的帮助下找到问题的根源才能使问题得到较好的解决。治疗社交恐惧的方法有系统脱敏法、认知疗法、森田疗法等。如果患者生理上的不良反应比较严重，就要对他进行药物治疗，以缓解其生理不适。

除了上述治疗方法外，自我心理调节也是缓解社交恐惧的重要方式，因为任何心理问题的解决都需要当事人自己有改变的意愿并为之付出努力。简单地说，自我心理调节一般要遵循以下七个步骤。

（1）不否定自己。不断地告诫自己“我是最好的”“天生我材必有用”。

（2）不苛求自己。能做到什么地步就做到什么地步，只要尽力了，不成功也没关系。

（3）不回忆不愉快的过去。过去的就让它过去，没有什么比现在更重要。

（4）友善地对待他人。助人为乐是快乐之本，在帮助他人时能忘却自己的烦恼，也能证明自己的价值所在。

（5）找个倾诉对象。有烦恼一定要说出来，可以找可信赖的人把自己心中的烦恼倾诉出来。

（6）不断总结自己。每天给自己 10 分钟的时间用于总结自己，这样才能不断面对新的问题和挑战。

（7）给他人以微笑。到人多的地方去，让不断过往的行人从自己的眼前经过，并试图给他们以微笑。

心理加油站

社交恐惧症

社交恐惧症,又名社交焦虑症,是一种对任何社交公开场合都感到强烈恐惧或忧虑的疾病。患者对于在陌生人面前或可能被他人仔细观察的社交、表演场合,有一种显著且持久的恐惧,害怕自己的行为或紧张的表现会引起他人的羞辱或使自己难堪。

治疗措施:

(1)不断地告诉自己,这种恐惧是可以消除的。正确认识人与人交往的程序,了解与人交往的方法。

(2)查找出自己产生社交恐惧的原因,并试图挖掘心灵深处的根源。

(3)在一个假想的空间里,不断地模拟发生社交恐惧症的场景,不断练习重复发生症状的情节,并不断地鼓励自己勇敢面对这种场景,以便从假想中适应产生焦虑紧张的环境。

(4)采用强迫疗法,小步渐进。先站在车水马龙的大街上;适应后减少人数,在商场里购物;然后减少人数,参加一些大规模的聚会;再参加小聚会,并试图发表自己的观点;最后与自己很惧怕的人交往,并时刻给自己以奖励。利用这种方法经常不断地练习,就会使病症有很大的好转。

三、不懂与人交往

许多大学生既有与人交往的动机,又敢于与人交往,他们带着良好的人际期望与同学交往,但由于不懂得与人交往的正确方法,结果往往事与愿违。

案例放映厅

小林,性格十分内向,孤僻,不善言谈,很少与人交往。进入大学一年多来,他和班上同学相处很不融洽,跟同宿舍人曾经发生过几次不小的冲突,关系相当紧张。后来他竟擅自搬出宿舍,与外班的同学住在一起。从此,他基本上不和班上同学来往,集体活动也很少参加,与同学的感情淡漠,隔阂加深。他认为自己没有一个能相互了解、相互信任、谈得来的知心朋友,常常感到特别孤独和自卑,情绪烦躁,痛苦至极。长期的苦恼和焦虑使他患上了神经衰弱症。经常的失眠和头痛使他精神疲惫,体质下降,学习效率极低,成绩急剧下降,考试竟出现了不及格的现象。他的心境和体质越来越坏,深感自己已陷入病困交加的境地而无力自拔,失去了坚持学习的信心。他开始厌倦学习,厌恶同学和班级,一天也不愿再在学校待下去了。于是,他听不进老师的劝告,也不顾家人的劝阻,坚持要求休学。

不懂与人交往者一般有自我中心主义等。以自我为中心的人在交往中缺乏对自己的正确认识和对他人的尊重,不易与人建立牢固的、持久的、良好的人际关系。因此,要改变自我中心主义，必须坚持以下两点。

(1)学会宽容。只有能够接受他人正确的意见，承认自己的错误，才有可能通过批评改掉过去固执己见、唯我独尊的形象。对那些与自己不同观点的人和事，要学会理解。尝试主动与人交流看法，可以和他争论，但重点应放在解决问题上，不要总想着以击败对方为目的。

(2)平等相处。平等相处是要求以自我为中心的人以一个普通人的心态和身份与他人相处，不过分苛责他人，也不冷眼看人，这样才能使人际交往的天平始终处于平衡的状态。

第三课 良好人际交往能力的培养

一、人际交往的原则

人的行为都是在一定的观念指导下进行的。积极、全面、良好的交往认知是健康交往的基础。为了使自己的交往行为能够引起交往对象良好的反应，引发积极的交往行为，大学生在人际交往中应遵循一定的原则。

(一)尊重原则

古人说："敬人者，人恒敬之。"尊重包括自尊和尊重他人两个方面。自尊就是在各种场合自重自爱，维护自己的人格；尊重他人就是尊重他人的人格、情感、风俗习惯，承认他人的社会价值。只有这样才能保持人际交往的平等地位。

(二)真诚原则

真诚待人是人际交往中最有价值、最重要的原则，是人际交往得以延续和深化的保证。人与人之间以诚相待，才能相互理解、接纳、信任，才能团结相处。真诚、团结是现代社会事业成功的客观要求。大学生在与人交往中要真诚待人，实事求是；要胸怀坦荡，言行一致；不要虚情假意，口是心非；不要冷嘲热讽，尤其不要"以小人之心度君子之腹"。只有相互信任、尊重别人、谦虚谨慎、文明礼貌，才能建立良好的人际关系。

(三)互利原则

互利是指交往双方在满足对方需要的同时，又得到对方的回报。遵循互利原则，双方的交往关系就能继续发展。如果一方只索取不给予，交往就会中断。互利性越高，交往双方的关系就越稳定、密切；互利性越低，交往双方的关系就越疏远。互利包括物质的互利和精神的互利，人际交往的互利原则主要指精神上的互利。双方在思想上的沟通交流既能满足双方的友谊需要，又能促进相互间关系的发展。

(四)宽容原则

宽容原则主要表现为：对非原则问题不斤斤计较，能够大度容人、宽以待人、求同存异。宽容有助于扩大交往空间，滋润人际关系，消除人际关系中的紧张和矛盾。在人际交往中，由于个体差异或不可预见的阴差阳错，因误会、不理解而产生矛盾不可避免。如果有人伤害你，你就耿耿于怀、以牙还牙，这必然导致人际关系的恶性循环。反之，如果你努力做到虚怀若谷，对人宽容，别人迟早也会“礼尚往来”的。

（五）理解原则

相互理解是人际沟通、促进交往的条件。理解不等于知道与了解。就人际交往而言，大学生不仅要细心了解他人的处境、心情、特性、好恶、需求，还要根据彼此的情况，主动调整或约束自己的行为，尽量给他人以关心、帮助和方便；多为他人着想，处处体恤他人，自己不爱听的话不要对别人说，自己反感的行为莫强加于人。

（六）信用原则

人际交往讲究一个“信”字。信用有两层含义：一是“言必信”，即说真话。如果一个人满嘴胡言，经常说假话骗人，到头来就会形成“狼来了”的效应。二是“行必果”，即说到做到，遵守诺言，实践诺言。如果一个人到处许诺而不去做，必然会引起人们的反感。

“言而无信非君子也。”要取信于人，需做到以下几点：第一，要守信，即言行一致，说到做到；第二，要信任，不仅要信任别人，而且要争取赢得别人的信任；第三，不要轻易许诺，即不说大话，不做毫无把握的许诺；第四，要诚实，即自己能办到的事一定要答应别人去办，办不到的事要讲清楚，以得到对方的理解；第五，要自信，要相信自己能行，给人以信赖。

二、人际交往的技巧

（一）学会交谈

交谈是人际交往中最主要的沟通方式。同样的一句话，在不同的场合以不同的方式表达出来，效果往往大不一样，所谓“良言一句三冬暖，恶语伤人六月寒”说的就是这个道理。大学生在交往中应掌握以下谈话要领。

微课 大学生人际交往的技巧

1. 说话得体，恰如其分

交往语言注意分寸，合乎尺度。话说到什么地步，要求提到什么程度，应视对象和交往的目标而定，不超过双方的心理承受能力，不引起对方的反感。任何夸大其词、言过其实，或是用语不当、词不达意，都会影响交往的顺利进行。谈话时做到有礼有节，让对方先讲；最好不要谈论对方的隐私或忌讳的话题；在适当时机可以有一些幽默，以活跃气氛；人多时不要把注意力集中在一个人身上，要注意平衡。

2. 态度真诚

英国哲学家弗朗西斯·培根（Francis Bacon）曾说过：“人与人之间最大的信任就是进言的信任。”推心置腹就是真诚、信任的表现，如果在与人交往中能够直言不讳，同时能动之以情，那么交谈的氛围就是愉快而和谐的。真诚是友好交往的基础，也是人际交往得以延续和深化的保证。

3. 避免不恰当的交谈方式

不恰当的交谈方式有：经常打断对方的谈话或抢接对方的话头；滔滔不绝，目中无人，忽视对方的反应；词不达意，让人不得要领；注意力不集中，目光不专注，或对他人的谈话表现出不耐烦的样子；目光长时间盯着对方或审视对方，让对方不自在，感觉不舒服；不考虑交谈的对象，用词不当，使人听不明白或感到不高兴；不考虑交谈的时间、主题、氛围和效果，短话长说或长话短说；交谈中单方面突然结束谈话，或强行把话题转移到自己感兴趣的方面。

(二)学会倾听

法国哲学家伏尔泰说："通往心灵的大道是人的耳朵。"善于倾听的人，人际关系一定是融洽的，因为倾听本身就等于告诉对方，你是一个值得我倾听的人。这样会提高对方的自尊心，加深彼此的感情。在交往中，自己一味地说个不停，让对方没有表达的机会，是对对方的不尊重。其实，人们之所以需要与别人交谈，很大程度上不是为了听别人讲什么，而是自己有种表达的欲望，希望与别人分享。

因此，一个善于倾听的交谈者是最受人欢迎和信赖的；相反，一个不会听只会说，尤其是所说的内容总离不开自己的人，会被认为是以自我为中心，不尊重他人，缺乏交际的敏感。与这种人交谈既不愉快，也缺乏收获。

倾听的要领如下。

(1)注意力集中，表情专注，经常与对方有目光交流。

(2)用微笑、点头、感叹等表示自己的情感体验，或不时用"哦""对""是这样"，以及重复一些对方认为重要的话，表示自己在倾听，鼓励对方讲下去；如在交谈中有疑问，可提出一些富有启发性或针对性的问题，这样对方会感到你对他的话很重视；用自然、真诚的表情来呼应对方的谈话；等等。

(3)听比说更重要。多听能够帮助自己理解别人，也有利于让别人更快地接纳自己，切忌交谈时以自我为中心。

(4)尊重对方，平等交流，注重情感沟通。设身处地、感同身受地体会对方的情感，最简单的做法就是反问自己："如果我是他，处在当时的情形下，我会怎么想？怎么做？有什么样的感受？"把自己想象成对方，换位思考，了解一下自己处在对方情境中的心理状态和行为方式，就会理解对方的情感和行为。

(三)学会赞美

真诚的赞美不但会使被赞美者产生心理上的愉悦，还可以使你经常发现别人的优点，从而使自己对人生持有乐观、欣赏的态度。美国学者布吉林教授等曾经提出一条在人际交往中成为受欢迎的人的"三 A"法则。第一个 A(accept)，接受对方；第二个 A(appreciate)，重视对方；第三个 A(admire)，赞美对方。虽然人都喜欢听赞美的话，但并非任何赞美都能使对方高兴。能引起对方好感的只能是那些基于事实、发自内心的赞美；相反，若无根据、虚情假意地赞美对方，对方不仅会感到莫名其妙，更会觉得你油嘴滑舌、诡诈虚伪。因此，交往中应从具体的事入手，善于发现别人哪怕是最微小的长处，并不失时机地予以赞美。赞美用语越翔实，说明你对对方越了解；对对方的长处和成绩越看重，让对方感到你的真挚、亲切和可信，你们之间的距离就会越来越近。

(四)学会拒绝

拒绝的能力往往与自信紧密联系,缺乏自信和自尊的人常常为拒绝他人而感到不安,而且有觉得他人的需求比自己的更重要的倾向。

(1)简单回应。如果要拒绝,就应坚决而直接。尝试用你的身体语言强调"不",不需过分道歉。

(2)给自己一些时间,你会更有信心去拒绝别人。

(3)区分拒绝与排斥。你拒绝的是请求,而不是对对方本人的排斥。

(4)不要感到愧疚。你有拒绝的权利,就像是别人有权利要求帮助。有时拒绝别人是让对方学会为自己负责。

(5)做回自己。要明确和坦白什么是自己真正想要的。更好地认识自己,找出什么是自己在生活中必需的。

(五)掌握非言语技巧

心理学家做过的一个实验表明,当信号和非言语信号所代表的意义不一致时,人们相信的是非言语信号所代表的意义,而且非言语交际对交际的影响是言语的 43 倍。下面我们根据交往对象的面部表情、姿态语言和身体距离等了解其隐藏的含义。

1. 面部表情

对沟通双方来说,表情是传情达意和相互理解的必不可少的重要方式,目光接触,是人际最能传神的非言语交往。"眉目传情""暗送秋波"等成语形象地说明了目光在人们情感交流中的重要作用。

2. 姿态语言

精神应该通过姿势和四肢的运动来表现。姿态语言是指通过身体的姿势、动作来表达情感、传递信息的体态,主要包括坐姿、站姿和行姿三种。你的身体摆出来的姿态等于告诉对方,你希望和对方有怎样的交往关系、对方所讲你是否感兴趣。

人在撒谎时还有不自觉的动作,如摸鼻子、口吃、清咳喉咙、避免凝视、眨眼、不停喝水、吞唾液、咬手指等。在与人谈话时,有的人有梳理头发、打响指等习惯,有的人有掏耳朵、挖鼻孔的小动作,这些都会给人留下不好的印象,有时会让人觉得很不礼貌。同时,这些无意义的身体语言也会分散对方的注意力,会影响沟通的效果。

3. 身体距离

人与人之间保持距离的远近,表示不同的意义。不同的场合及熟悉程度有不同的距离标准。美国社会心理学家斯坦利·霍尔(Stanley Hall)曾经针对人与人之间的物理距离做过调查研究,他发现人们之间存在着以下四种类型的人际距离。

(1)公众距离。其范围是 3.6~7.6 米,它属于人际交往中的正式距离。处于该距离的人,可以较容易地采取躲避或防卫行为。它多出现在陌生人之间或正规场合。

(2)社交距离。较近的社交距离是 1.2~2.1 米,多出现在非正式的个人交往中,如谈判和商业接待；较远的社交距离为 2.1～3.6 米，一般正式的公务性接触保持这种距离。

(3)个人距离。其范围是 0.44～1.2 米，这个距离通常是与朋友交谈或日常同事间接触的空间距离。

(4)亲密距离。其范围是 0.44 米以内，这种空间距离只出现在特殊关系的人之间，如父母与子女、夫妻、恋人。对关系亲密的人来说，这个距离可以感受到对方的气味和体温等信息。

(六)巧妙地处理人际冲突

人际冲突是人际交往中的一种对立状态，表现为两个或两个以上相互关联的主体之间的紧张、不和谐、敌视甚至争斗的状态。冲突的原因多种多样，可能是各方的需要、利益不同，或对问题的看法、认识不同，或价值观、行为方式不同，等等。人际冲突既有正面作用，又有负面影响。如果能够妥善处理或避免冲突，就能促进人与人之间的沟通和了解，能使当事人宣泄愤怒和敌意，避免过度积累的各种负面情绪；如果处理不好，则会影响当事人的心理健康，造成人际关系的紧张，当事人会产生失望、抑郁、愤怒等不良情绪。大学生还处于身心发展不平衡的成长阶段，自我意识较强，情绪不稳定，自控能力较差，学会巧妙地避免或化解人际冲突，能有效地提高其人际交往能力，促进他们形成愉快健康的交往方式。

1. 处理人际冲突的原则

(1)对事不对人。在发生冲突或争执时，将焦点置于事情本身，客观分析冲突的起因，避免将冲突扩大。人际冲突的起因大部分是一些生活琐事，双方都要承担一定的责任，如果将冲突的起因归于某人，双方只会相互攻击，从而激化冲突，这种错误的做法很容易被本能地使用。

(2)给情绪降温，做适度的让步。发生人际冲突时，双方都处于一种应激状态，在这种情绪状态下，冲突双方很容易说出中伤对方的话而造成无法挽回的局面。此时，做适度的让步不失为一种明智的选择，让步并不代表忍气吞声，把握好度也是一种智慧。

(3)及时解决冲突。发生人际冲突时，直面问题，坦诚以待，立即处理，而不要暗自较劲。人际冲突的起因多半是小事，如果双方能够直面冲突，说出内心的真实感受，冲突一般可顺利解决。事实上，很多人面临冲突时都会选择逃避，几次逃避之后，小问题经过积攒就会成为大问题，再处理就会难上加难。

2. 处理人际冲突的策略

(1)学会换位思考。换位思考就是换个角度，站在对方的立场来考虑问题。可以通过角色互换游戏学会换位思考，具体操作步骤如下：找一个安静的地方，放上两把椅子，选择其中一把椅子坐下。然后想象一下，跟你发生冲突的对象正坐在另一把椅子上，此时你可以将你对他的各种不满、意见、情绪和指责“毫不隐讳”地表达出来。发泄完之后，你需要坐到另一把椅子上，想象自己就是对方，对面的椅子坐着自己，再从对方的角度来一一回答你刚才提出的责难，并宣泄不满情绪。

这种角色互换游戏能帮助人们换个角度看世界，这种方法不仅能注意到自己的情绪、思维和行为方式，还能理解和关注别人的情绪、思维和行为方式。换位思考可以拉近与别人的距离，人与人之间的隔阂就会减少，交流也会更顺畅。

(2)尊重对方，求同存异。每个人都有自己的个性特点。作为一名新时代的大学生，更应该学会理解别人，尊重别人的兴趣爱好，承认别人与自己的某些差异，不轻易贬低别人的某些个性特征。

(3)学会沟通。受文化知识和生活阅历所限，许多大学生的人际交往能力和技巧还需提高。因此，大学生一旦遇到矛盾，要积极敞开心扉，多进行沟通交流。

课后实训

"盲人"旅行

1. 实训目的

本实训的目的是通过扮演盲人与拐杖的角色，让学生体验人与人之间互相扶持、互相帮助的重要性，引导学生感受信任与被信任、爱与被爱的幸福和快乐。

2. 实训内容

(1)播放轻柔音乐，营造舒缓、安全的气氛。所有的学生戴上眼罩扮演盲人，独自在室内四处行走，体验盲人的无助与恐惧。

(2)一半学生扮演盲人，另一半学生扮演帮助盲人的拐杖。拐杖不可以说话，只可以用肢体语言暗示盲人应该怎么走。由拐杖帮助盲人完成由室内到室外再回到室内的全部"旅程"。

(3)角色互换，刚才扮演盲人的学生这次扮演拐杖，刚才扮演拐杖的学生这次扮演盲人。"旅程"中的障碍需要略微进行修改。

(4)让学生们交流第一次、第二次、第三次自己分别有哪些不同的感受。

第九讲

绽放爱情之花

案例导入

没有结果的爱情

小美，一名女大学生，来自某县城，是家里的独生女，家庭条件较好，从小到大性情都比较温顺，是老师喜欢的好学生。高三时老师调座位让小美和男生小勇坐在一起，时间一长，小美发现小勇是个很特别的男孩，给自己枯燥的学习带来了一丝乐趣和新鲜，逐渐被他这种性格吸引，不知不觉两人谈起了恋爱。但这严重影响了学习，他们两个人都只考上了专科学校。小美后悔不已，想和小勇分手，但小勇一直穷追不舍，因为不在一个城市上学，小勇每周都来找小美，两人开始了异地恋。因为小美家经济条件比较好，交往中的花销基本都是小美出的。渐渐地小美发现小勇很自私，但每当自己不想继续交往时他总有办法哄小美开心。时间过了三年，小勇实习了，他拿着第一个月的工资来学校找小美庆祝，并在学校附近一个宾馆住下，两人发生了关系。之后，小美对小勇有了很强的依赖感，但小勇却渐渐地疏远小美，直到后来他说自己和同事恋爱了。

面对生活中的恋爱问题，我们该怎么处理呢？

第一课 爱情的相关概念

一、爱情的含义

所谓爱情，是双方基于一定客观物质条件和共同的人生理想，在各自内心中形成的相互间最真挚的爱慕，并渴望对方成为自己终身伴侣的最强烈、专一和稳定的感情。爱情是存在于人类两性之间的一种崇高的情感，是“人类男女间基于生命繁衍的本能和确保身心最大快慰而产生的互相倾心和追求的生理与社会的综合现象”。人类的爱情一般源于人的自然属性，即受人们在社会生活中的活动、地位、需要及社会的伦理观念、价值观念等的支配。它具有特定时代、民族、阶级、国家的具体特点，在爱的形式、内容、求爱方式等方面各不相同。爱情是婚姻的基础，但并不等同于婚姻。

爱情的内容主要涉及生物因素、精神因素和社会因素三个方面。生物因素是指爱情产生于两性之间，异性相吸的生物本能使人产生性欲，从而具有与之相结合的强烈愿望；精神因素主要是指爱情是一种高尚的情操，健康的爱情会愉悦身心，使人产生美好的心理体验；社会因素是指爱情是社会现象，一方面受社会道德、法律规范制约，另一方面还将涉及生儿育女、传宗接代的社会功能。

爱情是人的自然属性和社会属性的统一。爱情的自然属性就在于它是以性欲、性心理为自然基础并由此而发展起来的；爱情的社会属性则在于它是在两性自由、互爱基础上产生渴望在肉体和精神上融为一体的强烈倾慕之情。现代的爱情同单纯的性欲及古代的爱情是根本不同的，它是两性间一种特殊的社会精神关系，有其鲜明的现代特征：自由、平等、强烈、持久、排他，必须以互爱为前提。同时，爱情还具有崇高的道德价值。由于爱情是一种社会现象，一种特定的人际亲密交往，情侣双方应遵守社会的道德规范。确立正确的道德观念正是爱情的社会属性的本质要求，而爱情又有助于促进建立、完善和贯彻正确的道德规范。

微课

爱情的本质

二、爱情理论

在多种爱情理论中，有两种理论最受重视：一种是爱情类型理论，另一种是爱情三元理论。

（一）爱情类型理论

加拿大社会学家约翰·李(John Lee)采用分类学的观点提出了爱情类型模型。他认为，青年男女的爱情关系不外乎以下六种类型。

(1)浪漫式爱情。浪漫式爱情的特征是将爱情理想化，强调形体美，追求肉体与心灵融合为一的境界。

(2)游戏式爱情。游戏式爱情的特征是视恋爱如游戏，只求个人需求之满足，对其所爱者不肯负道义责任，因而将恋爱对象的更换视为轻易之事。

(3)占有式爱情。占有式爱情的特征是对所爱的对象赋予极强烈的感情，希望对方以同样方式响应；对其所爱的人极具占有欲，对方稍有怠慢，即心存猜疑嫉妒。

(4)伴侣式爱情。伴侣式爱情的特征是在缓慢中由友情逐渐演变成爱情，故也称为友谊式爱情。在此关系中，温存多于热情，信任多于嫉妒，是一种平淡而深厚的爱情。

(5)奉献式爱情。奉献式爱情的特征是信奉爱情是付出而不是索取的原则，甘愿为所爱的人牺牲一切，不求回报。

(6)现实式爱情。现实式爱情的特征是将爱情视为生活的应用，但求彼此现实需求的满足，不求理想的追求，为一般典型的爱情。

上述理论将人类爱情分成六类，应该说这有助于人们认识的精确。但现实中存在的任何一种爱情关系，都不可能单独属于某一类型。

(二)爱情三元理论

美国心理学家罗伯特·斯滕伯格(Robert J. Sternberg)在对先前文献进行整理的基础上提出了迄今最有影响力的爱情三成分理论。他认为爱情包括以下三个成分。

(1)动机的成分：爱情行为背后的动机对人类而言虽未必全是生理上的需求，但绝不能否认，性驱动力是原因之一。爱情行为的发生除内在的性驱动力之外，外在的诱因也是因素之一，即异性之间身体、容貌等特征是彼此吸引的原因。

(2)情绪的成分：情绪是由刺激引发的身心激动的状态，激动状态有喜、怒、哀、惧、爱、恶、欲之分，而在此七情之中，属于爱情的情绪，除了爱与欲之外，可能夹杂着其他的成分，凡是有恋爱经验者，都体验过酸、甜、苦、辣的爱情滋味。

(3)认知的成分：爱情中的认知作用，对情绪与动机两种成分而言，是一种控制因素，如果将动机与情绪分别视为电流与火花，认知就是开关或者调节器，它可斟酌爱情之火的热度并予以适度调节。

动机、情绪、认知三者各自单独在两性间发生的爱情关系分别称为激情、亲密和承诺。激情，也就是性的吸引力，想要有肌肤之亲的欲望，浪漫、外表吸引力和性驱动力相互混合在一起，这属于动机面；亲密，也就是跟对方在一起时会有一种相知相惜的温暖感觉，重视彼此的喜欢、理解和期待，这属于情绪面；承诺，就是决定发展稳定的关系，决定跟他在一起，而不是跟别人在一起，包括短期决定去爱一个人和长期承诺去维持爱的关系，这属于认知面。这三个基本元素有不同的特性：承诺的稳定性高，激情的稳定性低；但激情的短期效果强，而承诺和亲密则具有较长期的效果。

斯滕伯格认为这三向度、三元素可以阐明爱的七种面貌。

(1)喜欢。只有亲密，没有激情和承诺。喜欢就是彼此珍惜、欣赏与契合，也就是所说的友情。这种关系只是亲密感很高，激情和承诺都很低。

(2)迷恋。只有激情，没有亲密和承诺。这种类型的爱激情成分很高，往往发生在一见钟情的情况下，两个人一碰上就像火花一样点起来，但是往往很快就烧完。

(3)空洞的爱。只有承诺，没有亲密和激情。这种爱的承诺成分很高，但其他两种成分偏低，一些结婚多年的夫妻之间的爱可能就是这种。

(4)浪漫的爱。浪漫的爱是亲密和激情的结合，但没有承诺。这种爱的亲密感和激情成分都很高，但承诺成分很低，因为他们也许还没考虑结婚的问题。所以，这种爱往往只会出现在恋爱初期，结婚后基本上就没有了。

(5)伴侣的爱。伴侣的爱是亲密和承诺的结合，但没有激情。这种爱比较平淡，一般来说常发生在邻居之间青梅竹马的情况，到了适婚年龄就结婚了。这种爱在亲近感和承诺方面都很高，而情欲方面则很低。

(6)愚昧的爱。愚昧的爱是激情和承诺的结合，但没有亲密。这种爱是两人刚认识就产生激情，因而许下承诺，决定要结婚。他们会有很浪漫的想法，认为既然我爱对方，我就应该跟对方结婚。由于两人认识时间很短，彼此对对方都不是十分了解，因而尽管情欲和承诺的成分都很高，亲密感却很低。但是激情会随着时间而慢慢淡化，以至于消失，彼此不熟悉的感觉就会浮上来，两人会觉得很陌生，可能因此而离婚。

(7)完美的爱。在完美的爱中，亲密、激情和承诺都有。这种境界很难达到，因为它必须保证三个成分都维持在很高的水平上。只有在新婚蜜月期，或者在刻意的经营下，即用心地提高夫妻的生活情趣，设法把三个成分都维持在高水平，才有可能维持完美之爱。爱情的现象可以去理解、去解释、去研究，但是爱情的美只能在感动中体会，那是一个充满了想象与超脱现实的生命体验。

三、爱情的特征

爱情是一种异性之间强烈的吸引状态，这种状态与关怀、依赖、信任和自我暴露及性欲等特征联系在一起。所以，爱不是目标，而是一种体验，是一个连续的过程。爱情生活对人类精神活动有重大影响，人们的困惑、烦恼、痛苦、沮丧大多来自情感领域。人们置身于爱情中，可以原谅对方严重的不谨慎，但不能饶恕一点点不忠诚。爱以相互信任为前提，没有平等和相互信任就没有爱情。有人归纳了爱情的以下七大特征。

(一)依恋

爱情是一种强烈的依恋状态，相爱的人一日不见如隔三秋，有的人因与恋人分离而寝食不安、坐卧不宁，甚至抑郁成疾。许多热恋中的大学生即使与恋人只是短暂的分离，也表现出极大的不安，出现上课精力不集中、走神儿、夜不能寐、不能全身心投入学习的情况，最终会严重地影响学习成绩。

心理加油站

依恋理论

依恋理论首先由英国精神病学家约翰·鲍比(John Bowlby)提出。他通过研究母亲孩子的互动提出了这个理论。而母婴关系和恋人关系有着很大的相似性。后来他的学生与同事设计了陌生情境测验，评定1岁婴儿对其母亲依恋的安全性。

母亲带着1岁婴儿到实验室，实验室里有玩具。婴儿在实验室里玩了一会后，母亲会离开。在母亲离开时，不同的婴儿有不同的反应。在母亲回来后，婴儿也有不同的反应。研究者总结出了四种典型的反应类型。

1. 安全型的婴儿

母亲离开时，他会很难过，哭着不让母亲走。但母亲走后，他能很快地平复下来，会自得其乐地重新开始玩玩具。等母亲回来时，他看到母亲会很开心，会去拥抱母亲一会儿，然后他会继续自得其乐地玩玩具。

这样的婴儿长大后，这些安全感会内化。在亲密关系中，没有安全感的人要么怕被吞噬,要么怕被抛弃。而安全型的人,不会怕被吞噬,也不怕被抛弃,他会给对方想要的空间和自由,会来包容。和安全型的人相处久了,自己也会逐渐安定下来。他会让人觉得“我是有价值的,你也有价值”,然后对方会更爱他,他也得到了更多的爱。这是一个很正向的循环。

2. 回避型的婴儿

母亲走的时候,他没什么反应。母亲回来的时候他也没什么反应。他表面看上去很冷淡,但其实内心很激动。

长大后,他的这些冷漠会内化。他会认为人都不可靠,我只能靠自己。他对物品比对人有兴趣。在恋爱中,他不容易有亲密感,他很需要有自己的空间。他可能会通过打压别人来让自己感觉良好。他会让爱人感觉“我行,你不行;我有价值,你没有。”

3. 焦虑型的婴儿

母亲离开时,他会哭天抢地不让母亲离开。母亲离开后,他会继续难过,焦急地等待着母亲回来,没心情玩耍。母亲回来时,他会一把抱住母亲,不想把母亲放开,甚至会打母亲,埋怨母亲为什么离开他。

长大后,他会怕被抛弃。他会觉得别人都比自己好,与他人在一起了,自己就安全了。如果他遇到的是一位安全型的恋人,那么他的焦虑情绪会在对方的安抚中逐渐稳定下来。而如果他遇到的是一位回避型的恋人,对方又恰恰害怕被吞噬,于是开始逃跑;对方越跑,他越追;他越追,对方越跑,就像猫捉老鼠一样,双方都很累。但往往因为有这种你追我赶的体验,焦虑型和回避型的人很容易相互吸引,开始恋爱。

4. 紊乱型的婴儿

母亲离开时,他想要抱住母亲,但不知道怎么做。母亲回来时,他张开双手想要抱母亲,但是却往后退。他很爱母亲,但是这个爱带给他很多痛苦,所以他进退两难。

长大后,他和人相处时,一开始会拒人于千里之外,因为害怕受伤害,但他其实内心是渴望和别人交往的。一旦被他接纳,他可能就会像八爪鱼一样紧紧抓住对方,让对方有窒息的感觉。

关于依恋类型,可以从两个维度来衡量:忧虑被弃和回避亲密。

安全型的人,不害怕被抛弃,也不回避亲密。回避型的人,不害怕被抛弃,但回避亲密。焦虑型的人,害怕被抛弃,喜欢亲密。紊乱型的人,害怕被抛弃,喜欢亲密。

依恋类型虽然深受儿时与主要照顾者互动关系的影响,但也是可以变化的。例如,一个安全型的人,在经历了一段和回避型人的恋爱后,可能会变为焦虑型的人;一个回避型的人,在和安全型恋人的长期温暖相处中,可能也会变为安全型的人。

爱的关键在于共同经营和同步成长。

(二)关怀

在爱情关系中,人们表达着更多的关怀,恋人的一举一动、一颦一笑都会让自己牵肠挂肚。许多大学生在恋爱时发现自己不知何时变得会关心体贴对方了。以前在家里都是自己处处受父母的关爱，现在自己也开始关爱别人了；以前凡事都是父母叮咛、挂念、操心，现在自己总在担心对方是否穿得太少，是否没吃上热饭，是否昨天熬夜太久……

(三)义务

在爱情关系中，人们往往不求回报，恋人交往时一般不计较得失、不考虑公平，对方的需要就是自己的义务。经常看到许多热恋中的年轻人不惜花费时间劳累奔波，不惜倾尽囊存，只是为了给对方买一件满意的礼物。

(四)信任

在爱情关系中，人们往往对恋人极为信任，几乎完全不设防，很少考虑后果。许多恋爱者对自己的恋人投入了全部的情感，做事也全是感情用事，很少客观理智地思考，同时在心里他们已完全把对方当成了自己的亲人，因此极为信任，不但自己信任，而且不许任何人怀疑对方。但他们的恋爱关系一旦破裂，便痛苦不堪，大有上当受骗之感。

(五)宽容

爱情带有更多的宽容，即使对方有缺点或自己反感的行为，也会得到宽厚的对待。我们常常说"热恋中的人看对方都是完美的"。的确，由于感情的主导作用，对方的优点被夸张，缺点也变得那么可爱。爱情使人变得固执，也变得宽容。

(六)排他

爱情具有很强的排他性，不能容忍他人介入，也容不得对方移情别恋。这种排他性走向极端就会演变为狭隘和自私，严重者会出现报复行为。

(七)自我暴露

爱情带有更多的自我暴露的特点，恋爱双方会袒露自己的真实面貌，包括思想、感情、学识、能力等。自我暴露是爱情关系深度的指标，感情越深，双方自我暴露的深度和广度越大。

爱情的七大特征给我们许多启示，有助于判别自己是否置身于爱情之中。

心理诊疗室

友谊与爱情量表

友谊与爱情你分辨得出来吗？不管你是否恋爱，试着勾选下列符合自己目前恋爱状况或对爱情憧憬的项目。(不分性别，可多选)

(1)他情绪低落的时候，我觉得很重要的职责就是使他快乐起来。

(2)在所有的事件上我都可以信赖他。

(3)我觉得要忽略他的过失是一件很容易的事。

(4)我愿意为他做所有的事情。

(5)对他有一点占有欲。

(6)若不能跟他在一起,我觉得非常不幸。
(7)我孤寂时,首先想到的就是要去找他。
(8)他幸福与否是我很关心的事。
(9)我愿意宽恕他所做的任何事。
(10)我觉得让他得到幸福是我的责任。
(11)当和他在一起时,我发现我什么事都不做,只是用眼睛看着他。
(12)若我也能让他百分之百地信赖,我觉得十分快乐。
(13)没有他,我觉得难以生活下去。
(14)当和他在一起时,我发觉好像两人都想做相同的事情。
(15)我认为他非常好。
(16)我愿意推荐他去做被人尊敬的事。
(17)以我看来,他特别成熟。
(18)我对他有高度的信心。
(19)我觉得任何人跟他相处都会留下很好的印象。
(20)我觉得他跟我很相似。
(21)我愿意在班上或团体中,做任何事都投他一票。
(22)我觉得他是许多人中容易让别人尊敬的一个。
(23)我认为他是最聪明的。
(24)我觉得他在我所有认识的人中是非常讨人喜欢的。
(25)他是我很想模仿的那种人。
(26)我觉得他非常容易赢得别人的好感。

结果解释:勾选项目若集中在1～13项,表示你对他的感情以爱情成分居多;勾选项目若多集中在14～26项,表示你对他的感情以喜欢成分居多。

四、爱情的要素

人本主义哲学家和精神分析心理学家艾瑞克·弗洛姆(Erich Fromm)在《爱的艺术》中总结如下。

不成熟的爱情原则:我爱,因为我被人爱;成熟的爱情原则:我被人爱,因为我爱人。

不成熟的爱宣称:我爱你,因为我需要你;成熟的爱宣称:我需要你,因为我爱你。

那么成熟的、良好的爱情关系包含哪些要素呢?弗洛姆认为成熟的爱包含以下五个基本要素。

(一)给予

爱情是一种积极的,而不是消极的情绪,即爱情首先是"给予"而不是"索取"。给予就是付出,给予是力量的最高表现,恰恰是通过给予,人才能体验自己的力量、富裕和活力。给予比索取能够带来更多的愉快，这不是因为给予是一种牺牲，而是因为通过“给予”可以表现自己的生命力。

但给予最重要的并不止于物质范畴，而是人所具有的特殊范畴。给予不仅仅包括物质的，还包括一个人内心有生命力的东西，比如与人分享自己的快乐、兴趣、理解力、知识、幽默和悲伤，总之，是一个人身上有生命力的东西。通过给予不仅丰富了他人，也丰富了自己。

弗洛姆认为人应该用爱去换爱，用信任换取信任。如果你想欣赏艺术，你必须是一个有艺术修养的人；如果你想对其他人施加影响，你必须是一个能促进和鼓舞他人的人。如果你在爱别人，却没有唤起他人的爱，也就是你的爱作为一种爱情不能使对方产生爱情，也就是说，作为一个正在爱的人却不能把自己变成一个被人爱的人，那么你的爱情就是软弱无力的。

打算以爱的形式交往的人不应该把对方看作他帮助的对象，而是应该同对方建立一种真正的、创造性的紧密关系。

(二)关心

爱情是对生命及我们所爱之物生长的积极的关心。如果缺乏这种积极关心，那么只是一种情绪，而不是爱情。爱的本质是创造和培养，爱情和劳动是不可分割的。人们爱自己的劳动成果，人们为所爱之物而劳动。

(三)责任心

今天人们常常把责任心理解为义务，是外部强加的东西。但是“责任心”这个词本来意义是一件完全自觉的行动，是我对另一个生命表达出来或者尚未表达出来的愿望的答复。“有责任”意味着有能力并准备对这些愿望给予回答。

(四)尊重

如果没有尊重，那责任心就有可能变成控制别人和奴役别人的主观倾向。尊重对方不是惧怕对方。尊重这个词的定义就是有能力实事求是地正视对方和认识他独有的个性。尊重就是要努力使对方能成长和发展自己。我希望一个被我爱的人应该以他自己的方式和为了自己去成长、发展，而不是服务于我。爱一个人，就应该接受他的本来面目，而不是要求他成为我希望的样子，以便使我能把他当作使用的对象。只有自己达到独立，在没有外援的情况下独立走自己的路，即不想去控制和利用别人，尊重对方才成为可能。爱情是自由之子，永远不会是控制的产物。

(五)了解

人们只有认识对方、了解对方才能做到真正的尊重对方。不以了解为基础，关心和责任心都是盲目的，而如果不是从关心的角度出发去了解对方，那么了解便是一句空话。了解作为爱的一个方面，不能停留在表面，要深入事物的内部，而不是满足于一知半解。只有用他人的眼光看待他人(站在对方的立场考虑)，而把对自己的兴趣退居二位，才能真正了解对方。

关心、责任心、尊重和了解都是相互依赖的。在成熟的人身上可以看到这些态度的集中表现。

第二课 大学生恋爱心理

一、大学生恋爱心理特点

大学生正处于对异性的向往期向恋爱择偶期的过渡阶段，即从不成熟的恋爱心理向成熟的恋爱心理过渡的阶段。概括地说，大学生在恋爱的态度、行为和方式上具有以下心理特点。

（一）恋爱动机简单化

更多的大学生在恋爱中没有过多考虑将来能否走到一起，他们看重恋爱的过程，轻视恋爱的结果。他们恋爱，是因为需要爱和被爱，多是出于本能的喜欢和吸引。

大学生注重恋爱过程，这种心理有利于恋爱双方互相了解、加深认识，也有利于恋人之间培养感情、增加心理相容度。这种恋爱思想同时也反映出大学生恋爱没有太强的功利色彩，目的单纯，着意追求爱的真谛。但从另一方面来说，只注重恋爱过程，强调爱的“现在进行时”，不考虑爱的“将来完成时”，则是缺乏爱情责任意识的表现。还有一部分大学生恋爱出于从众或虚荣心理，把恋爱当作一种充实课余生活、解除寂寞、填补空虚的手段。由这些可以看出，大学生恋爱心理还不太成熟，对感情缺乏深刻的认识。

（二）恋爱不成熟与不稳定

当前大学生的恋爱，低龄化人数呈上升趋势。部分大学生一进大学就开始谈恋爱。这些低年级学生，由于社会阅历浅、思想单纯，对于自己的人生目标和需要还没有一个很清楚的概念，所以对待恋爱问题简单、幼稚、不成熟。在择偶标准上，这些大学生往往重外表，轻内在；在恋爱方式上，往往重形式，轻内容；在恋爱行为中，往往重过程，轻结果，重享乐，轻责任。这种恋爱问题上的不成熟性，加之经济上尚未独立，恋爱过程中感情和思想易变，缺乏妥善处理恋爱中情感纠葛的能力，极易造成恋爱的周期性中断；或对恋爱对象的选择难以决定，恋爱的成功率较低。

（三）恋爱观念开放，不受传统束缚

随着时代的发展，当代大学生的恋爱观念日益开放。随着对外开放的范围不断扩大，以及各种新闻媒体、网络文学的盛行和渲染，当代大学生对于爱情的表达日趋开放和大胆，不愿接受传统观念的束缚，恋爱方式日趋公开化。在爱的激情下，一些大学生甚至在公共场所、大庭广众之下，旁若无人地做出过分亲密的动作。许多大学生不能正确处理感情和性的关系，不能够理智、成熟地对待自己的情感问题，只愿享受爱情的甜蜜，却忽略爱情背后的责任，由此引发一系列的问题。

（四）自控力与抗挫折能力差

绝大多数大学生能够正确看待学业与爱情的关系，希望学业和爱情双丰收、具有理智的

爱情观。但很多事实表明，很多大学生缺乏理智处理感情事件的经验和心态，一旦陷入热恋中，往往不善于控制自己的情感，缺乏理智的驾驭能力，对恋爱对象过分依赖，稍有波折就痛苦万分。一旦恋爱受挫，经常会情绪失控，陷入痛苦无法自拔，对学习造成严重影响。由于缺乏成熟的相处经验，很多大学生不能互相迁就对方，不能够从容理智地处理爱情进程中遇到的各种问题。可见，摆正学业与爱情的关系，正确处理感情中遇到的问题，是恋爱中的大学生迫切需要学习和理智面对的问题。

二、大学生恋爱常见的问题和错误观念

（一）夸大恋爱的重要性

把爱情放在至高无上的地位是很多大学生在谈恋爱时容易犯的错误，尤其是女生，但是也不排除男生。他们把爱情放在大学生活的首位，以恋爱为中心，认为爱情没了，生活也就毫无意义。可是，认为爱情至高无上的同学，你是否忘了此刻学生的身份？作为学生最基本的就是要以学习为重，大学生也应如此。虽然牢牢把握住了爱情，但可能失去了锻炼自己的最好时段。所以，大学生在谈恋爱时要注意，别把爱情看得太重。

（二）恋爱导致的极端行为

爱情是两个人之间的事情，它具有极强的排他性。教育家陶行知先生曾说："爱之酒，甜而苦。两人喝，是甘露；三人喝，酸如醋；随便喝，毒中毒。"如果一个人同时爱上几个人，或者几个人同时爱上了一个人，就会导致爱情责任感和道德感的缺失。

一个人同时爱上几个人，可能是因为爱情观尚未定型，不知道自己究竟喜欢什么样的人，在同时遇见几个交往对象时不知该如何选择；也可能是这个人的爱情态度过于随便，随心所欲，见一个爱一个，把爱情当作儿戏。

几个人同时爱上一个人，可能因为有些大学生认为被人追、被人爱是魅力的证明，是一种荣耀，于是千方百计地在众人面前施展自己的魅力，引起众人的追捧，游走在多份爱慕之间；也可能是因为个体确实具有某种非常吸引人的特质，如出众的外貌、优秀的品质等，从而吸引众多的追求者。

在多角恋爱中，第三者的问题非常值得注意。如果在爱情中出现了第三者，大学生要做到自尊和尊重他人。自尊是指不要轻视或否定自己，不做有悖自己人格尊严的事情；尊重他人是指要以理解、客观的态度来面对第三者，通过坦诚沟通来解决问题。如果自己不幸成为"第三者"，要学会勇敢地退出。爱本无错，但爱有规则，违反规则的爱情很难有美好的结果。这种时候，退让并不等于投降，而是成熟的表现。瓦西列夫在《情爱论》一书中指出："一旦发现自己是'多余的人'，就应该高尚地忍受自己的不幸，无论他在感情上是多么的痛苦。"

另外，恋爱是双方相互选择、相互磨合的过程，并不是每份爱情都会有美好的结局。当恋爱的一方因各种原因决定终止恋爱关系时，另一方就会失恋。大学生失恋是一种常见的现象，它会给大学生带来痛苦的情绪体验。这些痛苦的情绪体验主要有三种。一是失落感。

大学生一下子失去了可以依靠、信任和理解的对象，心里感到十分孤独与失落。二是无意义感。失恋者觉得，没有他(她)的陪伴，做什么事情都提不起精神，只有与他(她)一同分享漂亮的打扮、热闹的活动、美味的饭菜才是有意义的。三是失败感。大学生失恋后，很多人会感到自己被否定了，继而产生羞耻和怨恨的情绪。

大学生失恋后的表现与他们的个性特征、生活阅历及对爱情的投入程度密切相关。有的大学生将自己封闭起来，与世隔绝，再也不相信爱情；有的大学生通过伤害自己来发泄心中的痛苦，甚至走上轻生的道路；还有的大学生实施攻击报复，揭露对方隐私，造谣中伤，甚至走上犯罪的道路。

其实，失恋是一种正常现象。恋爱双方的爱情发展顺利可能走向婚姻，发展不顺利就可能走向分手。失恋不是不可接受的，如人们不会觉得离婚是不可接受的一样。面对失恋，大学生最重要的是要处理好它所带来的负面感受。

1. 要学会倾诉

大学生总觉得失恋是他人对自己的否定，是一件丢人的事，所以不愿意向身边的人诉说自己失恋后的痛苦，宁可独自流泪、黯然神伤。应当明白，他人放弃你的原因是多重的，可能是误会或性格不合，也可能是家庭因素，所以失恋并不一定意味着他(她)对你的否定。即使是一种否定，也并不代表其他人都否定了你。大学生不要妄自菲薄，要心平气和地面对失恋的事实，及时向他人宣泄自己心中的痛苦，以得到他人的支持和鼓励。

2. 要认识到失恋其实也是一种成长

遭遇爱情的挫折并不可怕，可怕的是不能从中吸取教训，总结经验。应当了解什么人是适合自己的，在爱情中自己想要得到什么，应该如何去维护和发展爱情，等等。这些都需要在实践中慢慢体会，失恋的经历正好提供了一个很好的学习机会。

3. 要发扬“阿Q精神”

应学会在吃不到“葡萄”时说“葡萄是酸的”。多想想对方的缺点，心里就会好受一些。不要一味地沉浸在对过去的回忆当中，因为这种回忆会掺杂着憧憬和想象，令自己欲罢不能，伤心欲绝。

4. 要正确对待恋爱挫折

大学生在身体发育上已经成熟，已进入性成熟阶段。在心理上，大学生普遍对爱情充满憧憬，渴望拥有浪漫的爱情。但因为社会经验较少、人际沟通技巧有所欠缺、没有稳定的经济收入、毕业后去向不定等，所以大学生在交友恋爱方面经常会遇到困扰。一项对上海市12所高校毕业生“恋爱成功率”的抽样调查发现，大学生恋爱失败率高达40%，只有10%的学生最终建立了稳固的恋爱关系。

恋爱关系不仅是一种人际关系，更是一种重要的亲密关系。大学生与他人建立恋爱关系的过程是否顺利，影响着他对自我价值的评价。大学生一旦失恋，不但会失去情感上的依恋对象，而且会使自尊心受到巨大的伤害。有些大学生会因此而否定自己，对自己能否被爱、被认可产生怀疑。

爱情是生命的重要组成部分，但不是全部，更不是唯一。爱情是美好的，但生活中美好的东西还有很多。在生活向我们关闭一扇门的同时，一定会打开另一扇窗。大学生所需要做的就是抬头向前望一望。

心理加油站

不要把恋爱当成生活的全部内容

由于青春期的心理特点，对美好爱情的追求往往会成为青年人主要的心理需求。“爱情第一”的观点在相当一部分青年大学生中流行，似乎有了爱情就有了美好的未来，否则前途就暗淡无光。有的大学生因为谈恋爱而荒废了学业，有的大学生因为失恋而产生了心理危机，原因之一就是把恋爱当成生活的主要目标。恋爱是人生的重要组成部分，但不是生活的全部内容，生活中还有更重要的东西。恋爱的前景在很大程度上与生存状态有关。如果一个人沉溺于爱的甜蜜，忘记了还有更重要的事要做，就会损害他的现实生存状态，他的恋爱前景也就令人担忧。正确处理恋爱与学业的关系，可以形成两者相互促进的良性循环，增加恋爱的激情和学习的动力。有的大学生还不具备协调两者之间关系的能力，恋爱成了整个大学生活的主旋律，毕业就业在即才如梦初醒，重新意识到生存才是最大的挑战，这种现象值得大学生警惕。即使没有紧迫学习任务的成年人，试图用爱情代替生存，结果也只能是爱情和事业双失意，因为这种观念违反了生存的逻辑。

(三)爱的缺失

心理学中有一个重要的概念叫作移情，就是一个人把对过去生命中一些重要人物的情感转移到目前所遇到的人身上，或者将那些曾想从一些重要人物身上获得却未能如愿的情感需求寄托于目前的关系之上。很多人因为小时候某种心理需求没有得到满足，在成人后的异性交往中一旦得到，就很容易陷入爱的旋涡。

大学生在面对移情式的爱情时，首先要找到爱情发生的原因，看看自己是不是在为以前某种心理需求的缺失寻求补偿，如果自己无法明辨，可以求助心理咨询师；其次要加深对爱的了解，理解“爱是付出，不是索取”的真谛。这种寻求心理补偿的爱仅仅从自己的心理需求出发，是自私的，这样的爱不会维持长久。

(四)“物质至上”的错误恋爱观

要面包还是要爱情，这是针对恋爱经常提到的话题。受某些负面风气的影响，一些大学生在恋爱过程中，从“追求爱情”变成了“追求物质”，以出入高档餐厅、酒店，假期外出旅游，节日、纪念日购买奢侈品为谈恋爱的目标。这是一种将自己物化为商品的行为：将自己变成一个美观、符合要求的商品，然后投入恋爱市场待价而沽。这不仅违背了恋爱的初衷，而且可能带来严重的负面后果。

心理加油站

什么是PUA

PUA全称是Pick-up Artist,直译为“搭讪艺术家”。这套理论最早是从20世纪六七十年代的美国兴起的,创立的初衷其实是帮助那些不擅长言辞的人(不仅限于男性),通过一些合理的技巧来搭讪、接近自己喜欢的异性,建立良好的沟通,从而与对方实现恋爱关系。

可是这个理论后来发生了变化,有些人利用PUA之名对异性行精神控制之实,最常见的套路有以下三步。

第一步,切断你和外界的联系。套路者不断给你灌输外面的世界充满恶意又很凶险,只有他是世界上最关心你最信任你的,你有他就够了,待在他身边就可以了。最后连你与父母的接触都开始被管控。限制你的外出,规定独自在外的路线和时间,关系封锁+信息封锁,把你彻底圈在他的身边。

第二步,贬低你的人格,质疑判断。

第三步,树立他绝对的领导权威和地位。不允许反驳,不允许怀疑,只能一切听从他的安排。在关系中再夹杂暴怒、威胁、言语羞辱,最后你的自我认识全面瓦解,把所有的掌控权都交到他的手上。

所以,要躲开PUA,避免任何人的精神控制,最基本的一条原则就是,不轻易接受他人的评价。毕竟这个世界上人无完人,有缺点要试着悦纳它并且克服它,而不是因为有缺点就否定自己。除此之外,犯错后不要过多责备自己,而是总结错误的原因,下次继续努力勇敢尝试。在这个基础上,建立起一个良性的自我反馈体系。相信自己的人生一定是由自己做主的。

美国心理学家罗杰斯说过:“爱是深深的理解与接受。”爱情也许有很多种样子,但真正的爱情,一定是建立在互相尊重和彼此平等的基础之上的。

三、大学生健康恋爱观的培养

(一)理解爱情的真谛

恋爱不等于真爱,但每个恋爱的人都渴望获得真爱。真爱不是来自两个人口头上的海誓山盟,而是来自生活中的点点滴滴。

1. 爱是关心和给予

弗洛姆说:“爱是对所爱对象的生命和成长的积极关心。哪里缺少这种积极关心,哪里就没有爱。”爱是想对方之所想,给对方之所需,是无私的给予和关心。爱人之间应该是不做作、真诚主动地给予对方爱,在不问收获、埋头耕耘的过程中自然而然地获得爱。

2. 爱是尊重和信任

尊重意味着一个人对另一方的成长和发展应顺其自身规律和意愿。尊重蕴含着没有剥削,即让对方按他自己的目标去成长和发展,而不是服务于自己。尊重包括对对方的职业、爱好、选择、隐私,以及不同于自己的观点和生活习惯等方面的尊重。信任是一种尊重,也是一种自信,不必盘问对方的每个细节,更不必去跟踪调查。爱一个人,就要先信任他(她),不要凭感觉随意猜疑他(她),给他(她)一个自由的时间和空间。

3. 爱是宽容和理解

宽容中包含着理解、同情和原谅,是最大限度地接纳对方,既要接纳对方的优点,也要接纳对方的缺点,但要注意限度和原则。

案例放映厅

七夕那天,小郑买了一束玫瑰花送给女友小高,小高第一次收到玫瑰花特别高兴。回到宿舍后,她发现舍友的七夕礼物比她多,而且她们收到的玫瑰花不论是数量还是种类,都比小郑的好。小高在心理上产生了落差。晚上通话时,她向小郑抱怨了一番,认为小郑小气,不舍得花钱。她还列举了远在其他学校的高中同学的男朋友送的礼物有新意、有价值。被女友说成小气鬼,不舍得为她花钱,小郑觉得委屈,这束花不仅是对女友的爱,更是他两个星期的生活费,于是两人发生争执。小高在一气之下,把小郑送的玫瑰花还给他。被这一举动激怒的小郑提出分手,并冲到宿舍楼下把玫瑰花扔进了垃圾桶。这还不解气,他狠狠地踢了垃圾桶几脚。垃圾桶不但被他踢翻了,而且破了一个大洞。气是消了,可是垃圾桶坏了。小郑环顾四周,没发现有人在附近,便迅速离开现场。次日清晨,小郑在路过生活区时,发现被他踢破的垃圾桶边堆满了垃圾,他的脸颊顿时红了起来。在经过思想斗争后,他主动联系学院后勤部,愿意购买新的垃圾桶。鉴于他能够主动认错,学院从教育学生的目的出发,未对其进行处分。随后,小高想了一夜,知道昨晚是自己虚荣心作怪,在学习阶段还是用爸妈的钱,不应该对小郑提出这么多不切实际的要求,应该把精力放在专业学习上。于是她将自己的反思写在信纸上,委托同学交给小郑并向其道歉,请求原谅。就这样,他们不但和好了,而且有了属于他们自己的人生规划。

4. 爱是责任

幼儿的爱遵循"我爱因为我被爱";成人的爱则遵循"我被爱因为我爱"。不成熟的爱遵循"我爱你因为我需要你";成熟的爱遵循"我需要你因为我爱你"。所有的爱情都包含着一份神圣的责任,这种责任不是义务、外界强加的,而是内心的自觉,即为自己所爱的人承担风霜雨雪,而不仅是感官上的愉悦与寂寞时的陪伴。

5. 爱是理性

马克思说:"真正的爱情表现的是恋人对他的偶像采取含蓄、谦恭甚至羞涩的态度,而绝不是表现随意流露热情的过早的亲昵。"一时的狂热迷恋是一种危险的情感,它只是一种生理上要求与异性接近的渴望。

6. 爱是独立

独立不是疏远,而是与人相处时有自己的思考和行动,不轻易受他人左右,知道自己真正需要什么。独立是一种成熟的品质，是心理断乳的标志。爱需要保持独特个性和独立人格，不让自己消融在对方的影子里。

心理加油站

怎样区分友谊与爱情

一般来讲，爱情的产生也有一个发展的阶段，先是好感，然后是喜欢，最后是爱情。好感和喜欢多停留在友谊的阶段，而爱情到了亲密关系的层次。日本某青年心理学家曾对异性间的友谊和爱情的异同做过区分，他认为在五个方面有不同。

1. 支柱不同

友情的支柱是理解，爱情则是感情。友情最重要的支柱是彼此相互了解。爱情一定程度上把对方美化，而后才产生感情。

2. 地位不同

友谊的地位是平等的，爱情的地位是一体化的。朋友之间无须客套，遇到对朋友不利的事，可以直率提出忠告，即使对方动怒，也要义正词严地规劝。朋友之间有人格的共鸣，也有剧烈的冲突。爱情则不然，身体虽二，心却为一，两者不是互相碰击，而是互相融合。

3. 体系不同

友情是"开放的"，爱情则是"关闭的"。两个人有坚固的友情，当有人生观与志趣相同的第三者、第四者加入时，大家都会欢迎。爱情则不然，两人恋爱，如果第三者加入，便会产生嫉妒心理和排除异己的行为。

4. 基础不同

友情的基础是"信赖"，爱情则还纠缠着"不安"。一份真诚的友情，具有绝对的信赖感，犹如不会动摇的磐石；相反，一对相爱的男女，虽不是不信赖对方，但总是被种种不安所包围，如"我深深地爱着她，她是否也深深地爱着我？""他的态度稍微变了，是不是还和以前一样爱我？"。

5. 心境不同

友谊充满"充足感"，爱情则充满"欠缺感"。当两个人是亲密的好朋友时，彼此都有满足的心境。两个人一旦成为恋人，虽然初期会有一时的充足感，可不久之后，就生出不满足感，总希望有更强烈的爱情保证，经常有一种"莫名的欠缺"尾随着。

喜欢是爱的基础，但爱情需要更大的包容与真诚，需要付出和托付，需要用时间来慢慢学习。

（二）培养爱的能力

爱的能力包括施爱的能力和接受爱的能力。一个人心中有了爱，在理智分析之后，要敢于表达、善于表达，这是一种爱的能力。一个人面对别人的施爱，能及时准确地对爱做出判断，并做出接受、谢绝或再观察的选择，这也是一种爱的能力。

1. 拒绝爱的能力

自己不愿或不值得接受的爱应有勇气加以拒绝。拒绝爱要注意两个方面。一是在并不希望得到的爱情到来时，要果断、勇敢地说“不”，因为爱情来不得半点勉强和将就。如果优柔寡断或屈服于对方的穷追不舍，发展下去对双方都是不利的。二是要掌握恰当的拒绝方式，虽然每个人都有拒绝爱的权利，但是珍重每一份真挚的感情，是对他人的尊重，也是一种自重，还是对一个人道德情操的检验。

因此，拒绝爱应表现出对他人的尊重，要感谢对方对自己的爱；要态度明确，表达清楚，说清和对方只能是什么关系；要行动、语言一致，不能语言拒绝了对方，行动上还与对方有较亲密的接触，如单独吃饭、看电影等，使对方误解，认为还有机会，纠缠在与自己的情感中。

2. 发展爱情的保鲜能力

爱情保鲜期的长短并不取决于科学，而在于双方的爱究竟有多深，是否有发展爱情的保鲜能力。要保持爱情长久，就需要两个人真正地关心对方；需要智慧、耐力、持之以恒及付出心血；需要学习新的东西，善于交流，懂得欣赏对方，同时又要有自己的个性、追求和发展，让爱情有一个不竭的源泉。

3. 摆正爱情的位置

大学生要摆正爱情在人生中的位置。爱情在人生中占有重要地位，没有爱情的人生是不完美的，但爱情不是人生的根本宗旨，更不是人生的全部，只为爱情而活着是苍白的。流传至今的诗句“生命诚可贵，爱情价更高；若为自由故，二者皆可抛”正说明了这一点。当你把爱情视为生命的唯一时，爱情就是一株温室中的花朵，娇弱美丽却经不起任何的打击；当爱情成为唯一的存在价值时，你就会失去人格的独立和魅力，也很容易失去被爱的理由。

大学生要摆正爱情在大学生活中的位置，时刻清楚现阶段自己面临的任务、奋斗目标。要理解今天的学习与未来的事业息息相关，是爱情美满的基础。那种抛开学业谈恋爱的做法，不仅有碍成就事业，也难以获得幸福的爱情。

大学生要正确处理爱情与学业的关系，克服客观上的爱情至上，树立崇高的理想，变“儿女情长”为胸怀大志，用理想的感召力激发学习的激情，把兴奋中心转移到学习上，把时间和精力投入学习中，使爱情和学业相互促进。

4. 遵守恋爱道德

恋爱言谈要文雅，讲究语言美。交谈中要诚恳、坦率、自然，不要为了显示自己而装腔作势，矫揉造作；不能出言不逊，污言秽语，举止粗鲁；相互了解是必要的，但不要无休止地盘问对方，使对方自尊心受损，伤害彼此的感情。

(1)恋爱行为要大方。一般来说，男女双方初次恋爱，在开始时常感到羞涩与紧张，随着交往的增加会逐渐自然与大方。这个时期要注意行为举止的检点，因感情冲动，过早地做出亲昵动作，会影响感情的正常发展。

(2)亲昵动作要高雅，避免粗俗化。高雅的亲昵动作能产生爱情的愉悦感和心理效应。

而粗俗的亲昵动作往往引起情感分离的消极心理效果，有损爱情的纯洁与尊严，有损大学生的形象，同时对旁人也是一种不良的心理刺激。

(3)恋爱过程中要平等相待。不要以己之长度人之短，借此来炫耀、抬高自己，戏弄、贬低对方；也不宜想方设法考验对方或摆架子，这些都可能挫伤对方的自尊心，影响双方的感情。

(4)善于控制感情，理智行事。对恋爱中的性冲动，一方面要注意克制和调节；另一方面要注意转移和升华，与恋人一起多参加学习与文娱活动，使爱情沿着健康的道路发展。

第三课 大学生性心理

一、性心理发展阶段

与人的心理发展一样，性心理发展也具有一定的规律性，是阶段性和连续性的有机结合。奥地利精神分析学家弗洛伊德认为，人的性能力是与生俱来的。在人的成长过程中，性本能对心理发展产生了重要影响。他根据性本能投射的器官，把性欲和性心理的发展分为口欲期(0～1岁半)、肛欲期(1岁半～3岁)、性器期(3～5岁)、潜伏期(5～12岁)和生殖期(12～20岁)五个阶段。

我国的心理学家通常将青春期性心理发展分为以下三个阶段。

(一)异性疏远期

在青春期开始时，第二性征逐渐出现，男女少年对两性的差异特别敏感。这使得他们在两性交往中男女界线分明，出现羞涩、忸怩和不自然的行为，如“课桌三八线”现象。在这个阶段，男女少年对两性关系产生了懵懂的认识和春情萌动的感觉，虽然在彼此交往中已深深地感到某种“隔阂”，但把异性和男女之间的关系看得十分神秘，出现了相互吸引又相互疏远的现象。

(二)异性接近期

在正式进入青春期之后，性生理渐趋成熟，认知能力不断提升，男女青年对异性及两性之间的关系有了进一步的认识，性意识也有了新的改变。两性由开始的相互疏远，慢慢转变为对异性的好奇，并且产生相互接近的渴望，希望通过与异性交往来寻找自己的爱情。在这个阶段，异性之间的吸引力大大增加，喜欢与异性共处，开始关注异性对自己的态度，甚至为博得异性的好感而表现自己，希望成为对异性富有魅力的人。

(三)异性爱恋期

这一时期男女青年随着心理的发展和阅历的增加，思想日趋成熟，初步形成了自己的性态度和恋爱观，开始在群体和社会中扮演自己的性别角色，并以各种方式博得异性的好感。例如，男青年经常通过显露自己的才华与能力来博得所追求女青年的芳心，女青年则会通过外表的装扮来吸引异性的注意，而在行为上变得腼腆、矜持。

这一时期的青年男女，性机能已经成熟，对爱情十分渴望。一旦与异性建立了恋爱关系，在爱情的驱动下他们的性格、兴趣、爱好等个性心理特征都会受到巨大影响。恋爱可能成为激励他们前进的巨大力量，也可能将他们卷入爱情的旋涡之中。对这一时期的爱情应该采取正面引导的方式，切忌人为地进行遏制或反对，以免造成逆反心理，诱发他们追求异性的神秘感和狂热性，卷进恋爱的旋涡不能自拔。

每个人进入各性心理发展阶段的时间和发展程度会因个体性生理发育状况和整体心理发展水平而存在差异，也受到社会性文化的影响。对于生物性成熟已基本完成、社会性有待进一步发展的大学生而言，其性心理的发展正处于异性爱恋期。

二、大学生性心理健康的标准

微课
性心理和性心理健康

性心理健康的标准包括以下几点。

(1)正确认识和接纳自己的性别。一个性心理健康的人，能正视自己的性生理发育、性心理变化，能在所处的社会环境中正确评估自己，能客观地评价自己和他人，并乐于承担相应的性别角色。

(2)具有正常的性欲望。性欲望是能够获得性爱和性生活的前提条件。具有正常的性心理首先要具有性欲望，如果没有性欲望，就不会有和谐的性生活，就会影响性心理健康。性欲望的对象要指向成熟的异性个体，而不是其他物品等替代物。

(3)性心理和性行为符合年龄特征。性生理和性心理的发展要保持统一。

(4)正确对待性变化。个体在生长和发育过程中，性生理因素、性心理因素和性社会因素是交互呈现的，个体在其中要建立自我同一性，这样才能保持三者的和谐状态。这就要求个体能够正确对待性生理成熟所带来的一系列身心变化，在出现性冲动后，能够正确释放、控制、调节，使之符合社会规范的要求。

(5)对于性没有犹豫、恐惧感。能够把性作为生活的一部分而科学对待，不存在对性的恐惧和怀疑。

(6)和异性保持和谐的人际关系。在与异性交往过程中，保持独立而完整的人格，做到互相尊重、互相信任。

(7)具有正当、健康的性行为。性行为要符合社会伦理道德规范。

三、大学生常见的性心理困惑

目前，在大学生中存在的性心理问题大多是性心理与性生理困扰，如性焦虑，也有性观念的错位造成的性行为越轨等问题。大学生智商、情商、意志力发展不平衡，有些大学生智商比较高，情商比较低，意志力比较薄弱，不能很好地管控自己。

(一)性压抑与性焦虑

有调查表明，当前大学生的性压抑与性焦虑的程度较高。大学生处于性生理旺盛时期，男女同学朝夕相处，同窗学习，同桌吃饭，友情爱情同在，时常为异性所吸引。课余时间也会接触性色彩的刺激，如书刊、网络、影视中对性爱的展现。这些都有可能激发大学生产生强烈的性欲望和性冲动并渴望宣泄。但由于客观条件和环境的约束，多数大学生的性欲望和性冲动得不到正常的宣泄，因此导致性压抑与性焦虑等问题。此外，由于不正确的性观念和性知识，男生对遗精、自慰等性生理和性心理现象缺乏正确的认知，也会引起性压抑和性焦虑。

(二)性冲动与性幻想

偶尔或适度的性幻想是个体性发育过程中出现的正常现象，它代表性知觉的觉醒和性意识的萌发，一般是有益无害的。不管怎样，性幻想并未构成行为，所以不必过分自责，不要认为是见不得人的事。事实上，性幻想对于减轻人的紧张与焦虑乃至性压抑都是有益的。但如果频繁出现性梦或性幻想，就会影响睡眠和体力的恢复，严重的还会导致神经衰弱，给身心健康带来不利影响。当性幻想变成一种强迫性思维时，个体会陷入深深的苦恼中；若整天沉溺于性幻想中，则会影响生活和学习，对心理发育造成危害，产生性障碍。

心理加油站 如何正确对待性冲动

第一，建立科学的性观念。大学生应接受性冲动的自然性和合理性，学习性生理、性心理的有关知识，了解青春期性意识发展规律，树立科学与健康的性意识观念。这有利于消除对性意识观念的罪恶感、自卑感和种种自我否定的评价，增强自信心，确立自尊、自爱的独立意识。

第二，培养良好的意志品质。大学生应当努力培养自己良好的意志品质，以克制本能欲望的冲动，增强延迟欲望的自制力，这将有利于自己长久的幸福和今后事业成功的发展。

第三，采取合理的性代偿。通过学习、工作或文体活动等途径使生理能量得到释放、代偿、升华及有效的转移。升华是用一种积极的、富有建设性的、能为社会所接受的方式来取代性欲，转移性欲，如用绘画、音乐、体育活动、娱乐等使性能量得以转移，使性情感得以平衡。一些学者认为，强烈的性冲动可以转移为高水准的情绪活动和理智活动，将其用于工作或创作中，能结出意想不到的硕果。弗洛伊德甚至认为性冲动的升华创造了文学、艺术和社会文明。

第四，大方地与异性交往。男女交往有利于性压抑的缓解，有助于培养大学生健康的情感，从而调节深层的本能，使之趋于高尚。但是在与异性的交往中，要注意摆脱低级趣味，不要限于身体的吸引，尤其不要与庸俗的异性接触，避开这些人在物质、精神、肉体等方面的诱惑。

(三)性自慰焦虑

事实上，性自慰本身并不会带来危害，它是“标准的性行为的一种”。美国著名的性研究专家威廉·豪威尔·马斯特斯(William Howell Masters)和弗吉尼亚·约翰逊(Virginia Johnson)用先进的实用仪器对性自慰和性交做了比较，发现两者基本一致，他们认为，没有理由把性自慰当作有害身心健康的异常性行为。况且，在大学生不能用性交行为来释放他们内心积聚的性冲动能量的情况下，性自慰是他们唯一可以采取的主要性行为。性自慰的危害并不在于性自慰本身，而在于对性自慰的担忧、恐惧、羞愧和罪恶感。对性自慰的错误认识，既是大学生烦恼的真正原因，又是使性自慰变得难以节制的心理原因。不少大学生在接受性知识教育和进行咨询后，一旦明白性自慰是正常的、无害的，并且性自慰并不是个别人的行为，其心理的负担就会卸下来，性自慰的欲望和行为反而减少或容易调节了。

（四）性心理偏差行为

性心理偏差是指在性发育过程中的不适应行为，如过度手淫、迷恋黄色书刊、不当性游戏、轻度性别认同困难等，一般不属于性心理障碍。但对这些不适应行为应给予有效的干预。对于过度手淫，要采取转移注意力、多参加文体活动的方法予以纠正。丰富兴趣爱好，培养大胆开朗的个性，增强性道德观念和意志品质，其中关键的一步是对异性“脱敏”。这类人通过咨询和自身的努力，往往能有效地改变性心理偏差行为。

（五）婚前性行为

大学生的婚前性行为是指大学生在结婚前进行的性交行为。一项对大学生的调查表明，在接受调查的同学中，有超过13％的人坦言大学期间有过性行为。

没有任何可靠的证据表明，婚前先同居会有助于婚姻生活。有研究结果指出，相比较于名实相符的夫妇，婚前同居者幸福感、性的满足感较低，与双方父母的关系也较差。研究还表明，同居者结婚后，夫妻对婚姻的满意度低于婚前没有同居过的夫妇。同时，女大学生更容易遭到伴侣的暴力，所以女大学生更应慎重对待婚前性行为。

在性的问题上，大学生应珍爱青春，珍爱生命，学会选择，学会自尊、自律、自护，使自己拥有健康的性心理，使自己的行为符合社会的道德规范。

课后实训

对面的女（男）孩看过来

1. 实训目的

本实训的目的是通过小游戏的方式，增加男女学生彼此之间的了解，帮助学生科学、理性地学习性知识。

2. 实训内容

（1）按照性别分为男、女两组，教师将四个信封交给男生组，四个信封交给女生组，每个信封上贴有问题，信封里有许多纸条。

（2）给女生的四个信封上的问题分别是男生具备的第一性征、男生具备的第二性征、印象中怎样的人比较像男子汉、男生哪些方面会比女生稍强。给男生的四个信封上的问题分别是女生具备的第一性征、女生具备的第二性征、印象中怎样的人比较像女孩、女生哪些方面会比男生稍强。

（3）各组学生按照信封上的问题做出选择，将自己认为正确的答案写在纸条上装进对应问题的信封里面，装好之后两组互换信封。

（4）请每组派出一个代表，朗读每个信封上的问题及装在其中的答案。全部读完后，请同学们讨论，互相指出异性同学对自己所属性别的误解，也可以补充。

第十讲

乐享健康生活

案例导入

缺失意志力的状况

大华是一名计算机系大二的学生，个子很高，说话和行动带着一种倦意。他每天都会控制不住玩游戏，经常玩到深夜两三点才睡觉，白天打瞌睡听不进去课，时间久了上课也听不懂，一上课就会烦躁，甚至很多时候还会逃课，一回到宿舍又想着玩游戏。由于大部分时间都在玩游戏，与别人的交流也不多，久而久之，身边几乎没有朋友。似乎除了上网玩游戏，他找不到别的事情可以做。大华想改变现在的状态，他觉得再这样下去，自己的前途就毁了，可是每天对游戏就像着魔了一样，有一种莫名的欲望，本来他尝试着强制关机，控制自己不要开电脑，但一天都没有坚持下来就又开始玩游戏，现在他几乎对自己失去了信心。

大华看到了他现在的恶性循环：玩游戏到很晚——上课睡觉，听不进去，不和别人交往——烦躁，孤独——玩游戏——上课更加听不进去，更加不与别人交往，更加烦躁和孤独——玩游戏……大华很急迫地想改变，除了强烈的改变意愿外，还需要一样东西——意志力。

大华该如何用积极的心态去保持做事情的“恒心”呢？

第一课　意志品质及其培养

一、意志和意志力的概念

（一）意志的概念

意志是指人有意识、有目的、有计划地调节和支配行为的心理过程。意志是人的意识能动性的集中体现，是人类特有的心理现象。意志在人主动变革现实的行动中表现出来，对心理状态和外在行为有发动、坚持、制止和改变的控制调节作用。

(二)意志力的概念

有人将意志力解释成“控制人的冲动和行动的力量”,其中最关键的是“控制”和“力量”两个词。“力量”是客观存在的,问题在于如何“控制”它。

作为心理学概念,意志力是指人们自觉地确定目的,并根据目的支配、调节行动,克服困难,实现目的的品质。

二、意志品质的概念

意志品质是指构成人意志的诸因素的总和,主要包括自觉性、果断性、坚忍性和自制性。

(一)意志的自觉性

意志的自觉性是指对行动的目的有深刻的认识,能自觉地支配自己的行动,使之服从于活动目的的品质。具有自觉性品质的人不随波逐流,不屈服于外界的压力,能在对行为的目的有深刻认识的基础上独立地判断,独立地做出决定和执行决定。

与自觉性相反的是受暗示性和武断从事。易受暗示的人,遇事不独立思考,容易受别人的影响,没有自己的想法。有些人虽然自己拿主意,但对问题不进行深入细致的分析,武断从事,这也不能算是有自觉性的人,他们遇到困难时容易动摇。

(二)意志的果断性

意志的果断性是指迅速地、不失时机地做出决定的品质。遇到机会能当机立断的人,不是因为他运气好,而是因为他有强烈的愿望,经过了深入的思考,因此对机会特别敏感,能够抓得住机会。

机会和无心的人是不会有缘分的,即使有了机会他们也认识不到,或者在机会面前优柔寡断,轻易错过。有的人看起来容易做决断,但他们抓的并不是机会。前者是优柔寡断,后者是鲁莽草率,他们都是和果断性意志品质背道而驰的。

(三)意志的坚忍性

意志的坚忍性是指坚持不懈地克服困难、永不退缩的品质,这种品质又叫毅力或顽强性。目标越远大,需要付出的努力越多,需要花费的时间也越长。如果没有坚持不懈的意志品质就很难达到目标。有时解决问题的条件还不太成熟,需要等待,需要坚持,如果放弃了努力就等于前功尽弃。

有些人遇到困难就退缩,只有三分钟的劲头,虎头蛇尾,这些都是缺乏坚忍性的表现。有些人表面看起来有坚持前进的决心,但情况发生了变化还要墨守成规,不去适应改变了的环境,一味地钻牛角尖,这是执拗,是和坚忍性相违背的。

(四)意志的自制性

意志的自制性是指善于管理和控制自己情绪和行动的能力,又叫自制力或意志力。

一个人的精力有限,要想达到一定的目的,就必须放弃一些妨碍这一目标的其他目标或影响这一目标的其他活动。有所得就必有所失，有所为就必有所不为，否则所有的目标都会受到影响，该达到的目标也会由于力量分散而难以达到。

有些人不是认识不到这一点，而是管不住自己。例如，某人明明知道过几天就要考试，应该把学习放在第一位，但碍于面子，宁肯耽误学习也不愿拒绝朋友看电影、打游戏的邀请，这是管不住自己；某人不管目的，只是凭兴趣，想干什么就干什么，这是任性；某人看到困难没有勇气去克服，这是怯懦。这些都是缺乏自制性的表现。

三、大学生意志品质培养目标

大学生意志品质的培养目标包括自觉性的培养目标、果断性的培养目标、坚忍性的培养目标和自制性的培养目标。

（一）自觉性的培养目标

自觉性的培养目标是在行动中具有明确的目的，能够自觉根据客观规律去行动，从而实现预期目的。这种品质反映了一个人的正确观点和坚定信念，是产生坚强意志的源泉。一个具有自觉性的人往往表现得积极主动和乐观自信，而缺乏自觉性的人往往表现得消极被动和过分依赖。自觉性品质的培养有助于大学生成为具有高度社会责任感和义务感的人。

（二）果断性的培养目标

果断性的培养目标是在意志行动过程中遇到意外情况时，能经过深思熟虑之后做出正确判断并迅速做出正确的决策，使意志行动得以顺利进行。只有深思熟虑而没有迅速决断，或只讲究迅速决断而没有经过审慎的思考，都不是果断性的表现。果断性品质的培养有助于大学生具备明辨是非、把握机遇、当机立断的能力。

（三）坚忍性的培养目标

坚忍性的培养目标是在行动中能够持之以恒、坚持到底，在困难面前毫不畏惧、百折不挠。这一品质要求人们具有充沛的精力和坚韧不拔的毅力。坚忍性品质的培养有助于提高大学生的耐挫力、持久力，培养他们勇于挑战困难和坚韧不拔的精神。

（四）自制性的培养目标

自制性的培养目标是能够自觉控制和协调自己的情绪、约束自己的言行。自制性品质反映着意志的控制功能，表现出应有的忍耐性，以能够迫使自己排除干扰，坚决执行决定。自制力品质的培养有助于提高大学生对自己的情感和行动的控制能力。

心理诊疗室

意志力测试

下面有20道题，每道题都有5个备选答案，请根据自己的实际情况在题目后面写出相应的字母，每题只能选择一个答案。

字母含义如下：A. 很符合自己的情况；B. 比较符合自己的情况；C. 难以回答；D. 较不符合自己的情况；E. 很不符合自己的情况。

(1)当我决定做一件事时，就马上动手，决不拖延。

(2)我给自己制订的计划常常不能如期完成。

(3)我能长时间地做一件枯燥的但重要的事情。

(4)在练长跑时我常常不能坚持跑到终点。

(5)我没有睡懒觉的不良习惯，即使冬天也能按时起床。

(6)我对某件事情不感兴趣就不会努力去做。

(7)我喜欢长跑、登山等可以考验自己毅力的运动。

(8)在遇到困难时，只要有可能，我就立即请求别人帮助我。

(9)读书期间，没做完功课我就不会去玩。

(10)面对复杂情况，我常常优柔寡断，举棋不定。

(11)只要工作或学习需要，无须监督，我也可以自觉坚持一个月不看电影、电视。

(12)我有时下决心从第二天开始做某件事情，但到了第二天我的劲头就消失了。

(13)我答应别人的事情就不会食言。

(14)如果我借到一本引人入胜的小说，我会忍不住在上课时或做作业时拿出来偷看。

(15)我敢在寒冷的冬天用冷水洗脸、洗脚或洗澡。

(16)在我遇到问题举棋不定时就希望别人来帮我决定。

(17)我感到计划应留有一定的余地，免得完不成时太被动。

(18)在与人争吵时，尽管明知自己不对，我也会忍不住说一些使对方听了感到难受的话。

(19)读书期间我决不拖延作业，即使做到很晚。

(20)我比一般人更怕痛。

计分与评价：

题号为奇数的题目计分标准为：A 记 5 分，B 记 4 分，C 记 3 分，D 记 2 分，E 记 1 分；

题号为偶数的题目计分标准为：A 记 1 分，B 记 2 分，C 记 3 分，D 记 4 分，E 记 5 分；

最后把 20 道题目的得分全部加起来，参考下面的评价标准，就可以知道你是不是一个意志坚强的人。

评价：总分为 20～35 分，意志力很薄弱；36～51 分，意志力较薄弱；52～68 分，意志力一般；69～84 分，意志力较坚强；85～100 分，意志力很坚强。

四、大学生意志品质培养方法

大学生如何培养自己的意志品质呢？下面的方法不妨一试。

(一)积极主动

主动的意志力能让人克服惰性,把注意力集中于未来。如果能够时刻考虑自己的未来,想到将来的工作和发展,就会惰性全无。在遇到阻力时,大学生应该想象自己在克服它之后的快乐,然后积极投身于实现目标的具体实践中并坚持到底。

(二)下定决心

有时候无法坚持源于摇摆不定,或者是没有期限,可以无限期拖延下去。有的人属于"慢性决策者",他们知道自己应该早起,但决策时却优柔寡断,结果无法付诸行动。为了下定决心,可以为自己的目标规定期限。例如,很多大学生都有健身计划,有的每天跑步,有的练健美操,有的游泳,但是这些计划可能会被一拖再拖,不能行动起来。人可以利用一些外部的约束来帮助自己下决心,比如邀请一个人监督自己,或者买健身年卡,如果不去就会浪费钱。

(三)明确目标

成功的人有一个共同的特征就是目标具体、明确。不要常说诸如"我打算多进行一些体育锻炼"或"我计划多读一点书"的空话,而应该具体、明确地表示"我打算每天早晨步行45分钟"或"我计划一周中星期一、星期三、星期五的晚上读1小时的书"。当人明确了自己的目标时,就会知道该如何去做。

(四)权衡利弊

光有愿望是无法使人心甘情愿地穿上跑鞋的。如果对一项行为的利弊有很好的权衡,坚持就不难了。可以在一张纸上画好4个格子,以便填写做某件事短期的损失、收获及长期的损失、收获。

(五)改变自我

仅有改变的想法和目标还不够,最关键的问题在于改变自我。例如,某位网络成瘾的大学生每天上网超过10小时,老师、家长和同学怎么劝都不听,依然我行我素。但是他有一天突然意识到自己真是太笨了:"这不是在'自杀'吗?为了美好的将来,一定要把网瘾戒掉。"由于戒掉网瘾能使自己感觉更好,终于产生了改掉不良习惯的意志力。

(六)积极行动

法国17世纪的著名将领图朗瓦以身先士卒闻名,每次打仗都站在队伍的最前面。在别人问及此事时,他直言不讳道:"我的行动看上去像一个勇敢的人,然而自始至终却害怕极了。我没有向胆怯屈服,而是对身体说——'老伙计,你虽然在颤抖,可得往前走啊!'"结果他毅然地冲锋在前。大量的事实证明,想象自己有顽强意志而去行动,有助于使自己成为一个具有顽强意志力的人。

(七)磨炼意志

有人曾经提出一套锻炼意志的方法,包括从椅子上起身和坐下30次,把一盒火柴全部倒出然后一根一根地装回盒子里。这些练习可以增强意志力,以便日后去面对更严重更困难的挑战。

(八)坚持到底

俗话说,“有志者事竟成”,其中含有与困难做斗争并且将其克服的意思。早起一天很容易,要天天早起就很难;如果你决心戒酒,那么在任何场合都不要去碰酒杯;倘若你要坚持慢跑,即使早晨醒来时下着暴雨也要在室内照常锻炼。

(九)实事求是

如果有人给自己设定的是在一个月内减肥 25 千克,或者一天必须从事 5 个小时的体育锻炼这样一类较难实现的目标,再坚强的意志也无济于事。而且,失败的后果最终会使自己再试一次的愿望化为乌有。在许多情况下,将单一的大目标分解成许多小目标不失为一种好办法。

(十)逐步培养

坚强的意志不是一夜间突然产生的,它是在逐渐积累的过程中一步步地形成的,中间还会不可避免地遇到挫折和失败,必须找出使自己斗志涣散的原因,才能有针对性地解决问题。

(十一)乘胜前进

实践证明,每一次成功都将会使意志力进一步增强。一个人如果用顽强的意志克服了一种不良习惯,那么他就能获取与另一次挑战决斗并且获胜的信心。每一次成功都能使自信心增加一分,给前进者在攀登悬崖的艰苦征途上提供一个坚实的“立足点”。或许面对的新任务更加艰难,但既然以前能成功,这一次及今后也一定会胜利。

第二课 积极心态及其培养

一、三种不合理信念

(一)绝对化要求

绝对化要求是指人们以自己的意愿为出发点,对某一事物怀有认为其必定会发生或不会发生的信念,它通常与“必须”“应该”“一定”等字眼连在一起,如“我必须获得成功”等。怀有这样信念的人极易陷入情绪困扰中,因为客观事物的发生、发展都有其规律,是不以人的意志为转移的。就某个具体的人来说,他不可能在每件事情上都获得成功;而对于个体来说,周围的人和事物的表现与发展也不可能以其意志为转移。因此,当某些事物的发生与其对事物的绝对化要求相悖时,就会感到难以接受,难以适应并陷入情绪困扰。

(二)过分概括化

过分概括化是一种以偏概全、以一概十的不合理思维方式的表现。美国心理学家艾利斯曾说过,过分概括化是不合逻辑的,就好像以一本书的封面来判定其内容的好坏一样。例如,某些大学生因为一点小挫折就产生十分消极的想法:“我完了!”“如果考级失败,我就什么都没有了!”“我一无是处!”“我一文不值!”“我是废人!”这些想法都是不合理的信念,我们每个人都可能犯错误,一件事情做失败不等于自己是一个失败的人。

(三)夸大化

夸大化就是夸大负面性事件的影响。这是一种认为如果一件不好的事发生了,将是非常可怕、非常糟糕,甚至是一场灾难的想法。这将导致个体陷入极端不良的情绪体验(耻辱、自责、焦虑、悲观、抑郁的恶性循环之中)而难以自拔。例如,“这次考不上,我就完了”“她不喜欢我,再也没有人喜欢我了”。

艾利斯认为,人们会产生各种各样的情绪困扰,就是因为有这样那样不合理的信念,在人们不合理的信念中,往往可以找到上述三种特征。每个人都会或多或少地具有不合理的思维与信念,如果能够打破这种不合理的信念,建立一个合理的信念系统,从积极的角度去看待自我,就会产生不同的情绪和行为结果。训练的关键在于如何打破不合理的思维,建立合理信念系统。

二、打破不合理信念

(一)打破绝对化的要求,建立合理信念系统

(1)打破绝对化的要求。没有什么事情是一定会发生或者一定不会发生的,没有什么事情是必须要去做的,事物的发展规律也不以人的意志为转移。

(2)建立合理信念系统。将绝对化的观念如“一定”或“必须”转换为“可能”“可以”或“希望”。

(二)打破过分概括化,建立合理信念系统

(1)打破过分概括化。要能接受每个人都可能会犯错误的事实,一件事情失败,并不意味着自己是一个失败的人,更不意味自己的整个人生都会毁灭。

(2)建立合理信念系统。这次失败并不代表我是一个失败的人,这次失败并不意味着我以后不能获得成功。

(三)打破夸大化,建立合理信念系统

(1)打破夸大化。即使碰到不好的事情或者遭遇失败,也不是世界末日,生活还会继续。人的一生不可能不碰到挫折,遇到问题是很正常的,没有必要把问题、困难及失败想得那么糟糕。

(2)建立合理信念系统。每个人都会碰到这样或者那样的问题,因此对任何事情都要有坚强的信念。

第三课 心理危机及其应对

一、心理危机的概念和特征

(一)心理危机的概念

心理危机是指个体在面临突然或重大的生活事件时,认为凭借自身能力和资源无法解决问题时产生的一种心理严重失衡状态。造成心理危机的事件通常是当事人不能实现或没有预想到的,具有极大的意外性,因而极易造成强烈的心理冲击,甚至产生极端的应激反应。心理危机带有很强的主观性,其本质是当事主体对所发生事件的一种主观感受状态,也就是说,面对同一突然或重大生活事件,不同的人由于认知水平、情感特点、心理承受能力等方面的不同,可能产生不同的心理应激反应,有的出现危机,有的只是产生一般性的情绪波动。

案例放映厅

这是小李大一时的一篇日记,从中映射出当下许多大学生的影子:满怀着憧憬,我走进大学,梦想着聆听名家大师的演讲,梦想着在青青草地上暖暖地晒着太阳,梦想着漫步在幽静的小湖边,梦想着和许多朋友探讨人生、交流情感……而一进入校园,我面对的是枯燥的军训和严厉的辅导员,脑海中种种浪漫的想法渐渐淡去。不容我有半点儿迟疑,一个巨大的旋涡把我卷进来,大学生活开始了。这是我的大学生活吗?平凡而普通的日子,宿舍一食堂一教室三点一线。可是,学习氛围跟高中差远了,我觉得自己一直都是一个好学生,以前成绩一直不错,现在不知为什么,总感觉应该学习,就是没有动力。就连朋友、舍友也变得虚假了,同学在一起聊天,也仅限于无关紧要的闲言碎语,缺少共同的兴趣与话题,大家彼此客套,而心却早被锁上了。学习困惑、交友烦恼、选择冲突……一系列问题全部摆在面前,让我束手无策,以前只知道考大学,可上了大学后,却不知该干什么了,"郁闷"成了我们的口头禅。现在,很多事情都让我高兴不起来。我就这样稀里糊涂地过了一个学期,觉得很难受,觉得这样的人生很没意义,真不知道怎么办。

(二)心理危机的特征

心理危机具有以下特征。

1. 躯体明显不适

当事人往往有一系列的病态反应,如睡眠紊乱、头晕头痛、肌酸无力、食欲减退、胃肠不适等,亚健康状态明显。

2. 情绪反应不良

当事人往往具有持续性且明显不正常的情绪反应，如心情剧烈紧张，情绪极度低落或高度焦虑；情感淡漠或麻木，内心往往伴随着恐惧、愤怒、罪恶、烦恼、羞愧等。

3. 认知能力下降

在心理严重失衡状态下，当事人记忆力、知觉力下降，反应迟钝，常常不能集中注意力，认知、思考、推理和判断问题表现出一定困难。

4. 日常行为改变

当事人的日常行为表现出一定程度的反常变化，如原有的兴趣明显丧失、既往的习惯大大改变、人际交往显著退缩、原来的作息规律被打破等。

二、心理危机的诱因及影响因素

心理危机的产生除了受重大生活事件、人际交往障碍等诱因影响外，还受以下四个方面因素的影响。

（一）个体对事件的知觉

对某一事件的认知和主观感受在个体决定应付行为的性质与程度中起着重要作用。认知方式限制了人们探索压力条件的信念，极大地影响了人们对他人的知觉、人际关系及对采取不同类型的精神治疗手段的反应。若个体对事件的知觉是客观的、合乎逻辑的，则问题解决的可能性会大大提高。

（二）社会心理支持

人的本质是社会化的，他依赖周围人提供的内在、外在的评价而存在。对个体而言，获得确定的评价的意义比其他任何事都更为重要。这是人们应付大量压力的重要的社会心理支持资源。这种重要的支持资源一旦丧失或没能发挥或支持失当，面对压力的个体将变得无比脆弱、失衡并进一步产生危机。

（三）应付机制的形成

人们通过日常生活，学会了运用各种手段去应付焦虑和减少紧张，并逐步形成了应付压力的模式。那些被人们运用过的有效的应付办法会成为人们日常解决压力的一部分而被纳入他们的生活模式中，并逐渐形成了人们解决压力的一套有效的应付机制。相反，如果没有恰当的、有效的应付机制，个体的压力或紧张将持续存在，危机便会随之产生。

（四）个体的人格特征

危机人格理论认为，心理危机还受个体的人格特征的影响，容易陷入危机状态的个体在人格上具有的特异性有：注意力明显缺乏，看问题只看表面而看不到本质；社会倾向性过分内倾，这种人格特征使个体遇到危机时往往瞻前顾后，总联想不良后果；在情绪情感上具有不稳定性，自信心低，独立处理问题的能力极差；解决问题时缺乏尝试性，行为冲动，欠理性，经常会有毫无效果的反应行为。

三、大学生面临的心理危机

(一)大学生心理危机的分类

1. 境遇突变引发的心理危机

境遇性心理危机是指当出现罕见或超常事件,并且大学生个人无法预测和控制时出现的心理危机。交通意外、自然灾害、被绑架、性侵犯、突发的疾病都可以导致境遇性心理危机。这种危机持续时间短,但变化剧烈,事发突然,给当事人带来极大的震动,从而引发剧烈的心理反应,如果处理不当,容易产生严重后果。

2. 存在的困惑引发的心理危机

存在性心理危机是指对于重要的人生问题思考或探寻不清而出现的内部冲突和焦虑。对精神世界有更多需求的大学生经常会思考一些关于人生的生存性问题,如人生的价值、生命的本质等,但由于认知水平有限,有些人会陷入迷惘之中,这种存在性困扰往往会导致心理危机。存在性心理危机不易觉察,持续时间长,内心痛苦大,极易导致极端事件。

3. 发展的忧虑引发的心理危机

发展性心理危机是大学生在追求个人发展的过程中,因个人的成长、发展期望与现实存在冲突而导致的心理危机,如入学适应、学习压力、现实目标、就业压力等。发展性心理危机表现不剧烈,进程缓慢,持续时间长。例如,大学生刚步入大学,充满期望和理想,在经过一段时间的心理冲突后,会由好学上进变成厌学消沉。但是,发展性心理危机一旦成功化解,将有助于大学生朝着更加成熟的方向发展。

(二)大学生心理危机的特点

1. 时代性

当代大学生的心理危机反映了时代、社会对大学生的要求和压力,反映了个人对理想的追求,表现为理想与现实的冲突。大学生的心理危机与时代背景高度相关。市场经济下的贫富差距、就业困难等对现在的大学生产生了很大的压力,一旦应对不好,就很容易产生心理危机。

2. 易发性

心理危机的产生是个体和外部条件共同作用的结果,大学生生理成熟,但心理发展处于由不成熟向成熟发展的过渡阶段,其社会发展又滞后于心理发展,因此心理呈现出了积极和消极并存、自负和自卑共处的矛盾与冲突。任何一个小的问题,如果不能得到及时干预与化解,都可能引发严重的心理危机,甚至导致悲剧性后果。

3. 发展性

不同的发展阶段有不同的发展课题,人的发展是完成发展课题的过程,人的成熟是由完成各发展阶段分配的课题而实现的。如果个体在完成发展课题时表现出改变原有角色困难、暂时无法适应发展课题要求等困难，就容易诱发心理危机。大学生中常见的人际交往困惑、失恋、适应不良、学习问题、就业压力等诱发心理危机都体现了发展性的特点。

4. 交互性

引起大学生心理危机的诱因不是单一的，而是多种因素交互作用的。任何心理危机的产生都是由内因和外因共同诱发的。所谓内因，主要是指个体自身心理的不成熟、人格的不健康，而外因则主要指社会对大学生提出的一切发展性要求，如职业选择、恋爱等。

5. 动力性

大学生心理危机与成长共生，如果没有危机，即使年龄与日俱增，心理发展也不会与时俱进，正是潜在的危机，促使个体积极关注自我，获得成长的力量。在某一点上，在成长的某一时刻，成长的力量与危机的力量共生，两种力量相互较量，此消彼长，在正常情况下，成长的力量是个体生命中永远向上的动力。

四、心理危机的应对

生活中，几乎所有人或早或迟、或多或少都会遭遇困难、挫折与打击。这些困难处境往往会给人的心理带来严重冲击，使人产生程度不同的心理失衡。从这个意义上讲，心理危机在一定程度上带有普遍性。很多心理危机在初始阶段，如果不是主动求助，他人是不易觉察并实施有效干预的。因此，大学生心理危机的自我应对就显得尤为重要。如果大学生能够掌握一些自我应对危机的方法，就可以有效避免悲剧的发生。

(一)心理危机应对的步骤

人们在遇到危机时，首先要努力使自己的情绪镇定下来，然后按以下步骤进行思考，通常可以应对危机。

(1)我到底遇到了什么事。仔细回想事情的起始，把每个细节都考虑到，然后坦然面对现实，不要抱怨和愤恨。

(2)我现在的感受是什么，是否有助于摆脱困境。人非圣贤，遇到困境引发心理危机，感到软弱、慌乱和悲哀，是正常的应激反应，要明确自己当前的紧迫任务是避免心理失衡。进行自我暗示：我现在最需要理性思考，我能找到战胜困境的对策。一旦稳定情绪，开始理性思考，消极的情绪就会减轻。

(3)现在具体有哪些情况对我不利。明确存在的问题，才能找到解决困境的突破口。要全面分析遇到的问题，一旦找准了问题，就有了解决问题的目标，行动才更有效。

(4)眼前的事情会有几种结果。分析问题是解决问题的前提，要分析问题就必须运用全面、发展的眼光，对一件事的利弊得失要尽可能都想到，思路要开阔全面，避免钻牛角尖，否则会使人陷入绝境。

(5)我能从哪里得到哪些帮助。“一个篱笆三个桩，一个好汉三个帮”。遇到困难要积极求助，调动一切可以调动的资源。确定后马上行动，越早与外界沟通并得到支持，越有利于缓解危机。

(6)怎样才能争取一个对自己真正有利的结果。真正对自己有利的结果应该是既能使自己战胜眼前困境，又能使自己在危机过后的日子里快乐地工作和生活。在自己最失望、准备放弃努力之前，最好再做一次努力，这往往便是成功的转折点；在自己准备一搏的时候，最好在实施行动前睡上一觉、等待一天，那可能就是你清醒的机会。世界上任何事物都是一分为二的，心理危机潜藏着危险，也暗示着机遇。战胜危机，生命就实现了一次飞跃，它能使人积累经验，实现自我成长。

(二)心理危机应对的原则

(1)主动寻求帮助，不要等待。

(2)相信有人愿意帮助你，但是你要将自己真实的困难和痛苦告诉你信任的人，否则他们对此一无所知。

(3)可以向学校的心理咨询中心寻求帮助。

(4)可以向心理热线或校外的心理咨询人员寻求帮助。

(5)解决心理危机通常需要一个过程，可能你要反复多次去见咨询人员或心理医生。

(6)如果医生开药，就按医嘱坚持服用。

(7)避免用酒精或毒品麻痹你的痛苦。

(8)不要冲动行事，强烈的痛苦会使你更难做出合理的决定。

课后实训

我真棒——红色轰炸

1. 实训目的

本实训的目的是帮助学生学会面对面地给予他人具体的正面回馈，增加相互了解；帮助自信心不足的学生了解自己的长处，增强自信心。

2. 实训内容

(1)每个学生自己做一个信封，在信封上写上自己的名字；然后准备十张左右的卡片；最后每个学生从三个范围(小组、宿舍、班级)中选择成员，并分别在卡片上写出他们五个左右的优点。注意，态度要诚恳，不要阿谀奉承。

(2)每个学生将写好的卡片分别放到相应成员的信封中；每个成员先不拆开信封；全体成员都将礼物放到讲台上，进行大“洗牌”。

(3)两人一组，按组走到讲台上，随机抽取三个信封；每个成员将抽取的信封打开，分别读出卡片上的内容，大家猜猜他是谁。

(4)全体成员分享活动感受，主持人总结。

第十一讲

追寻生命的意义

案例导入

活着是为了什么

小高是一名大二学生，总是无精打采，一脸颓废，自述不知道该怎么活了，找不到生活的意义了。上中学的时候，他好学上进，终于考入了自己理想的大学。但上大学之后，他突然就找不到自己努力的方向了。开始是觉得上课没意思，后来就逃课，再后来就沉迷于网游，最后觉得网游也没意思。小高清楚地知道自己的状态不对，但就是无法摆脱这种无聊的感觉。他曾尝试着跟同学们交流，探讨人生的意义。A认为，活着的意义就是活着，没有意义；B认为，活着就是混日子，日子就是混出来的；C认为，思考这些就是太闲！D认为，也许你可以问问心理咨询老师。最终，小高也没有得到肯定的答案，仍旧浑浑噩噩。

那么，我们的一生做什么有意思呢？活着又是为了什么？

第一课 生命及其意义

一、生命的含义

生命，人类存在的载体；生命，人与自然的和谐；生命，创造万物的源泉。人的一生，与生命同源、与生命同根、与生活同步。

关于生命的定义，学术界众说纷纭，莫衷一是。从生物学上来讲，生命是动植物的存续状态，是蛋白质的存在方式，也可以说是生物的存活状态。从哲学上讲，生命就是一种偶然和必然，生是偶然，死是必然。从文学上讲，生命存在于生与死之间，是岁月的流逝。从法学上讲，生命就是一个个有机体……无论这些解答给我们什么样的答案，它们都有一个共同点——生命构成了世界存在的基础，世界正是因为有了生命才精彩。而在所有生命存在中，人是超越一切其他生命现象之上的存在物。意大利科学家伽利略说：“人类只有三件事，就是诞生、存在、死亡。”也就是说，生命是一个逐渐支出时间的过程。

心理学意义的生命的内涵比生物学意义的生命的内涵要丰富得多，人不是植物，也不是动物，人是一个复杂的生命体。动物生存是为了繁衍，而人生存的目的和意义比繁衍后代丰富得多，人有更多的心理需求。

二、生命存在的形式

人的生命存在形式有生物性、精神性和社会性三种形态。

(一)生物性存在

人是生物性的存在，生物性是人的生命最基本的特性，是人的生命的精神性、社会性存在的基础和前提。人作为一个自然生理性的肉体生命而存在，其生长和发展就必然要服从生物界的法则和规律。所以，衣食住行、生老病死是每个人都必须具有的，也是每个人无法逃避的。

(二)精神性存在

人之所以为人，就在于人不仅为满足自己的自然生命而活着，还要追求超越生物性存在的精神性存在，要规划自己的人生，创造自己的价值，指导和提升生物性的存在。正是有了生命的精神性的存在，才使人的生命有了人文意义和价值，有了理性的意蕴和道德的升华。

(三)社会性存在

每个人要想生存下去，就必须参与和融入社会活动中，在与人的沟通、交往和互动中保存自己的生命，追求自己生命的意义，实现自己生命的价值。正是这种社会性存在使人面对千差万别、千变万化的社会生活时，能够有一种生命的智慧和坚定的信念；使人面对有生有死、有爱有恨、有聚有散、有得有失的有限人生和无奈命运时，有一种豁达的胸怀和安然的态度。

三、生命的意义

生命的意义是一个解构人类存在的目的与意义的哲学问题。在历史长河中，它也是哲学、科学及神学一直思索的主题。生命的意义就是关于生命的积极思考，是个人正在努力实现的、自己给予高度评价的生命目标。具体说，生命的意义包括个人存在的意义，寻求和确定获得有价值的目标并接近这些目标。

微课

生命的意义

对于人来说，生命具有绝对的意义。无论是人类中的群体还是人类中的个体，失去了生命，就意味着失去了一切。没有了生命就没有了社会活动，也就失去了生命意义。

人的生命本身就是一个不断成长、发展、生生不息的过程。生命就是运动，但生命比单纯的持续运动更为丰富，生命是在此基础上不断产生新内容的创造性运动。生命的意义在于创造，给原本没有价值的事物创造出价值。人通过创造把握生活的变化，通过创造发现生命的意义，通过创造实现对自己生命的认识和超越。

因此，生命的意义就是不断地追求自我发展与成长；就是在平凡中寻找自我，感受生活，珍惜所拥有的一切；就是在短暂的时间内追求理想，实现人生价值；就是在拥有生命的同时去善待别人、勇于奉献，在付出和给予中提升自我。

四、珍视生命的态度

生活是一种艺术，但至今还没有谁敢自称是生活的艺术大师。鲁迅先生说："做人处世的法子，却恐怕要自己斟酌，许多人开来的良方，往往不过是废纸。"的确，生活的真谛是靠自己在生活中亲自实践、慢慢体会出来的。

下面提及的四个词都传达了一种积极的直面人生的态度，能帮助大学生对抗人生的虚无感，更好地追求美好生活。

（一）惜时

人生百年，若白驹过隙，倏忽而已。这样短暂的人生究竟应该怎样度过呢？当然是珍惜时间。不要等到垂垂老矣再来后悔自己虚度了光阴，那就好比一个懒汉在快饿死的时候后悔为什么没有好好种庄稼。珍惜时间就等于变相延长了生命，增加了人生更多的可能性。

（二）创造

德国诗人里尔克（Rilke）在《给一位青年诗人的十封信》中这样说道："如果你的日常生活是贫乏的，你怪不得它。你应该怪自己还不够像一个合格的诗人那样唤醒它的财富。因为，对于创造者来说，世界上没有贫乏而无关紧要的地方。"他谈的虽然是诗歌创作的问题，但同样适用于解读人类普遍的生活，能启发人们反思自己的生活方式。

在创造者眼中，没有平庸的生活，没有无聊的人生。创造者面对世界犹如初生，时刻沉浸在发现的狂喜中，时刻沉浸在尝试的新鲜感中，时刻沉浸在改造生活的喜悦中。有创造才会有活力，有创造才会有进步。创造是拥有美好生活的必备素质。

（三）充实

生活在这样的时代，人们需要积极主动地去学习，通过学习来充实人生。学习的形式有很多种，不仅要学习各种知识、各种技能，还要学习各种生活的艺术。人们不仅要从书本中学习，还要从生活实践中学习。阅读、旅行都是学习的方式。

读史使人明智，读诗使人聪慧。阅读是一把打开人类思想宝藏的钥匙。通过阅读，人们不仅可以与古今中外的伟大人物对话，还能与历史长河中的普通人沟通。通过阅读，人们能感受到他人的生活方式、生命历程，感悟到人生的丰富多彩和人类心灵的深邃广袤，从而突破自己生命的局限，看到自己生命的各种可能性。

俗话说，读万卷书，行万里路。旅行是另一种形式的阅读。旅行是一种生活空间的开拓，可以充实人们的生活，增加生命的厚度，扩展生命的广度。在旅行中，人们会见识一个新鲜的世界，体验到一种新鲜的感觉。

在学习中，人们能找到信仰，充实自己的人生。

(四)快乐

追求快乐是人的本能。每个人都渴望快乐的人生，但快乐并不是随意能买来的商品。它要靠付出努力才能拥有，尤其是深层次的快乐。快乐是生活在你积极创造生活、充实自我之后的一种馈赠。快乐也是一种心态。你对世界微笑，世界也会对你微笑。一个穷人跟一个富人相比，很难说谁更快乐。快乐与财富无关，只与一个人对生活和快乐的理解有关。

第二课 生命的特征

一、可贵性

在这个世界上，最宝贵、最珍贵的就是人的生命。

(一)生命是短暂的

人在世界上的存活时间是有限的。生命的短暂决定了生命的可贵，人的生命随时都存在被毁灭的可能，瞬间的灾难就可能导致生命的消亡。因此，人应当珍惜这短暂的生命，思考如何在这短暂的生命中活出人生的意义，实现生命的价值。

微课

生命及其特征

(二)生命是不可重复的

生命对于每个人来说只有一次，生命中走过的路程是不可能回去的，做过的不如意的事情也是不可重新再来的，正是基于生命的这种特征，人的生命才可贵。

(三)生命是脆弱的

人类学和文化人类学的研究证明，相对于动物来说，人的生命是无比脆弱的。人从出生到独立生存需要很长的时间，这期间的任何一次闪失、事故、天灾人祸都可使人的生命在这个世界上消失。正是生命的这种脆弱性，才使人类学会了如何保护自己的生命，理性对待生命成长过程中的灾难。

(四)生命是无价的

生命价值的大小、生命人格的高低、生命幸福与否等也是无法用金钱来衡量的。日本思想家池田大作说："最崇高、最尊贵的财宝，除生命外断无他物。"生命的无价性告诉我们要尊重和爱护他人的生命，任何伤害他人生命的行为都是不允许的。

心理加油站

十种珍惜生命的态度

(1)为爱而生。爱,能使事情更圆满;爱,能创造奇迹。能够看见他人的好,就会提升自己的好;能够说出他人的好,就会强化对方与自己要更好。爱是一切的原动力。

(2)做自己的心灵捕手。把实现自己的生命价值优先考虑,给自己勇气、信心,想念自己,做自己,宽恕自己,对自己负责,善用感觉,热情行动,活出真正的自己。

(3)别为小事抓狂。你为什么生气?堵车、别人买票插队、同事争执、服务生态度恶劣……生气之前,思考哪些才是真正值得生气的情况。将怒气转向值得生气的事情上,并且想想自己可以为这些情况做什么。

(4)找寻老友。爱情常来来去去,朋友总是越"陈"越香。曾经同甘共苦的朋友是值得珍视的礼物,花点儿时间列出老朋友清单,拨个电话聊聊或访友,寻回那曾有的感动与契合。

(5)说"谢谢你"。一日平安,一日感谢。培养强烈的感恩心,每天至少谢谢一个人,告诉他们你喜欢、仰慕或欣赏他们的地方。

(6)活到老学到老。学习不一定只在学生时代,学习是更好生活的开始。无论是选一门不算学分的课程,还是向朋友学习某些爱好或兴趣,甚至边乘车边阅读随身携带的书籍,试着从不同方向找出兴趣,生命的境界会更开阔。

(7)奉献给予。奉献能让你花小钱拥有极大快乐。助人渡过难关的方式很多,可给予食物、衣物、工作、金钱、时间,你可以由简单的方式开始,仔细考虑哪些是真正需要你帮助的人,把有限的钱放在最需要帮助的人身上,最能产生无限的功效。

(8)活出健康的人生。分析自己的饮食习惯,找出需要改进的地方,让营养更均衡。每周至少运动三次并持之以恒,至少参加一次恢复精力的课程(瑜伽或太极等),使自己身心健康,精力充沛。

(9)分享。不论是分享阅读心得还是生活偶得,让闲聊变成丰富彼此生命的一件事。感受每个人不同的经验,赋予生命全新的刺激与成长,世界将变得更美好。

(10)让快乐贴身相随。快乐的人会微笑或哼唱,甚至吹口哨。有快乐的想法,你就会"飞"起来。专注地想快乐的事,让自己产生向上飞跃的力量。日积月累,快乐就变成一种习惯。

二、独特性

人是共性和个性共同存在的,生命是不可替代的。每个人的生命都是独特的,其价值不可置换。社会是由每个不同个体组成的。每个个体是构成社会最基本的细胞,是有自己独特个性的。遗传学的研究表明,每个个体生命的遗传特征都是独一无二的。

哲学家弗洛姆说:"人只有实现自己的个性,才能正视整个人类普遍的经验。人一生的任务恰恰是既要实现自己的个性,同时又要超越自己的个性。"

人正是在这种既实现自己的个体生命,又超越自己的个体生命的过程中不断地走向成长,走向发展,走向完善,实现和发扬自己生命的独特价值的。

三、永远的创造性与不断的生成性

人的成长是一个持续变化的过程。人对无限和完美的追求使其不断地推陈出新,不断超越有限和欠缺,走向升华和完美。人的生命不满足于当下所取得的成就,不沉醉于现实生活的安逸、舒适和惬意,而是追求比当下更高级、更完美、更安逸、更舒适和更惬意的生活,实现人的生命的升华、辉煌和超越。

第三课 感恩生命中的一切

一、感恩和感恩教育

《现代汉语词典》(第 7 版)对“感恩”做出的解释是“对别人所给的恩惠表示感激”。感恩的英文为 thanksgiving。《牛津字典》对“感恩”给出的定义是“乐于把得到好处的感激呈现出来回馈他人”。其中心意思都是给予感激。

感恩教育是教育者运用一定的教育方法与手段,创造一定的教育氛围,对受教育者实施的以“知恩图报”和“施恩不图报”为教育内容的人文教育。感恩教育既是道德教育,也是一种情感教育和人性教育。由此可见,感恩教育的本质任务是完善人的生命,特别是完善人的精神生命。

感恩是中华民族的传统美德。“羔羊跪乳,乌鸦反哺”“滴水之恩,当涌泉相报”“投我以木桃,报之以琼瑶”“知恩不报非君子”等名言,都是中华传统文化崇尚感恩的典范。感恩意识是社会文明进步和人际关系和睦融洽的重要因素,是一个人具有健全人格和优秀品质的标志,是和谐社会要求公民尤其是大学生应该具有的基本素质。感恩也是一种社会责任。

二、大学生感恩教育的内容

大学生感恩教育是高校德育工作者针对大学生感恩意识的缺失,遵循大学生心理和行为的发展特点,运用一定的教育方法和手段,通过一定的感恩教育内容对大学生实施的人文教育。大学生感恩教育是培养大学生道德意识的重要手段,也是大学德育的本意。从其内涵来讲,它是一种教育理念和思想,是更高层次的思想教育。大学生感恩教育包括三个层次,即认知层次、情感层次和实践层次。

(一)认知层次

感恩的认知层次是指认识和了解自身所获得的恩惠与方便,并在内心产生认可。在认识层面上,大学生要从小事情开始。在日常生活中获得的恩惠和方便往往是一些小事情,如他人帮自己打开水,住下铺的室友给住上铺的室友递东西、捡东西等,这些小事情给人带来的方便也是最容易被忽视的。

(二)情感层次

感恩的情感层次是指要在认知基础上,生出一种愉悦、温暖和幸福的情感,从而转化为回报恩情的冲动。由于人们往往会忽略生活中他人对自己做的一些有益的小事情,因此很少因为这些小事情而产生温暖、幸福和感激之情,大部分情况下这些小事情会被认为是理所当然的。一个人开始注意这些小事情给自己带来的益处和方便时,才会产生温暖、幸福和感激的情感,从而转化为报恩的冲动。

(三)实践层次

感恩的实践层次是指将感恩的意识和回报的冲动转化为报恩乃至施恩的行为,并形成习惯。一个人意识到他人对自己做的事情有益,且产生感激之情时,会将感恩的意识和回报的冲动转化为报答的行为。

感恩教育的三个层次相辅相成,形成一个有机的统一体。认知是产生情感的基础,有了认知和情感,就会促发实践。一个人学会感恩、实践感恩时,会得到他人更多积极的反馈和帮助,就会形成一个助人的良性循环。

三、当前部分大学生感恩意识缺失的现状分析

(一)社会环境中缺乏产生感恩意识的土壤

当前,社会正处于转轨与变型期,一些人之常情在道德的缺失下遭受到严重的挑战。一些人既不在意和他人之间的关系,又不在意社会的发展变化需要,还淡忘了永远不可能独自获得幸福的道理。现在大学生面临很大的就业压力,所以考虑比较多的是学习和如何发展的问题,容易忽略感恩。

(二)家庭教育中缺少大学生感恩教育

现在“00 后”大学生大多是独生子女,始终是家人所关注的中心,正所谓“权利无限,而义务为零”。在现实生活当中,一些父母所关注的只是孩子的学习,将上重点学校、读名牌大学、成就事业作为首要任务,却忽略了最基本的道德与感恩教育。大学生生活在过于宠溺的家庭之中,只会受人恩惠,不知道知恩图报,不会去感激与珍惜,不愿用自身的付出来回馈他人与社会。这就是感恩意识缺乏的具体体现。

(三)学校教育过于重视知识教育

一些学校在思想道德教育上往往拿一些高、大、全的人物来作为大学生学习的榜样,大学生所崇尚的永远是英雄主义和理想主义,对身边的生活和小事缺乏足够的感受,因而体验不到感恩之情。因为教育系统未能在学生们的心中播下对身边的人和事感恩的种子,所以在这种环境下成长起来的大学生缺少为他人着想的意识,因而也就并不具备感恩之心。

心理加油站

感谢的学问

在人际交往中，免不了今天我帮了你一点忙，明天你又帮了我一点忙。因此，如何感谢对方也是影响人际交往的一个重要方面。人家即使为你做了一件微不足道的小事，你也不要忘记说声“谢谢”。与此同时，还应该不断发现值得感谢的东西。这种感谢是对对方所做的事情和对方人格的尊重。感谢必须使用亲切的字眼表达出来，仅仅在心里感谢是不够的，这一点非常重要。

1. 感谢时应注意的方面

(1)真心诚意、充满感情、郑重其事，而不是随随便便地表示感谢。

(2)大大方方、言辞清楚，而不是扭扭捏捏地表示感谢。

(3)不笼统地向大家一并表示感谢，而是指名道姓地向每个人表示感谢。

(4)道谢时眼睛应看着对方。

(5)细心地、有意识地寻找值得感谢的事项进行感谢。

(6)在对方并不期待感谢或认为根本不可能受到感谢时表示感谢，效果更好。

2. 感谢的技巧

(1)发现你喜欢的行为。有的人把一些平常的、让人愉快的、良好的日常行为视为理所当然，而对那些无益的或特别有益的事情才特别注意。在开始追寻积极因素时，你的首要任务就是自觉地寻找他人那些令你高兴、对你有帮助的普通日常行为。你一定要找出具体行为，如提醒你天气变冷需加衣服、整理散乱的书桌等。不要使用一般化的印象，如考虑得周到、有帮助等。要让对方知道你是真的在赞美他，而不是简单地应付了事。有效的赞赏用语能使人知道被赞赏的具体行为，同时也知道该行为对对方有何帮助，知道对方的感情，如开心、感激等。要让人相信你是真心实意的，让对方产生积极的感觉，感受到鼓励，他就会继续或重复所做的行为。含糊其词和评价性的赞扬可能会产生误解、混乱、窘迫，甚至导致关系恶化。

(2)让对方知道他的行为使你愉快和感激。要达到这个目的有多种方式，你可以用非语言信息、语言或行动等表示对所喜欢行为的赞赏。每个人都有自身独特的方式，可以选择喜欢的方式来表达。

课后实训

假如没有明天

1. 实训目的

本实训的目的是引导学生回顾生命的痕迹，重新审视生命的意义；引导学生反思生命中珍贵的人、事、物，进而培养珍爱之心；帮助学生树立积极的人生观和价值观；鼓励学生身体力行，做该做的事。

2. 实训内容

播放轻柔音乐，让心灵宁静下来；播放空难影片，影片内容为机上乘客得知飞机失控，且终将坠落时，便纷纷争分夺秒，匆匆写下遗嘱。请同学们设想，假如没有明天，此刻最想说的话、最想做的事是什么。

第十二讲

走进心理咨询与心理治疗

案例导入

小丽的问题

小丽是某大学三年级的女生。刚入学时，她性格开朗、活泼好动，爱好广泛，喜欢交友。但是进入大三后，面对学习、就业、恋爱等各种压力，她开始出现了心理困扰，人也变得沉默寡言，不愿与人交流，脾气变得很糟，很多同学开始疏远她。她一直无法摆脱这一系列心理问题的折磨和困扰。在辅导员老师的建议下，她来到了学校心理咨询中心。她十分紧张不安，和咨询老师说道："我不愿让其他同学知道我来这儿咨询，我感觉你们也帮不上我什么，希望咱们很快结束咨询，你也要给我保密！"咨询老师热情地请她就座，并告知她心理咨询的保密原则，表明愿意帮助她解决所面对的困扰，并约定了下次约谈的时间……

小丽究竟出现了什么问题？她可不可以通过做心理咨询和心理治疗来解决问题呢？

第一课 心理咨询

一、心理咨询的定义

心理咨询是指运用心理学的理论和技术，借助语言、文字等媒介，与咨询对象建立一定的人际关系进行信息交流，帮助咨询对象消除心理问题与障碍，增进心理健康，发挥自身潜能，有效地适应社会生活环境的过程。

微课
什么是心理咨询

简单地说，心理咨询是心理咨询师帮助来访者解决心理问题的过程。从来访者的角度看，心理咨询是个体向外界寻求帮助与解决困扰的过程，只不过求助的对象不是亲人、朋友或身边有经验的人，而是心理咨询师。与日常生活中的帮助者用经验和常识看待问题、给予建议不同，心理咨询师经过专业训练，能运用心理学的原理界定问题，并通过心理学的方法和技术帮助来访者消除或缓解心理问题。

（一）心理咨询是一种人际互动过程

心理咨询中许多来访者会问心理咨询师一个问题：你能不能帮我解决问题？这是对心理咨询的一个误解。心理咨询不是咨询师帮来访者解决问题，而是在咨询师与来访者之间形成一种理解、信任、积极、良好的人际关系。在这种良好的人际关系中，来访者积极主动认识自我，寻求自身问题的解决方法。如果缺少来访者的积极参与，是不可能解决问题的。

心理咨询的核心是“助人自助，自我成长”，整个过程中来访者主动，咨询师只起一种协助、指导的作用，不会主观地指示来访者一定要怎样做或一定不能怎样做。所以那种把心理咨询师当作“救世主”，把自己的所有心理包袱丢给咨询师，认为咨询师有能力把它们一一替自己解开，而自己无须思考、内省、努力的想法是不正确的。

（二）心理咨询是一种心理援助活动

心理咨询和其他咨询不同，它的内容具有心理性，即来访者的问题是心理和行为方面的问题。虽然心理问题往往与生活问题或社会问题紧密相连，但心理咨询过程只针对心理方面的问题。例如，贫困生咨询不是告诉他们解决经济问题的办法或改变社会环境等，而是帮助他们认识到他们自身的问题所在，对这样的问题采取什么样的心态是积极的、什么样的心态是消极的。当然心理咨询师也可能会提供一些解决经济问题的线索，但选择什么方法需要来访者自己决定。

心理加油站

心理咨询师

心理咨询师并不是万能的，许多事情他是无能为力的，如酒依赖、戒烟、药物滥用、疼痛、身体或精神残疾、境遇不佳、升职受阻……尤其是对现实困境，他们没有能力帮助你改变。如果你向咨询师抱怨，那他唯一能做的是鼓励你接受，把问题或困难看成生活的一个部分，在这个部分你感觉不好，在其他生活层面，你还得保持正常的行为与好的感觉。

许多来访者很自然地抱着这样的想法：我有一个问题，我需要求助，需要咨询师给出问题的解决意见，至少给我出一个主意。或者我有一个烦恼，我希望咨询师能帮助我化解，进行心理咨询后，烦恼就应该不再存在了。但咨询师往往没有明确的观点，只是问你能做什么，你能承受多大的自我改变，或者如果问题不消失，你能忍耐它多长时间。

其实，你的故事，他在听，但他是用眼睛听。他观察你的表情、情绪、无意识动作，分析你在如何说故事，故事里哪些内容是你的解释、哪些是你的判断、哪些是你的赋义。好的咨询师总是在激发你对自己的反思，使你从你的问题中看到自己，从感觉自己是一个无辜受害人，慢慢明白自己也可能是构成某个问题的“肇事者”。

在我们的传统意识中，医生就是一种权威。很多人以为，只要找到一个很权威的咨询师，一切问题都可以搞定。但是，在咨询中有权威欲和表现欲的咨询师恰巧是糟糕的，他们喜欢躲藏在心理学理论后面遥控你或教导你，这可能是专业能力不够的表现。

二、心理咨询的作用

心理咨询过程并非大多数人所理解的劝慰或开导人的过程，也非少数人所理解的处理心理障碍的过程。心理咨询过程是“人格重构”的过程，它所追求的目标是帮助来访者实现“心灵再度成长”。具体来讲，心理咨询的作用有以下八个方面。

(1)帮助来访者学会管理自己的情绪，使来访者拥有积极稳定的情绪，避免罹患各种情绪障碍，如抑郁症、躁狂症等。

(2)帮助来访者学会正确认识自我和周围世界，使来访者拥有完善的认知体系，避免因为错误而导致种种失败。

(3)帮助来访者恢复爱的能力，使来访者学会幸福地工作、幸福地生活、幸福地去爱。

(4)使来访者拥有健全的人格，摆脱自卑、自恋、自闭等不良心态，从而更好地投入学习、工作和生活中去。

(5)帮助来访者摆脱因失业、失恋、离异而造成的痛苦，教会来访者应对生活中种种挫折的方法。

(6)矫治来访者的各种人格障碍和神经症。

(7)为来访者提供职业指导，以帮助来访者在人生重大问题上做出正确的抉择。

(8)帮助来访者度过人生各个发展阶段的危机，平安地完成人生的发展任务。

三、心理咨询适用的对象和问题

(一)心理咨询适用的对象

心理咨询的主要对象可分为两大类：一类是来访者心理状态正常，只是遇到了与心理相关的现实问题，需要提供帮助，或是希望在某一方面做得更好的人；另一类是出现了心理问题，需做心理疏导，但并非是精神异常的人。

心理咨询主要的对象是健康人群，或者是存在一定心理问题的心理亚健康人群，并不是大多数人所认为的精神分裂症患者、抑郁症患者等精神科医师的工作对象。

(二)心理咨询适用的问题

健康状态的人群会面对婚姻、家庭、择业、亲子关系、子女教育、人际关系、学习、恋爱、性心理、自我发展、情绪管理、压力应对等一系列的问题，他们期待做出理想的选择，顺利地度过人生的各个阶段，求得内心平衡，发挥自身最强的能力和获得良好的生活质量。这时他们就可以寻求心理咨询的帮助。

个体遇到的问题分为发展性问题和障碍性问题两种。

(1)发展性问题。发展性问题是在某一发展阶段遇到的问题，如果不能顺利完成这个发展阶段的任务，就可能会出现问题，这些问题是我们每个人都可能会遇到的。每个人都需要适应发展阶段的任务，增进身心健康，提高生活质量，因此，实现自我价值是心理咨询的宗旨。生涯规划、恋爱关系、新生入学适应性问题、人际关系等都属于发展性问题。

(2)障碍性问题。障碍性问题是人们在生活、学习、工作及各种人际关系中，出现困难和烦恼，心理难以适应而导致的较严重的心理障碍问题。

心理咨询主要解决的是发展性问题。心理咨询可帮助来访者了解自己处在什么样的发展阶段，需要发展哪些心理品质，以及怎样发展这些心理品质，以便顺利地发展自己，取得更大成功；重点是帮助来访者更好地认识自己和社会，增强社会适应能力，充分开发潜能，促进人的全面发展，促进早日成功和成才。

心理加油站

心理咨询来访者须知

来访者的开放和坦诚非常重要。在心理咨询过程中，来访者要做到开放和坦诚，愿意讲自己的问题，坦诚地表达自己的观点。如果觉得咨询对自己没有帮助，也不要一走了之，应该坦诚地向心理咨询师相告，并商讨对自己适合的方式。

除了短程咨询，通常情况下心理咨询需要一个持续过程。第一次咨询通常是了解情况和建立关系，不要在进行一次咨询后觉得对自己没有帮助就停止，应在对一个心理咨询师咨询2～3次后再做决定。

四、心理咨询的设置

心理咨询是专业的“聊天”，专业的“聊天”就有专业的规矩，这些规矩就称为设置。通常情况下，心理咨询有以下设置。

(一)地点设置

心理咨询作为一项专业的助人工作，不同于简单的聊天，它必须有严格的地点设置。地点设置是心理咨询设置中最根本的一点。心理咨询需要在固定的、比较安全及温暖的场地——心理咨询室进行。心理咨询师一般是不出诊的，若有特殊情况，如危机干预等，则可以出诊。

(二)时间设置

时间设置主要是为了把咨询控制在来访者最容易集中注意力的时间段，这样对于解决来访者的问题更有效。

(1)咨询时间。个人咨询的面谈时间一般以每次50分钟左右为宜。当然，根据来访者的不同情况和选用的不同咨询技术，咨询时间也会有一些差异，需要具体问题具体对待。

(2)咨询频率。经典精神分析的咨询频率通常是每周安排4～5次，其他形式的个体咨询目前以每周1次的设置比较普遍。依据来访者的情况设置心理咨询的频率，可以保证好的咨询效果。

(3)疗程。疗程指从第一次会谈到咨询目标的实现,整个心理咨询所持续的时间。心理咨询的疗程长短取决于来访者的心理困难程度、咨询目标及所选用的咨询技术,短到一次的50分钟,长达几年,甚至是十几年的时间。目前,心理咨询的疗程一般为6～20小时。在不同的咨询阶段,根据咨询情况的不同,咨询时间的长度需要不断调整。

(三)预约设置

心理咨询师的咨询时间安排需要有严格的预约设置。预约设置一方面是为了避免咨询中心经常有人随意来往,给来访者带来不安全的感觉;另一方面也是为了保障心理咨询师有休息的时间,能够在咨询后有足够的时间整理自己的思绪,做好迎接下一位来访者的准备。心理咨询师一般不接待临时到访者,除非属于危机情况。

(四)转介设置

在遇到下列情况时,心理咨询师可以将来访者转介给其他的机构或咨询师。

(1)来访者的问题不属于心理咨询解决的范畴。例如,有的属于精神疾病范畴,对精神疾病患者,心理咨询师会将其转介到精神疾病治疗机构,这样更有利于帮助来访者。再如,像法律问题、学校的校纪校规等问题,也不属于心理咨询的范畴,心理咨询师也可以将来访者进行转介。

(2)心理咨询师个人的问题。凡是心理咨询师觉得自己不适合做咨询的情况都属于此范畴。例如,有的心理咨询师能力有限,不擅长解决来访者的问题,可将来访者转介给合适的心理咨询师。再如,有的心理咨询师在咨询进程中遇到了重大的个人问题,暂时不适合做咨询,这时也可将来访者转介给别的心理咨询师。

转介的原则是维护来访者的利益,所以要对转介有正确的认识:转介并不一定是因为问题有多严重,或者心理咨询师不喜欢你,而是因为心理咨询帮不到你,或者某个心理咨询师帮不到你。

五、与心理咨询师交流的方法

大学生在寻求心理咨询时,应该如何与心理咨询师交流,不妨遵循以下几点建议。

(1)把心理咨询师看作一个可以信赖的好朋友。

(2)"有问必答"比"拐弯抹角"更有利于沟通。一些大学生存在种种顾虑,有的人说到一半时,忽然后悔了,改变了主题;有些人因怕露丑、害羞等不肯说关键的问题,这都不利于达到心理咨询的目的。

(3)不必过分地关注自我的表现与形象。心理咨询不是求职或与老师谈话,心理咨询师并不太关心表层的东西,而是注重解决心理问题。在与心理咨询师的谈话中,要尽可能地放松一些,有话直说,"开门见山"最好。

(4)不要期望心理咨询师做出"决策"。诸如"我该不该去""与恋爱对象是否继续保持关系"等问题,不少大学生希望心理咨询师能给一个明确的答复。而心理咨询师的职业准则恰恰是避免这种不能完全负责的“硬性指导”。他们只能讲些观点和道理，启发、疏导来访者的“症结”，最后的大主意还要由来访者自己拿。

(5)不要希望一次咨询就“根治”。解决心理问题往往有一个过程，那种希望“一点通”“仙人指路”的走捷径的想法是不现实的。

(6)心理问题不要等成了“心病”才去求助。现实中，“心病不算病”的观念还很有市场，有些大学生似乎不到万不得已，还不愿与心理咨询师打交道。其实预防心理疾病比心理疾病的及早治疗更为重要，在“心理才感冒，还未发高烧”时，就应该去找心理咨询师进行心理咨询。

(7)对于有关“性”的问题，最好能找同性别的心理咨询师。尽管心理咨询师在咨询时，有严格、严肃的科学态度，但涉及“性”的问题，同性之间说话更为方便和深入些。退一步说，如果找不到同性心理咨询师，向异性心理咨询师谈“性”的问题也是可以的，不必过分紧张。在他们眼里，来访者的性别是无关紧要的。

第二课 心理治疗

一、心理治疗的概念

心理治疗(psychotherapy)是应用心理学知识改变病人的认知、情绪、意志和行为，来达到消除症状、治愈疾病的一种治疗方法；同时它还可以通过改变人们对心理致病因素的认识、改善人对社会适应的能力，而起到预防疾病的作用。

广义的心理治疗就是通过各种方法，运用语言和非语言的交流方式，影响对方的心理状态，通过解释、说明、支持、同情、相互之间的理解来改变对方的认知、信念、情感、态度、行为等，达到排忧解难、降低心理痛苦的目的。从这个意义上说，一切影响人的心理状态、改变理解行为的方式和方法都是心理治疗。人类所具有的一切亲密关系都能起到心理治疗作用。理解、同情、支持等心理反应就是生活中值得提倡的心理药师。父母与子女之间、夫妻之间、同学同事之间、邻里之间、亲朋好友间的解释、说明、指导等真挚的交往与沟通，都具有一定的心理影响和心理治疗作用。

狭义的心理治疗是在确立了良好的心理治疗关系的基础上，由经过专门训练的施治者运用心理治疗的有关理论和技术，对求治者进行帮助，以消除或缓解求治者的心理问题或人格障碍，以促进其人格向健康、协调方向发展的过程。

二、心理治疗的种类

心理治疗的种类是多种多样的，依据心理学的主要理论与治疗实施要点，其可分为分析型心理治疗、认知型心理治疗、行为型心理治疗、人际关系型心理治疗、支持型心理治疗等。不同心理治疗的主要特点如下。

(一)分析型心理治疗

其特点在于探求个体的心理与行为如何受自己童年期经验的影响而形成的潜意识,经过内心的分析,理解自己的内心动机,特别是潜意识中存在的症结,经领悟理解以改善自己的行为。

(二)认知型心理治疗

认知型心理治疗又称认知治疗,其主要理论认为:个体对己、对人、对事的看法及观念,都直接或间接地影响其情绪和行为。其非适应性或非功能性的心理与行为,常是由于不正确的或扭曲的认知而产生的,如果更改或修正这些不正确或扭曲的认知,则可改善其心理和行为。所以,治疗的重点在于矫正其对人和事错误的及扭曲的认知。

(三)行为型心理治疗

其理论主要来自行为主义的学习原理。包括经典条件反射原理和操作条件反射原理,以及模仿学习的原理。这种理论认为:人的任何行为,经过适当的奖励或惩罚,都可获得改进。

(四)人际关系型心理治疗

人际关系型心理治疗是从"人与人的关系"这样一种特殊角度来理解人的心理与行为现象的,它认为人的所思所想、所做行为都脱离不了人与人的关系。其治疗的重点是如何改善不妥当的、有困难的人际关系。并认为人与人之间的关系改善了,一切问题也就迎刃而解了。

(五)支持型心理治疗

心理医生无论选择任何一种心理治疗方法,都不可能不用支持型心理治疗。所谓支持型心理治疗,是强调施治者应理解病人的处境,并且以此为依据用语言、行为等各种方式支持病人。一方面发挥病人自己潜在的自我调节能力;一方面运用病人周围的环境优势系统来改善病人目前的困境,特别是当病人心理焦虑或抑郁时,施治者更要尽量支持病人,同时还应调动其家属或同事对病人的支持,以减轻病人的心理困境与症状。

三、心理治疗的适应症

心理治疗就是对心理障碍与心理困难的心理不良境况进行治疗。也就是说,心理困难与心理障碍是心理治疗的适应症。那么,什么是心理困难与心理障碍呢?

(1)精神问题。从精神不佳到精神崩溃,均为心理治疗的对象。有精神病的人,其人格和精神失去了统一协调的效能,与外界现实不能正常接触,发生幻觉、妄想等症状,并且其思考、情感、行为亦有显著障碍,无法正确地面对日常生活,病人的表现可能过分兴奋,讲个不停;或者极端忧郁,想自残自尽;或者行为奇异,语无伦次;等等。一个人有严重的精神疾患时,其主要治疗方法仍在于使用药物治疗,但对其施予安慰、支持、限制等心理辅助治疗也是必不可少的。

(2)"纯粹"的心理问题。在现实生活中,有些人往往具有复杂的内心矛盾,生活和工作中也常面对自己不易处理的问题。这些问题并不是安慰或劝说就可以改善的，也不是休养一段时间就可以解决的，而是需要仔细剖析心理的症结，研究潜意识的动机，只有得出了真实的结论才能彻底医治。这类心理症结也是心理治疗的合适对象。

(3)虽有某种心理问题，但病人并没有明显的自觉不适，而在行为或性格上存在一定的缺陷，影响了自己去适应一般的生活。例如，有的儿童一不高兴就想逃学；有的年轻人一心血来潮，就有意去做错事，找人打架；有的人不善交际，只喜欢独处；等等。这些行为都表明存在心理问题。另外，也有人有明显的性格上的缺陷，时时事事总是按部就班，如果不按照自己的规律吃饭、睡觉、娱乐，就无法生活；或每天只想发财、成功、有成就，时时刻刻把精神之弦绷得很紧，强使自己振作，以追求成功，最后变成了追求成就的奴隶。这些行为和心理上的缺陷虽非朝夕之功就能改变，但依靠心理治疗，都可以得到矫正与治疗。

四、心理治疗的原则

(一)接纳性原则

接纳性原则即对所有求治者，不论心理疾患的轻重、年龄的大小、地位的高低、初诊再诊都一视同仁，诚心接待，耐心倾听，热心疏导，全心诊治。应持理解、关心态度，认真听取求治者的叙述，以了解病情经过，听取求治者的意见、想法和自我心理感受。如果施治者不认真倾听，表现得不耐烦，武断地打断求治者的谈话，轻率或持怀疑态度，就会造成求治者对施治者的不信任，必然导致治疗失败。另一方面，施治者不能机械地、无任何反应地被动听取求治者的叙述，必须深入了解他们的内心世界，注意其言谈和态度所表达的心理症结。认真倾听求治者的叙述，其本身就具有治疗作用。某些求治者在对施治者产生信任感后会全部倾诉出自己压抑已久的内心感受，甚至会痛哭流涕地发泄自己的悲痛心情，这一结果会使其情绪安定舒畅，心理障碍也会明显改进。

(二)支持性原则

支持性原则即在充分了解求治者心理疾患的来龙去脉和对其心理病因进行科学分析之后，施治者通过言语与非言语的信息交流，予以求治者精神上的支持和鼓励，使其建立起治愈的信心。一般掌握了求治者的第一手资料之后，即可进行心理治疗。对求治者所患的心理疾病或心理障碍，从医学科学的角度给予解释，说明和指出正确的解决方式，在心理上给求治者鼓励和支持。要反复强调求治者所患疾病的可逆性(功能性质)和可治性(一定会治愈)。这对悲观消极、久治未愈的病人尤为重要。反复地支持和鼓励，可防止求治者发生消极言行，大大调动求治者的心理防卫机能和主观能动性；对强烈焦虑不安者，可使其情绪变得平稳安定，以加速病患的康复。在使用支持疗法时应注意：支持必须有科学依据，不能信口胡言；支持时的语调要坚定慎重、亲切可信、充满信心，充分发挥语言的情感交流和情绪感染作用，使求治者感受到一种强大的心理支持力。

(三)保证性原则

保证性原则即通过有的放矢、对症下药、精心医治，以解释求治者的心理症结及痛苦，促进其人格健康发展、日臻成熟。在心理治疗的全过程中,应逐步对求治者的身心症状、不良心理、社会因素和性格等心理缺陷的病理机制加以说明、解释和保证;同时辅以药物等其他综合防治措施,促使疾病向良性转化。在实施保证性原则的过程中,仍应经常听取病人的意见、感受和治疗后的反应,充分运用心理治疗的人际沟通和心理相容原理,在心理上予以保证,逐步解决求治者的具体心理问题,正确引导和处理心理矛盾,以进一步提高治疗效果。

上述三个原则是一个相互联系、相互影响的有机整体,但接受性原则必须放在首位。治疗过程中心理气氛要融洽,务必让求治者把话讲清,一次不行,可进行多次,应要求病人高度合作,并坚持保密原则,尊重病人的人格,取得求治者的高度信任,因为信任是心理治疗得以成功的基础。同时还应注意心理治疗的主观能动性原则。因为仅仅有施治者的保证,而不注意引导求治者对自己的疾病进行正确认知、充分调动自我调治的主观能动性是不可能取得良好的心理治疗效果的。

五、心理治疗的目标

一般而言,有效的心理治疗应达到下列目标。

(一)解除求治者的症状

精神与身体不适或心理问题都会妨碍求治者对社会的适应,并因此而造成心理上的痛苦,所以心理治疗的主要目的是解除求治者在心理或精神上的痛苦,或帮助解决其无法自己解决的心理冲突。例如,用心理治疗方法(系统脱敏疗法、满灌疗法等)帮助求治者克服恐惧、焦虑心理等。

(二)提供心理支持

在急慢性应激状态下,求治者因应付不了或忍受不了危机的环境,从而产生心理疾患或障碍。心理治疗可以帮助他们增加对环境的耐受性,降低易感性,提高心理承受力,增加应付环境和适应环境的能力,使之能自如地顺应和适应社会。这方面的心理治疗技术有危机干预、应激应付、应激免疫训练等。

(三)重塑人格系统

内省性心理治疗原则认为,人类的心理疾患和心理障碍是其人格不成熟所致。所以,只有重塑人格系统,才能从根本上改变求治者的病态心理和不良行为方式。治疗的内容包括:帮助求治者理解自己、分析自己的情绪冲突的原因,获得内省能力,以了解意识和潜意识的内容。其治疗方法可分为两大类:一类为指导性的,另一类为非指导性的。前者是针对求治者存在的心理问题,由施治者进行劝告、建议、指导、解释。后者是在心理治疗过程中,求治者处于主导和中心地位,施治者以倾听为主,居被动地位,但仍应努力营造良好的气氛,使求治者在讲述自己的心理问题的过程中完成自我理解,达到自己解决自己问题的目的。总之,无论采取哪种方法,施治者期望达到的目的仍是重塑求治者成熟的人格。

六、心理治疗的过程

关于心理治疗的过程，各种不同的心理学流派看法不一，综合各家之长，可将心理治疗过程分为三个阶段。

(一)准备阶段

这个阶段的主要任务是，收集求治者的基本背景资料，认清其存在的主要问题，并建立起良好的医疗关系，制定治疗的目标。这是一个准备阶段，也是一个很重要的开端。

这一阶段又可分为以下几个步骤。

1. 建立医疗关系

心理治疗主要依赖于求治者与施治者之间能否建立起互相依赖、合作无间的关系，并基于此种友好的关系而施予治疗。因而在心理治疗过程中，医疗关系的建立是非常重要的。施治者真正地去体会求治者的处境，使其初次与陌生人见面，就无所顾忌地申述自己内心的烦恼、隐私。施治者应帮助病人，使其真切地感到鼓励与支持，愿与施治者接近、交谈、倾诉其心理问题，并使他觉得有希望改善他的心理问题，从而对心理治疗产生兴趣。良好的医疗关系的建立是为了帮助求治者以更合适的方式思考和行事。通过这种关系的内化，求治者可以尝试去改变自己，达到矫治的目的。

2. 进行初步诊断

这一步的主要任务是对求治者的心理问题及造成此问题的原因进行分析和确认；此外，是否打算继续接待求治者并给予治疗，也是施治者需要确定的。并非所有的求治者都适宜做心理治疗，因此需要慎重决定治疗的适合性。也就是说，求治者的精神状况必须没有错乱，并患有明显心理疾患和障碍，且愿意接受施治者，才适合于心理治疗。求治者个人的因素影响着治疗过程，不正确对待，就难以取得积极的治疗效果。

对求治者的问题的确认和分析诊断的过程，是一个由此及彼、由表及里的过程。强调对深层次问题的注意，需要施治者不为表面现象所迷惑，并具有透过现象看本质的能力，能够把问题具体化，也就是施治者应注意事物的特殊性。实际上，收集与问题有关的信息，进行综合分析、判断，然后决定心理治疗应采用的方法及工作的主要方面，是一个由部分(收集信息)到整体(综合分析、对问题的确认)再到部分(在抓到主要问题的前提下各个击破)的工作过程。一位著名心理治疗专家在谈到心理诊断时建议：第一，不要把不同的东西分开来想，这样做会使你变成盲人而什么都看不见；第二，对放置着各种不同东西的场景，集中注意力去观察它的构造；第三，抓不准的情况和完全不懂的情况，即成为问题所在的部分，要放到更大的背景和构造之中重新观察；第四，综合分析，试予追究各部分事实在整体构造中发挥着什么样的功用，并在此基础上作出初步诊断。

3. 确立治疗目标

在进行心理治疗时，施治者要在完成心理诊断的基础上，与求治者共同制定治疗目标。

即让求治者明确:通过治疗,希望解决什么,应有什么改变,达到什么程度等。治疗目标的制定应注意以下几点。

(1)具体性。例如,面对一个对自己失去信心而成天怀疑妻子有"外遇"的丈夫时,其治疗目标就是减除他的自卑感,增强他的自信心,最终改善其夫妻关系。这种目标就是非常具体的目标,而且具有可测性,因为求治者朝向这一目标走的每一步都是可见的。

(2)可操作性。治疗的目标应是现实的,要根据求治者的潜力、水平以及他所受周围环境的限制来确定。超越现实可能性的目标不仅不会使治疗成功,反而会加重求治者心理的难度。

(3)具有心理学性。治疗的目标应是心理方面的,而不是生理方面、物理条件方面的目标。如使求治者变得更为自信、不再自卑、减少焦虑等,这些目标则应是有利于求治者心理或人格健康发展的目标。有时求治者伴有躯体症状,如这些症状是与其心理状态有关的,其治疗目标也应是怎样改变引发这些躯体症状的心理因素,而不是消除和减轻其生理症状。纯粹生理治疗的目标只有通过医学的手段才能完成。

(4)分清轻重缓急。有些求治者只有一个治疗目标,而有的求治者可能会有多个治疗目标。如一位求治者具有轻生自杀意向,同时还有焦虑不安、社交恐惧等心理问题需解决,在面对如此多个治疗目标时,施治者应认清轻重缓急。一般应首先消除自杀意念,继而解决焦虑,再解决社交恐惧,最后弥补性格缺陷。当然,在治疗过程中,随着施治者对求治者的深入了解,治疗目标可能会重新排序,或者会引申出其他的治疗目标。假如此时新出现的目标相对其他目标更为重要,便应将其定为治疗的首要目标。

(5)可反馈评价。并非治疗目标一旦定出就可以对其置之不顾,还需要经常检查和评价。一般来说,由于目标定得具体、现实、可测,经过治疗,求治者一般会显示出某种进步。此时回顾、检查治疗目标的完成情况,对求治者来说会成为一种积极的强化,有助于激发他自己的动机,增强他对治疗的信心。如治疗进行得不顺利,检查和评价也有助于调整治疗方向和选择更适当的治疗方法,使治疗得以向纵深发展,并取得良好的疗效。

(二)帮助和改变阶段

这是治疗中的重要阶段,直接决定着治疗的效果。在这一阶段采用何种方法,使求治者产生何种变化,完全与求治者及其所面对的问题有关。此外,由于治疗方式方法不同,进行此阶段的步骤也各有异,这里仅强调与帮助求治者改变其认知或行为等有关的问题。

1. 领悟

在治疗阶段,施治者往往可以帮助求治者重新审视自己内心与问题有关的"情结",并帮助对方达到某种程度的领悟。这种领悟的作用之一是,可以使其问题的严重程度降低,并能建立使对方心理真正强健起来的心理平衡。此时,许多求治者的问题虽然仍然存在,但他已经开始有所改变了。帮助求治者进行内心的探索,使之得到某种领悟的第二个作用是,可以为他改变其外显行为提供心理依据,产生强大的彻底解决自己问题的动机。例如,某求治者总感到自己只要一看书,一用脑子,身体的某个部位就会产生一种难受的感觉,这种感觉刺激影响着他，以致不能看书学习。在治疗过程中，施治者应帮助他先达到一种认知，使他相信他所做过的医学检查，证明其怀疑自己有病是无根据的，从而使其相信，这种情况很可能是由心理因素引起的生理反应。求治者也许很快达到这样一种领悟：即自己看书时，潜意识中就开始怕这种难受的感觉出现，就在等待着这种感觉的出现。意念集中在此，结果一出现微小的生理反应即引起自己的过分关注，形成条件反射并固定下来。如果求治者更进一步认识到在生活无规律的情况下，这种问题更易出现，那么，施治者与求治者应讨论有关外显行为的改变问题。以后，这位求治者就会将前面的领悟扩展到对睡眠方面问题的认知，从而在其心理健康的轨道上又向前迈进了一大步。此时，他便进入了发展阶段并逐步成为自己问题的施治者。

2. 支持

支持即施治者通过给求治者以正强化，以及通过给对方指明在某一事件或情境中应抱有的积极、有益的方式，通过真诚地对对方好的行为的表扬、鼓励和支持等方式来减轻对方的焦虑，促进对方积极行为方式的增长。支持在治疗过程中作用极大，必须慎重对待。

首先，当施治者对求治者做保证或鼓励时，其基本出发点应当立足于现实，而不能仅开一张空头支票。有的施治者出于好心，对求治者做出“这件事情一定会好的”或“我敢担保你会做得很好”等保证式的支持鼓励，这反而不利于治疗。

其次，正强化同样必须慎重使用。施治者一定要注意自己奖励对方时是奖励对方的什么事情、哪个方面，奖励后会出现什么情况，不奖励又会出现什么情况，什么方式的奖励才能取得最佳效果等。既要注意“正强化”的方向，即不鼓励对治疗起副作用的行为，又要注意避免“正强化”使求治者为了赢得施治者的表扬而表现出的迎合行为的消极影响。因为这样，反而刺激了对方的依恋心理，使治疗过程难以结束。在治疗过程中，求治者最理想的进步是自己奖励自己，从而减少对施治者奖励的需求和依赖。但求治者在治疗初期尚不具备自己奖励自己的能力，那么此时，施治者的支持奖励便是必不可少的了。在大多数情况下，“正强化”的采用应以适度、不定的间隔、针对性强为好，在求治者某一新行为已稳定地出现时，应不再重复表扬。

3. 反塑造

在治疗过程中，施治者往往采用奖励、期望、对峙、帮助对方达到某种领悟等影响方式来矫正求治者的认知和行为。反塑造是指求治者采用同样的方式来影响施治者。对所有人来说，他人的影响都可能会在自己身上产生某种作用。因此，施治者也应注意来自求治者的各种影响。有时，求治者这种影响对方的企图可能并不比施治者少，他们可能会有意无意地奖励或惩罚施治者。比如当施治者以能使求治者感到愉快的方式行事时，求治者就会以自己的进步或对其看法与做法表示赞赏的形式回报施治者。而当施治者使求治者感到不快时，他就可能以退行或攻击的方式对待施治者。对求治者所表现出的这种行为，施治者可以采用两种方式来应对：第一种方式是，当求治者创造出一种使施治者感到相当愉快或不快的情景时，施治者可反问自己：对方为什么要这么说或这么做？他希望我作出什么样的反应？我自己的反应会对对方产生什么样的影响？这实际上是在分析对方的意图和了解是否产生了交互作用，以便作出相应的反应；第二种方式是，不管或有意不去重视求治者对施治者构成的影响，而只是专注于治疗目标的实现。这有助于对方了解施治者不愿受其影响的意愿，并促使他放弃此类反塑造行为。

4. 移情

移情意味着求治者可能把以前生活里与他人关系中产生过的情感、态度等主观体验移植到施治者身上。比如，当施治者以一个权威者的角色出现时，对方可能表现出过去对某一权威的种种心态：敌对情绪、防御反应或逢迎等。求治者对施治者的移情反应既可能是积极的，也可能是消极的，既可能是直接的，也可能是间接的。不论对方的反应如何，施治者都应对此保持较强的洞察力，认识到所有的移情都可能成为某种形式的治疗阻力。移情一旦出现，就会对治疗过程产生不利影响。一般来说，对施治者移情的处理方式应依据移情本身的情况而定，或对此进行解释，或让其自生自灭。间接表达出来的、一般程度的积极的移情，只需给予较少的注意就可以了；而直接的、强烈的、消极的移情则需认真对待。

5. 反移情

反移情是指施治者以不适当的行为来对待求治者在治疗中的某些行为表现。这种反移情既可能是积极的，也可能是消极的。比如，施治者可能并没有什么缘由而表现出对求治者的关心、注意，或者求治者并未有任何不当之处，但施治者却对他感到反感，并表现出厌烦。反移情对于施治者来说，既有有利的一面，也有不利的一面。有利的一面是，当施治者认识到自己反移情倾向的存在时，会因此学会更好地认识自己。不利的一面是，施治者一旦把自己的情绪带入治疗过程，就必然失去判断力，失去必要的反应形式和帮助对方的方式的客观性，而受到一定程度的主观影响。

6. 对峙

对峙是施治者向求治者指出其态度、思想与行为之间出现的矛盾。对峙不是施治者对求治者认知、感受的直接、简单的反馈，而是更重视对方较深层的动机与所表现的行为之间的矛盾。此时施治者所表达的信息常常为“你说是这样，但事实并非真的如此”。如施治者在对某一有婚姻关系紧张问题的求治者采用的对峙方法应是，指出其矛盾：“你说是要挽救自己的家庭，使之免于破裂，但你的行为使我怀疑你是否真的想做到这一点。”施治者在此阶段应用此法时应注意：第一，对峙的运用必须建立在良好的医疗关系的基础上，因为对峙对求治者来说很可能是应激性的；第二，对峙的内容一定要有事实根据，在事实不充分、不明显时不宜采用此法；第三，注意掌握应用对峙的时机，要在求治者能随和接受这种对峙时采用；第四，应用对峙应以有助于求治者的成熟发展为目的，而不能使之变成一种攻击式的反应。

7. 解释

解释是为求治者提供关于现实世界的另一种看法，它应该被认为是施治者在治疗过程中最常用、最有力的“武器”了。解释根据不同的学派而异，如心理分析学派偏重于压抑潜在的东西，认知学派则注重理性地、现实地帮助求治者认识世界。但无论如何，在进行解释时，施治者首先应知道向对方解释的内容是什么，其次要注意何时应用解释以及怎样应用解释来面对求治者。因为只有适当地应用解释，才可收到良好的效果。帮助和改变阶段是心理治疗中最重要的阶段，是施治者任务最重的阶段，又是施治者最能发挥其创造性的阶段。在此阶段，施治者可以开动脑筋，采用一切可能的方式，针对性地创造出一些新的技术来帮助求治者产生某些改变，以达到治疗的目标。故对施治者来说，又是最富于挑战性的阶段。

(三)结束阶段

心理治疗实施一段时间，取得满意的治疗效果后，即应进入结尾阶段，以便结束其治疗。治疗阶段的长短不同，结尾阶段的开始也有所不同。如原先预定十次会谈之后结束治疗，那么最后两次会谈就应将重点转移于结束期的工作；假如是持续一年之久的治疗，则在最后一两个月即应逐步开始准备结束。在结尾阶段应注意如下几点。

1.综合所有资料，做结论性解释

在整个心理治疗过程的逐步进行中，施治者应随时从求治者那里获取心理资料，据以掌握求治者的心理反应模型，并不断给予求治者解释、说明，使其了解自己的行为方式，帮助其学习新的反应方式。在治疗结束之前，施治者宜与病人作一次全面性的研究、检讨，综合所得资料，作出结论性解释，使求治者有机会对自己进行更清楚的认识，以便应付将来可能必然面对的心理状态。这种综合性的评语、建议，容易使求治者铭记在心，作为一生的座右铭，可以诱导他掌握处世待人的心理方向，帮助他不断成熟。

2.帮助求治者举一反三，学习应用治疗经验

心理治疗的最终目的，不仅希望求治者能把在治疗过程中所学习到的新知识、领会与经验应用到日常生活里，而且更为重要的是，希望求治者以后能不经施治者指点、引导与帮助，自己也能帮助自己继续学习、发展，走向成熟。在结束阶段，施治者要向求治者指出他在治疗中已达到的成熟，并向其指出还有哪些应注意的问题；还应帮助求治者重新回顾治疗要点，帮助检查治疗目标的实现情况，进一步巩固治疗所取得的成果；施治者宜渐渐退出施治者的角色，采取比较被动的角色，让求治者自己扮演独立、自主、积极的角色来改善自己的心理状况。

3.准备结束，接受离别

有的求治者经过长期心理治疗以后，可能形成依赖施治者的心理，或产生喜欢施治者的情感，舍不得结束离别。施治者应让求治者了解凡事都有终结，鼓励其自力而为，在真实的世界里独立自主。有的求治者依赖性很强，施治者应采取渐次结束的办法而终止治疗。

总之，心理治疗是一个目标明确的过程，是由不同的阶段、步骤组成的。各阶段之间相互重叠、相互关联，是一个完整的统一体。从慢慢准备、发展，进入高峰，然后慢慢结尾、停

止。施治者不但要随时注意每次治疗的情形，也要时时观察求治者在整个治疗过程之中的反应。在治疗全过程中，每一阶段又各有其侧重点，但明确的治疗目标又会使其和谐地、像一曲多声部的协奏曲一样美妙统一。好的施治者就是好的指挥家，当他掌握了更多的治疗技术和方法之后，当他更深刻地理解了求治者及治疗过程后，就能获得更大的自由度，在治疗时，自己的才智也就可以运用自如了。

七、行为疗法

行为疗法又称行为治疗，是基于现代行为科学的一种非常通用的心理治疗方法。行为疗法是运用行为主义学派根据实验得出的学习原理，是一种治疗心理疾患和障碍的技术。行为疗法把治疗的着眼点放在可观察的外在行为或可以具体描述的心理状态上。因此，行为疗法的代表人物之一沃尔普(Joseph Wolpe)将其定义为：使用通过实验而确立的有关学习的原理和方法，克服不适应的行为习惯的过程。行为疗法与其他心理疗法的区别在于：行为疗法是以心理学中有关学习过程的理论和实验所建立的证据为基础的。与传统的心理治疗相比，它具有更高的科学性和系统性，可以进行客观的科学检验、演示和量化，即使重复试验也可得出同样可靠的结果，有一整套定型化的治疗形式，有坚实的理论根据和大量的实验证明。所以临床效果更为显著和稳定。

行为疗法主要包括系统脱敏疗法、满灌疗法等。

(一)系统脱敏疗法

系统脱敏疗法又称交互抑制法，利用这种方法主要是诱导求治者缓慢地暴露出导致焦虑或恐怖的情境，并通过心理的放松状态来对抗这种焦虑或恐怖情绪，从而达到消除焦虑或恐怖反应的目的。系统脱敏疗法是由美国学者沃尔帕创立和发展的。沃尔帕认为，人和动物的肌肉放松状态与焦虑情绪状态，是一种对抗过程，一种状态的出现必然会对另一种状态起抑制作用。例如，在全身肌肉放松状态下的肌体，各种生理生化反应指标，如呼吸、心率、血压、肌电、皮电等生理反应指标，都会表现出同焦虑状态下完全相反的状态。这就是交互抑制作用。而且，能够与焦虑状态有交互抑制作用的反应不仅是肌肉放松，因为即使是进食活动也能抑制焦虑反应。根据这一原理，应从能引起个体较低程度的焦虑或恐怖反应的刺激物开始进行治疗。一旦某个刺激不会再引起求治者焦虑和恐怖反应时，施治者便可向处于放松状态的求治者呈现另一个比前一刺激略强一点的刺激。如果一个刺激所引起的焦虑或恐怖状态在求治者所能忍受的范围之内，经过多次反复的呈现，他便不再会对该刺激感到焦虑和恐怖，治疗目标也就达到了。这就是系统脱敏疗法的治疗原理。

(二)满灌疗法

满灌疗法，又称暴露疗法、冲击疗法、快速脱敏疗法。它是鼓励求治者直接接触引致恐怖焦虑的情景，坚持到紧张感觉消失的一种快速行为治疗法。著名行为治疗专家马克斯(Marx)在谈到满灌疗法的基本原理时指出："对患者冲击越突然，时间持续得越长，患者的情绪反应越强烈,这样才能称之为满灌。满灌技术的共同特征是迅速向患者呈现让他害怕的刺激,并坚持到他对此刺激习以为常为止。"运用满灌疗法,治疗一开始时就应让求治者进入最使他恐惧的情境中,一般采用想象的方式,鼓励病人想象最使他恐惧的场面,或者心理医生在旁边反复地、不厌其烦地讲述他最感恐惧情境中的细节,或者使用录像、幻灯片放映最使求治者恐惧的情境,以加深求治者的焦虑程度,同时不允许求治者采取闭眼睛、哭喊、堵耳朵等逃避行为。在反复的恐惧刺激下,即使求治者因焦虑紧张而出现心跳加快、呼吸困难、面色发白、四肢发冷等植物性神经系统反应,但求治者最担心的可怕灾难却并没有发生,这样焦虑反应也就相应地消退了。或者把求治者直接带入他最害怕的情境,经过实际体验,使其觉得没有导致什么了不起的后果,恐惧症状自然也就慢慢消除了。"习能镇惊"是满灌疗法治疗的要诀。国外报道,即使病程超过 20 年的恐怖症,经过 3～15 次的满灌治疗,也有希望治愈。

满灌治疗是一种快速脱敏疗法,如果求治者合作,可以在几天或几周内,至多在 2 个月内取得明显疗效。马克斯教授在 1982 年于成都举办的精神卫生讲习班上曾示范此法。当时马克斯以这种方法治疗一个有不洁恐怖症和癌症恐怖症的女病人。由于怕脏,她每天花大量时间洗手,洗家具,擦墙壁地板,几年不睡自己的床而与母亲同睡,觉得厨房炊具很脏而到餐馆去吃饭。全家人为此极为不安。马克斯教授自己带头,用手接触墙壁、地板,甚至鞋底,又用脏手去接触水杯,故意把杯口弄脏,再喝这杯子里的水,让病人照样去做。做完之后两小时内不准洗手,让接触脏物引起的焦虑和恐症情绪经过两小时的延缓,自行获得部分消退。两小时后开始洗手,最初病人要洗一个小时,以后洗手时间被严格限制,逐步缩短到三刻钟、半小时、一刻钟。马克斯教授每天让病人在家里重复上述过程,几天之后,又让她回到自己那尘封半年的脏床上去睡,最后又让病人到肿瘤医生门诊部候诊室去,并坐在癌症病人坐过的椅子上,并与癌症病人握手。这一切措施使患者陷入惊恐、失眠、食欲不振、"简直受不了"的状态,而且不用任何镇静药物,等待焦虑状态的自我缓解。短期观察结果表明,疗效较好。

某一事物或情境在一个人身上所引起的恐惧体验,会激发他产生逃避行为,而不管此事物或情境是否真的构成了对他的威胁。这种逃避行为会影响恐惧体验的强弱,从而起着负强化的作用。由此,专家们认为,与其逃避,不如让患者面对。一旦患者毅然正视恐惧,恐惧就会减轻。

课后实训

体验心理咨询师的工作

1. 实训目的

本实训的目的是通过体验心理咨询师的工作,使学生充分认识到心理健康的重要性,并树立正确的心理健康观念,了解心理咨询的意义和作用。

2. 实训内容

假如你是一位心理咨询师，面对以下来访者，请为其提供心理援助。

来访者1：一名大二学生，在与同学接触时，时常会感到自己来自农村，各方面都不如别人，自认为受歧视，不愿与同学交往。久而久之，他出现病症，不能进行正常的学习和生活，被学校劝退。该学生异常痛苦，前来求助。

来访者2：一位明显处于困扰状态的女大学生前来求助，她告诉你她的生活无序、学习成绩不好、一事无成、无望感强烈，一直无法释怀。

附　　录

高等学校学生心理健康教育指导纲要

心理健康教育是提高大学生心理素质、促进其身心健康和谐发展的教育，是高校人才培养体系的重要组成部分，也是高校思想政治工作的重要内容。为深入学习贯彻习近平新时代中国特色社会主义思想和党的十九大精神，推动全国高校思想政治工作会议精神落地生根，切实加强高校思想政治工作体系建设，进一步提升心理育人质量，根据原国家卫生计生委、教育部等 22 部门联合印发的《关于加强心理健康服务的指导意见》和中共教育部党组《高校思想政治工作质量提升工程实施纲要》的工作要求，特制定本指导纲要。

一、指导思想

深入学习贯彻习近平新时代中国特色社会主义思想，全面贯彻党的教育方针，把立德树人的成效作为检验学校一切工作的根本标准，着力培养德智体美全面发展的社会主义建设者和接班人。坚持育心与育德相统一，加强人文关怀和心理疏导，规范发展心理健康教育与咨询服务，更好地适应和满足学生心理健康教育服务需求，引导学生正确认识义和利、群和己、成和败、得和失，培育学生自尊自信、理性平和、积极向上的健康心态，促进学生心理健康素质与思想道德素质、科学文化素质协调发展。

二、总体目标

教育教学、实践活动、咨询服务、预防干预“四位一体”的心理健康教育工作格局基本形成。心理健康教育的覆盖面、受益面不断扩大，学生心理健康意识明显增强，心理健康素质普遍提升。常见精神障碍和心理行为问题预防、识别、干预能力和水平不断提高。学生心理健康问题关注及时、措施得当、效果明显，心理疾病发生率明显下降。

三、基本原则

——科学性与实效性相结合。根据学生身心发展规律和心理健康教育规律，科学开展心理健康教育工作，逐步完善心理健康教育和咨询服务体系，切实提高学生心理健康水平，有效解决学生思想、心理和行为问题。

——普遍性与特殊性相结合。坚持心理健康教育工作面向全体学生开展，对每个学生心理健康发展负责，关注学生个体差异，注重方式方法创新，分层分类开展心理健康教育，满足不同学生群体心理健康服务需求。

——主导性与主体性相结合。充分发挥心理健康教育教师、心理咨询师、辅导员、班主任等育人主体的主导作用，强化家校育人合力。尊重学生主体地位，充分调动学生主动性、积极性，培养自主自助维护心理健康的意识和能力。

——发展性与预防性相结合。加强心理健康知识的普及和传播，充分挖掘学生心理潜能，培养积极心理品质，促进学生身心和谐发展。重视心理问题的及时疏导，加强心理危机预防干预，最大限度预防和减少严重心理危机个案的发生。

四、主要任务

1. 推进知识教育。健全心理健康教育课程体系，结合实际，把心理健康教育课程纳入学校整体教学计划，规范课程设置，对新生开设心理健康教育公共必修课，大力倡导面向全体学生开设心理健康教育选修和辅修课程，实现大学生心理健康教育全覆盖。公共必修课程原则上应设置2个学分、32～36个学时。完善心理健康教育教材体系，组织编写大学生心理健康教育示范教材，科学规范教学内容。开发建设《大学生心理健康》等在线课程，丰富教育教学形式。创新心理健康教育教学手段，有效改进教学方法，通过线下线上、案例教学、体验活动、行为训练、心理情景剧等多种形式，激发大学生学习兴趣，提高课堂教学效果，不断提升教学质量。

2. 开展宣传活动。加强宣传普及，通过举办心理健康教育月、“5·25”大学生心理健康节等形式多样的主题教育活动，组织开展各种有益于大学生身心健康的文体娱乐活动和心理素质拓展活动，不断增强心理健康教育吸引力和感染力。拓展传播渠道，充分利用广播、电视、书刊、影视、动漫等传播形式，组织创作、展示心理健康宣传教育精品和公益广告，传播自尊自信、乐观向上的现代文明理念和心理健康意识。创新宣传方式，主动占领网络心理健康教育新阵地，建设好融思想性、知识性、趣味性、服务性于一体的心理健康教育网站、网页和新媒体平台，广泛运用门户网站、微信、微博、手机客户端等媒介，宣传心理健康知识，倡导健康生活方式，提高心理保健能力。发挥学生主体作用，支持学生成立心理健康教育社团，组织开展心理健康教育活动，增长心理健康知识，提升心理调适能力，积极进行心理健康自助互助。强化家校育人合力，引导家长树立正确教育观念，以健康和谐的家庭环境影响学生，有效提升心理健康教育实效。

3. 强化咨询服务。优化心理咨询服务平台，加强硬件设施建设，设立心理发展辅导室、心理测评室、积极心理体验中心、团体活动室、综合素质训练室等，积极构建教育与指导、咨询与自助、自助与他助紧密结合的心理健康教育与咨询服务体系。完善体制机制，健全心理健康教育与咨询的值班、预约、转介、重点反馈等制度，通过个体咨询、团体辅导、电话咨询、网络咨询等多种形式，向学生提供经常、及时、有效的心理健康指导与咨询服务。实施分类引导，针对不同学段、不同专业学生，精准施策，因材施教，把解决思想问题、心理问题与解决实际问题结合起来，在关心呵护和暖心帮扶中开展教育引导。遵循保密原则，建立心理健康数据安全保护机制，保护学生隐私，杜绝信息泄露。

4.加强预防干预。完善心理测评方式，优化量表选用，禁止使用可能损害学生心理健康的方法和仪器。科学分析经济社会快速发展、互联网新媒体应用快速推进、个人成长历程、家庭环境等因素对学生心理健康的深刻影响，准确把握学生心理健康状况及变化规律，不断提高心理健康素质测评覆盖面和科学性。健全心理危机预防和快速反应机制，建立学校、院系、班级、宿舍“四级”预警防控体系，完善心理危机干预工作预案，做好对心理危机学生的跟踪服务，注重做好特殊时期、不同季节的心理危机预防与干预工作，定期开展案例督导和个案研讨，不断提高心理危机预防干预专业水平。建立心理危机转介诊疗机制，畅通从学校心理健康教育与咨询机构到校医院、精神卫生专业机构的心理危机转介绿色通道，及时转介疑似患有严重心理或精神疾病的学生到专业机构接受诊断和治疗。

五、工作保障

1.队伍建设。各高校要建设一支以专职教师为骨干、以兼职教师为补充，专兼结合、专业互补、相对稳定、素质良好的心理健康教育师资队伍。心理健康教育专职教师要具有从事大学生心理健康教育的相关学历和专业资质，要按照师生比不低于1∶4000配备，每校至少配备2名。心理健康教育师资队伍原则上应纳入高校思想政治工作队伍管理，要落实好职务（职称）评聘工作。设有教育学、心理学教学机构的高校，可同时纳入相应专业队伍管理。积极组织开展师资队伍培训，保证心理健康教育专职教师每年接受不低于40学时的专业培训，或参加至少2次省级以上主管部门及二级以上心理学专业学术团体召开的学术会议。充分调动全体教职员工参与心理健康教育的主动性和积极性，重视对班主任、辅导员以及其他从事高校思想政治工作的干部、教师开展心理健康教育知识培训。

2.条件保障。各高校应落实心理健康教育专项工作经费，配备必要的办公场地和设备。有条件的高校，要建立相对独立的心理健康教育与咨询机构和院（系）二级心理辅导站。要建设校内外心理健康教育素质拓展基地，培育高校心理健康教育优秀工作案例，辐射推动区域和全国高校心理健康教育工作。

六、组织实施

1.组织管理。各级教育工作部门要切实加强对学生心理健康教育工作的统一领导和统筹规划，积极支持开展大学生心理健康教育工作，要将心理健康教育工作作为高校思想政治工作测评和文明校园创建的重要内容。各高校要将心理健康教育纳入学校改革发展整体规划，纳入人才培养体系、思想政治工作体系和督导评估指标体系。要明确心理健康教育工作牵头负责职能部门，构建校内各部门统筹协调机制，研究制定心理健康教育的工作规划和相关制度。

2.评估督导。各级教育工作部门要研究制定大学生心理健康教育工作的评价与督导指标体系，组织或委托心理学专家以及实践工作者，定期对学生心理健康教育工作开展评估、督导。评估、督导内容包括学校重视和支持程度、机构设置情况、专项经费保障、师资队伍建设、教学科研、开展辅导或咨询情况以及工作实效等。

3.科学研究。各级教育工作部门和各高校要推动开展心理健康教育基础理论研究，逐步形成具有中国特色的心理学、教育学学科体系、学术体系、话语体系，促进研究成果转化及应用。开展心理健康教育相关理论和技术的实证研究，促进临床服务规范。开展心理健康问题的早期识别与干预研究，推广应用效果明确的心理干预技术和方法。

全国民办高校和中外合作办学类高校学生心理健康教育工作，参照本指导纲要执行。

参考文献 References

[1] 刘嵋. 心理健康教育[M]. 2 版. 北京：清华大学出版社，2018.
[2] 胡谊，张亚，朱虹. 大学生心理健康教育[M]. 上海：华东师范大学出版社，2019.
[3] 马勇，朱文，丁成. 大学生心理健康[M]. 哈尔滨：哈尔滨工业大学出版社，2019.
[4] 刘影，王环，邱杰. 大学生心理健康教育[M]. 上海：同济大学出版社，2018.
[5] 俞国良. 大学生心理健康[M]. 北京：北京师范大学出版社，2018.
[6] 连榕，张本钰. 大学生心理健康[M]. 北京：北京师范大学出版社，2016.